A INEFICIÊNCIA DA EXECUÇÃO FISCAL COMO SITUAÇÃO-PROBLEMA NA ABORDAGEM DIREITO E POLÍTICA PÚBLICA

RAIMUNDO NONATO PEREIRA DINIZ

Fabrício Motta
Prefácio

A INEFICIÊNCIA DA EXECUÇÃO FISCAL COMO SITUAÇÃO-PROBLEMA NA ABORDAGEM DIREITO E POLÍTICA PÚBLICA

8

Belo Horizonte

2023

COLEÇÃO FÓRUM
DIREITO E POLÍTICAS PÚBLICAS

© 2023 Editora Fórum Ltda.

É proibida a reprodução total ou parcial desta obra, por qualquer meio eletrônico, inclusive por processos xerográficos, sem autorização expressa do Editor.

Conselho Editorial

Adilson Abreu Dallari
Alécia Paolucci Nogueira Bicalho
Alexandre Coutinho Pagliarini
André Ramos Tavares
Carlos Ayres Britto
Carlos Mário da Silva Velloso
Cármen Lúcia Antunes Rocha
Cesar Augusto Guimarães Pereira
Clovis Beznos
Cristiana Fortini
Dinorá Adelaide Musetti Grotti
Diogo de Figueiredo Moreira Neto (*in memoriam*)
Egon Bockmann Moreira
Emerson Gabardo
Fabrício Motta
Fernando Rossi
Flávio Henrique Unes Pereira
Floriano de Azevedo Marques Neto
Gustavo Justino de Oliveira
Inês Virgínia Prado Soares
Jorge Ulisses Jacoby Fernandes
Juarez Freitas
Luciano Ferraz
Lúcio Delfino
Marcia Carla Pereira Ribeiro
Márcio Cammarosano
Marcos Ehrhardt Jr.
Maria Sylvia Zanella Di Pietro
Ney José de Freitas
Oswaldo Othon de Pontes Saraiva Filho
Paulo Modesto
Romeu Felipe Bacellar Filho
Sérgio Guerra
Walber de Moura Agra

FÓRUM
CONHECIMENTO JURÍDICO

Luís Cláudio Rodrigues Ferreira
Presidente e Editor

Coordenação editorial: Leonardo Eustáquio Siqueira Araújo
Aline Sobreira de Oliveira

Rua Paulo Ribeiro Bastos, 211 – Jardim Atlântico – CEP 31710-430
Belo Horizonte – Minas Gerais – Tel.: (31) 99412.0131
www.editoraforum.com.br – editoraforum@editoraforum.com.br

Técnica. Empenho. Zelo. Esses foram alguns dos cuidados aplicados na edição desta obra. No entanto, podem ocorrer erros de impressão, digitação ou mesmo restar alguma dúvida conceitual. Caso se constate algo assim, solicitamos a gentileza de nos comunicar através do *e-mail* editorial@editoraforum.com.br para que possamos esclarecer, no que couber. A sua contribuição é muito importante para mantermos a excelência editorial. A Editora Fórum agradece a sua contribuição.

Dados Internacionais de Catalogação na Publicação (CIP) de acordo com ISBD

D585i   Diniz, Raimundo Nonato Pereira

         A ineficiência da execução fiscal como situação-problema na abordagem Direito e Política Pública / Raimundo Nonato Pereira Diniz. Belo Horizonte: Fórum, 2023. (v. 8, Coleção Fórum Direito e Políticas Públicas)

         236p. 14,5x21,5cm
         (v. 8, Coleção Fórum Direito e Políticas Públicas)
         ISBN: 978-65-5518-582-9
         ISBN da coleção: 978-65-5518-447-1

         1. Política pública. 2. Execução fiscal. 3. Eficiência. I. Título.

CDD: 342
CDU: 342

Ficha catalográfica elaborada por Lissandra Ruas Lima – CRB/6 – 2851

Informação bibliográfica deste livro, conforme a NBR 6023:2018 da Associação Brasileira de Normas Técnicas (ABNT):

DINIZ, Raimundo Nonato Pereira. *A ineficiência da execução fiscal como situação-problema na abordagem Direito e Política Pública*. Belo Horizonte: Fórum, 2023. 236p. ISBN 978-65-5518-582-9. (v. 8, Coleção Fórum Direito e Políticas Públicas).

LISTA DE ABREVIATURAS E SIGLAS

AGE-MG – Advocacia-Geral de Minas Gerais
AGU – Advocacia-Geral da União
Cadin – Cadastro Informativo de Créditos não Quitados do Setor Público Federal
CAT – Conselho Administrativo Tributário
CCMA – Câmara de Conciliação, Mediação e Arbitragem da Administração Estadual
CDA – certidão da dívida ativa
CDU – créditos da dívida ativa da União
Cepa – Centro de Estudos e Pesquisas em Administração
Cira – Comitê Interinstitucional de Recuperação de Ativos
CMMO – custo médio da mão de obra na execução fiscal
CMPD – custo médio por processo/dia
CNAE – Cadastro Nacional de Atividades Econômicas
CNJ – Conselho Nacional de Justiça
CRA – Central de Remessa de Arquivos
CTE – Código Tributário Estadual
CTN – Código Tributário Nacional
Danfe – Documento Auxiliar da Nota Fiscal Eletrônica
datapj – data do protocolo judiciário
DAU – Dívida Ativa da União
Detran – Departamento Estadual de Trânsito
DPA – data de petição do polo ativo
DPC – data do despacho que determina citação
DPP – data de petição do polo passivo
DPP – Direito e Políticas Públicas
FEDC – Fundo Estadual de Defesa do Consumidor
Fema – Fundo Estadual de Meio Ambiente
FGV – Fundação Getúlio Vargas
GEEF – Grupo Especial de Execuções Fiscais
GEF – Gerência de Execução Fiscal
IGR – Índice Geral de Recuperabilidade
INSS – Instituto Nacional do Seguro Social

Intosai	–	Organização Internacional de Entidades Fiscalizadoras Superiores
Ipea	–	Instituto de Pesquisa Econômica Aplicada
ISS	–	Imposto sobre Serviços
ISSA	–	Normas Internacionais das Entidades Fiscalizadoras Superiores
LEF	–	Lei de Execução Fiscal
LFR	–	Lei de Responsabilidade Fiscal
MA	–	Maranhão
NEF/FGV-Direito SP	–	Núcleo de Estudos Fiscais da Escola de Direito de São Paulo
npet	–	número da petição para ajuizamento
nproc	–	número do protocolo judiciário
Pasep	–	Programa de Formação do Patrimônio do Servidor Público
PEFM	–	Processo de Execução Fiscal Médio
Pert	–	Programa Especial de Regularização Tributária
PGEGO	–	Procuradoria-Geral do Estado de Goiás
PGF	–	Procuradoria Geral Federal
PGFN	–	Procuradoria-Geral da Fazenda Nacional
PIB	–	produto interno bruto
PPMA	–	Procuradoria de Defesa do Patrimônio Público e do Meio Ambiente
PJe	–	Processo Judicial Eletrônico
PSB	–	Partido Socialista Brasileiro
PTr	–	Procuradoria Tributária
RFB	–	Receita Federal do Brasil
SE	–	Sergipe
Semad	–	Secretaria de Estado de Meio Ambiente e Desenvolvimento Sustentável
SP	–	São Paulo
STF	–	Supremo Tribunal Federal
STJ	–	Superior Tribunal de Justiça
TJMG	–	Tribunal de Justiça de Minas Gerais
TRF	–	Tribunal Regional Federal
UFRGS	–	Universidade Federal do Rio Grande do Sul
USP	–	Universidade de São Paulo
VTR	–	valor total remanescente

LISTA DE GRÁFICOS

Gráfico 1 – Tempo médio de tramitação em relação ao valor da causa
Gráfico 2 – Probabilidade de baixa por pagamento, em relação ao valor da causa
Gráfico 3 – Distribuição de processos por sede de TRF
Gráfico 4 – Valores totais envolvidos nos processos por sede de TRF
Gráfico 5 – Valor total das execuções fiscais de valor superior a R$ 5 milhões
Gráfico 6 – Diferença entre ações ajuizadas e baixadas por ano
Gráfico 7 – Taxa de congestionamento nas varas exclusivas, por tipo de competência
Gráfico 8 – Série histórica do impacto da execução fiscal na taxa de congestionamento total
Gráfico 9 – Percentual de processos de execução fiscal que tramitam em varas exclusivas, segundo tribunal
Gráfico 10 – Taxa de congestionamento das varas exclusivas de execução fiscal ou Fazenda Pública por tribunal
Gráfico 11 – Série histórica dos casos novos e baixados nas fases de conhecimento e execução no País
Gráfico 12 – Série histórica dos casos pendentes nas fases de conhecimento e execução no País
Gráfico 13 – Frequência de PEFs com valor < R$ 500 mil por Procuradoria Regional
Gráfico 14 – Quantidade de processos por Procuradoria Regional
Gráfico 15 – Frequência de processos de VTR ≥ R$ 500 mil e < R$ 15 milhões por Procuradoria Regional
Gráfico 16 – Frequência de processos de VTR ≥ R$ 15 milhões por Procuradoria Regional
Gráfico 17 – Valor total (milhões de R$) por ano da recuperação de créditos ajuizados com e sem anistias/parcelamentos
Gráfico 18 – Arrecadação média (R$) por PAT ajuizado, com e sem anistia/parcelamento, por ano da arrecadação

LISTA DE QUADROS

Quadro 1 – Síntese do extrato da dívida, premissas de trabalho e medidas sugeridas

LISTA DE TABELAS

Tabela 1 – Probabilidade de tramitação em função do tempo

Tabela 2 – Quantidade de processos extintos e pendentes, novos e extintos, por ano e por órgão judicial

Tabela 3 – PEFs: quantidades, valores, proporções totais e das empresas ativas

Tabela 4 – Valor total, média, desvio padrão e total de PEF de empresas ativas por Procuradoria regional

Tabela 5 – PEFs: soma dos valores, mínimo, média, máximo e desvio padrão do VTR por Procuradoria Regional

Tabela 6 – PEFs das empresas ativas com VTR ≥ R$ 500 e < R$ 15 milhões

Tabela 7 – PEFs acima de R$15 mi em curso empresas ativas x inativas: quantidades, valores, proporções e totais nas três faixas de VTR – G, M, P

Tabela 8 – PEFs ≥ R$ 15 milhões em cursos de empresas ativas *versus* inativas: quantidades, valores e proporções

Tabela 9 – Renúncia fiscal dos maiores programas de pagamento à vista e parcelamentos especiais concedidos a partir de 2008

Tabela 10 – Situação atual dos parcelamentos especiais (quantidades)

Tabela 11 – Situação atual dos parcelamentos especiais (valores)

Tabela 12 – Pedidos de parcelamentos e dívidas de contribuintes contumazes

Tabela 13 – Tabela de arrecadação de valores com e sem anistias e parcelamentos no Estado de Goiás

Tabela 14 – Valores totais por devedor de precatório da Fazenda Pública do Estado de Goiás

Tabela 15 – Valores recebidos através do protesto extrajudicial para os órgãos e entidades do estado de Goiás

Tabela 16 – Valor arrecadado diretamente pelo cartório de protesto, por órgão apresentante

SUMÁRIO

APRESENTAÇÃO DA COLEÇÃO
Maria Paula Dallari Bucci 15

PREFÁCIO
Fabrício Motta 17

APRESENTAÇÃO 21

CAPÍTULO 1
A EXECUÇÃO FISCAL NO CONTEXTO DA ATIVIDADE
FINANCEIRA DO ESTADO E DAS POLÍTICAS PÚBLICAS 23
1.1   Execução fiscal: arranjo jurídico nacional e estadual 29
1.2   Políticas públicas: teorias e modelos de análise 42
1.3   A abordagem Direito e Políticas Públicas 52
1.4   A Abordagem Direito e Políticas Públicas como método para
      análise jurídica da ineficiência da execução fiscal 61

CAPÍTULO 2
O ESTADO DA ARTE DA DISCUSSÃO SOBRE A SITUAÇÃO-
PROBLEMA DA INEFICIÊNCIA DA EXECUÇÃO FISCAL 67
2.1   O custo e o tempo médio de uma execução fiscal em Minas Gerais ...69
2.2   O tempo e o custo do processo de execução fiscal em âmbito
      federal, segundo o Ipea 72
2.3   As inter-relações entre o processo administrativo e o judicial
      em matéria fiscal, na visão da UFRGS 81
2.4   A macrovisão do processo tributário, segundo a FGV 87
2.5   A execução fiscal segundo o CNJ 92
2.6   Síntese *a priori*: aproximação crítica da literatura revisada para
      uma análise da situação-problema da ineficiência da execução
      fiscal do estado de Goiás 101
2.6.1 A construção das premissas de análise 103

CAPÍTULO 3
ANÁLISE DO CASO DE GOIÁS 113
3.1 Relatório descritivo da distribuição de processos de execução fiscal no estado de Goiás 115

3.2 Análise crítica das propostas legislativas de alteração do arranjo normativo nacional da execução fiscal e no estado de Goiás 127

3.3 Ajustes administrativos e sugestões de boas práticas 154

3.3.1 A ação racional e em escala como resposta à macrolitigância na execução fiscal..154

3.3.1.1 Seletividade da cobrança pela viabilidade de recuperação do crédito: a necessidade de classificação dos créditos no estado de Goiás........157

3.3.1.2 Seletividade da cobrança pela viabilidade jurídica do crédito: alguns exemplos 166

3.3.1.3 Viabilidade jurídica do crédito: o caso das multas pecuniárias inconstitucionais no estado de Goiás 167

3.3.1.4 Viabilidade jurídica do crédito: o caso do risco de ocorrência da prescrição intercorrente no estado de Goiás 174

3.3.2 Planejamento voltado à integração dos meios de recuperação de créditos 179

3.3.2.1 Influência dos programas de parcelamentos especiais sobre o comportamento dos devedores 181

3.3.2.2 O potencial impacto da autorização constitucional da compensação de créditos tributários com precatórios – EC 97/2019 190

3.3 Litigância e consensualidade: análise da proposta de transação tributária 197

3.3.2.4 Protesto da CDA como medida preferencial para pequenos créditos: limites e possibilidades...210

3.4 Síntese *a posteriori*: aplicação do quadro de problemas de política à situação-problema da ineficiência da execução fiscal no estado de Goiás 213

CONCLUSÃO 221

REFERÊNCIAS..229

APRESENTAÇÃO DA COLEÇÃO

A *Coleção Fórum Direito e Políticas Públicas* tem o objetivo de apresentar ao leitor trabalhos acadêmicos inovadores que aprofundem a compreensão das políticas públicas sob a perspectiva jurídica, com triplo propósito. Em primeiro lugar, visa satisfazer o crescente interesse pelo tema, para entender os avanços produzidos sob a democracia no Brasil depois da Constituição de 1988. É inegável que as políticas públicas de educação, saúde, assistência social, habitação, mobilidade urbana, entre outras estudadas nos trabalhos que compõem a coleção, construídas ao longo de várias gestões governamentais, mudaram o patamar da cidadania no país. Certamente, elas carecem de muitos aperfeiçoamentos, como alcançar a população excluída, melhorar a qualidade dos serviços e a eficiência do gasto público, assegurar a estabilidade do financiamento e, no que diz respeito à área do Direito, produzir arranjos jurídico-institucionais mais consistentes e menos suscetíveis à judicialização desenfreada. O desmantelamento produzido pela escalada autoritária iniciada em meados dos anos 2010, no entanto, explica-se não pelas deficiências dessas políticas e sim pelos seus méritos – não tolerados pelo movimento reacionário. Compreender a estrutura e a dinâmica jurídica das políticas públicas, bem como a legitimação social que vem da participação na sua construção e dos resultados, constitui trabalho importante para a credibilidade da reconstrução democrática.

O segundo objetivo da coleção é contribuir para o desenvolvimento teórico sobre as relações entre Direito e Políticas Públicas. Publicando trabalhos oriundos de teses e dissertações de pós-graduação, constitui-se um acervo de análises objetivas de programas de ação governamental, suas características recorrentes e seus processos e institucionalidade jurídicos. Neles estão documentados os impasses inerentes aos problemas públicos de escala ampla, e estudadas algumas soluções ao mesmo tempo jurídicas e políticas, presentes em práticas de coordenação e articulação, seja na alternância de governo, nas relações federativas, ou na atuação intersetorial. Assim, sem perder a multidisciplinaridade característica dessa abordagem, valendo-se da bibliografia jurídica em cotejo com a literatura especializada, publica-se material de pesquisa empírica (não quantitativa) da qual se extraem os conceitos e relações que numa organização sistemática dão base para a teorização jurídica da abordagem Direito e Políticas Públicas. Com essa preocupação, a coleção também publicará trabalhos de alguns dos raros autores estrangeiros com obras específicas na área.

Finalmente, o terceiro objetivo da coleção é contribuir para a renovação teórica do direito público brasileiro, fomentando o desenvolvimento de uma tecnologia da ação governamental democrática, engenharia jurídico-institucional para o avanço da cidadania do Brasil. Isso permitirá ampliar a escala de experiências bem-sucedidas, inspirar melhores desenhos institucionais pela comparação com experiências similares, além de avançar na cultura da avaliação, agora positivada na Constituição Federal.

São Paulo, 22 de agosto de 2022.

Maria Paula Dallari Bucci
Professora da Faculdade de Direito da Universidade de São Paulo. Coordenadora da *Coleção Fórum Direito e Políticas Públicas*.

PREFÁCIO

O jurista formado sob os cânones tradicionais que passa a pensar, enxergar e interpretar o Direito tendo políticas públicas como eixo condutor (ou, para ser mais preciso, utilizando a abordagem de Direito e Políticas Públicas) pode sofrer uma relativa crise de identidade. Com efeito, seu foco se deslocará das pequenas partes para o todo, da solidão para a multidão, da estática para o movimento. O pensar não só em cada um dos instrumentos, mas também na orquestra, nos maestros e músicos (iniciantes ou virtuoses) conduzirá o foco central para a plateia (os cidadãos), com o compromisso de entender o que a harmonia da música pode – na verdade, deve – lhes proporcionar. Nesse cenário complexo, a primeira dificuldade do jurista será reconhecer suas limitações e desconhecimentos para conhecer a vida como ela é nas ruas, praças e calçadas, não só nos códigos.

A pretensão de transformar a realidade e cumprir as muitas promessas sociais feitas pela Constituição de 1988 exige, primeiro, que se conheça a realidade; que sejam identificados os problemas; que esses problemas sejam incorporados à agenda pública para que, então, seja planejada uma solução a ser implementada, monitorada e avaliada. No que se refere ao direito público, pensar com o *mindset* das políticas públicas é reconhecer que o trabalho do jurista é, talvez, o mais fácil – o mais difícil será compreender a dinâmica dos movimentos, os papéis dos diferentes atores e o grau de institucionalização necessário. Políticas públicas não se confundem com as normas que lhes dão suporte, tampouco têm nas leis os seus exclusivos instrumentos. Organização, planejamento, ação, acompanhamento, controle, aprendizado – palavras soltas que podem ser consideradas como etapas impostas ao Estado para desenvolver suas muitas atividades utilizando a regulação jurídico-normativa, mas não se limitando a ela.

O trabalho que ora apresento demonstra com segurança a compreensão dessa complexidade. Raimundo Nonato P. Diniz investigou o fenômeno da ineficiência da execução fiscal, verticalizando sua pesquisa na realidade do estado de Goiás. A pesquisa é o produto conclusivo de sua participação no Programa de Pós-Graduação em Direito e Políticas Públicas da Faculdade de Direito da Universidade Federal de Goiás (PPGDP-UFG).

O Estado necessita de recursos para se desincumbir de suas múltiplas atividades, muitas delas voltadas à plena realização de direitos fundamentais de seus cidadãos. A atividade financeira do Estado – consistente na obtenção, gestão e aplicação de recursos – é regulada por diplomas normativos variados a partir do plano constitucional. A execução fiscal, por seu turno, é um instrumento jurídico-processual essencial para o dever de arrecadar receitas e permitir, posteriormente, a realização de gastos e investimentos públicos.

O mérito inicial da pesquisa é fugir da perspectiva meramente processual para centrar foco na execução como instrumento da política pública fiscal. Trata-se do desafio de buscar compreender como a execução fiscal – instrumento – contribui para o alcance dos fins da política fiscal. O enfrentamento desse desafio, na abordagem proposta, implicou avaliar empiricamente se o arranjo jurídico-institucional tem se mostrado adequado para o alcance dos fins buscados, apontando os fatores que inibem o melhor desempenho e também quais ajustes podem ser realizados.

A pesquisa é alicerçada em sólidas referências doutrinárias, denotando a importância do diálogo do Direito com outras ciências essenciais para a compreensão das políticas públicas. Para além da detida análise do papel desempenhado pela arrecadação e pelos gastos públicos ao longo dos tempos – nas diversas concepções de Estado – e de uma explanação completa e didática sobre o conjunto jurídico-normativo que rege a execução fiscal, o trabalho possui robusta fundamentação relativa aos principais modelos e teorias dedicadas à explicação das políticas públicas. Merece ainda destaque a estratégia de analisar o caso de Goiás à luz de diversos estudos nacionais sobre a execução fiscal na União e nos demais estados.

O trabalho é um exemplo primoroso da importância e das potencialidades do mestrado profissional em Direito. A experiência do autor como Procurador do Estado de Goiás foi essencial para a percepção de uma questão que, em visão apressada, poderia ser somente da advocacia pública. Ao delimitar corretamente o problema e apontar a ineficiência da execução fiscal no arranjo jurídico-institucional atual, o autor formula medidas propositivas voltadas à construção de um novo modelo voltado à eficiência. Trata-se de questão ligada à gestão dos créditos da dívida ativa estadual que, como tal, não impacta somente a advocacia pública: a ineficiência na execução reflete inadequação também no investimento público feito na estrutura encarregada de seu desempenho e, finalmente, no volume de recursos à disposição do Estado para realizar suas múltiplas atividades. Percebe-se que o aprofundamento de conhecimentos jurídicos foi utilizado para o aperfeiçoamento de práticas e normas ligadas ao exercício profissional, em benefício da coletividade.

A utilização do "quadro de problemas" desenvolvido por Maria Paula Dallari Bucci e Izabela Ruiz, como recurso metodológico, tornou a abordagem não somente adequada como perfeitamente compreensível, estimulando a realização de novas pesquisas e mesmo reforçando a relevância da contribuição das citadas autoras. Ao mesmo tempo, o texto é marcado pela utilização de uma linguagem leve e elegante, que torna agradável a experiência da leitura das informações relevantes que apresenta. A despeito da leveza no estilo, trata-se de um trabalho robusto e completo, com reflexões aprofundadas, que servirão de guia e fonte de pesquisa não só para os profissionais ligados à gestão da dívida pública como também para os estudiosos de políticas públicas.

A crise de identidade referida no início deste prefácio não atingiu Raimundo Diniz. Ao contrário, tenho a firme convicção de que este trabalho poderá estimular a discussão sobre uma nova identidade para a atuação estratégica da advocacia pública, ciente da essencialidade de seu papel para a consecução de políticas públicas. Esta convicção se deve à dedicação do autor, um estudioso obstinado com inegável vocação para o serviço público e para a pesquisa. O autor, como disse, trouxe exemplo da importância da conciliação do estudo aprofundado com a repercussão prática. Sua humildade, seu compromisso e mesmo seus conhecimentos o tornam um daqueles alunos que praticamente se orientam sozinhos, relembrando também o orientador da importância de sempre estar aberto ao aprendizado. Finalmente, este estudo é um dos melhores exemplos da contribuição da universidade pública para a Administração Pública, na fiel certeza de que ambas devem servir aos cidadãos e cidadãs. Trata-se da materialização do retorno, com sobras, do investimento feito pela Procuradoria-Geral do Estado de Goiás e pelo PPGDP-GO na pesquisa de Raimundo Nonato Pereira Diniz.

Fabrício Motta
Conselheiro do Tribunal de Contas dos Municípios do Estado de Goiás (TCM-GO). Professor Permanente do Programa de Pós-Graduação em Direito e Políticas Públicas (PPGDP – UFG) e do Programa de Pós-Graduação em Prestação Jurisdicional e Direitos Humanos (UFT). Estágio pós-doutoral na Università del Salento (Itália). Doutor em Direito do Estado (USP) e Mestre em Direito Administrativo (UFMG). Membro das Diretorias da Atricon e Instituto Rui Barbosa. Membro Nato da Diretoria do Instituto Brasileiro de Direito Administrativo (IBDA).

APRESENTAÇÃO

O presente trabalho investiga o fenômeno da ineficiência da execução fiscal no estado de Goiás, com foco nos anos de 2014 a 2018. O problema central de pesquisa diz respeito às práticas atuais de gestão dos créditos da dívida ativa estadual que impactam nesse cenário de ineficiência e ao arranjo normativo que regula essas práticas. Por isso, o objetivo principal perseguido é formular medidas propositivas de boas práticas, capazes de auxiliar na construção de um modelo de atuação eficiente, especialmente a utilização seletiva e estratégica da execução fiscal como meio de recuperação de créditos, a partir dos critérios de perfil econômico do crédito e do devedor, que possam impactar na duração do processo judicial e na ocorrência, ou não, da recuperação dos créditos ajuizados.

CAPÍTULO 1

A EXECUÇÃO FISCAL NO CONTEXTO DA ATIVIDADE FINANCEIRA DO ESTADO E DAS POLÍTICAS PÚBLICAS

Pode-se afirmar a existência de uma inter-relação entre o desenvolvimento da atividade financeira do Estado e a sua instrumentalização institucional para o exercício das funções que lhe foram associadas em cada época e que refletem diretamente em seu relacionamento com os cidadãos. Assim, qualquer que seja o momento teorizado de início da organização política como um Estado, não se poderia cogitar da sua existência sem essa atividade financeira de arrecadação, gestão e aplicação de recursos.

Sob o ângulo da arrecadação, a atividade tributária é um dos principais elementos dessa contextualização histórica. A cobrança de tributo já abrangeu diversas formas diferentes ao longo do tempo, desde indenizações de guerras até prestações impostas aos súditos.[1] Encontram-se registros históricos de sistemas tributários rudimentares no Egito, cerca de dois milênios antes de Cristo, bem como de prestações exigidas nas cidades-estados gregas, como parte da submissão de outros povos por meio das guerras de conquistas, sua principal fonte de receita pública. Essa receita seria aplicada em despesas que incluíam desde a realização de grandes obras públicas até a celebração de rituais fúnebres de cidadãos mortos em combate e o custeio da educação dos filhos desses soldados, como recompensa às suas "virtudes" em batalha.[2]

---

[1] AMARO, Luciano. *Direito Tributário brasileiro*. 17. ed. São Paulo: Saraiva, 2011. p. 38.
[2] SCAFF, Fernando Facury. *Orçamento republicano e liberdade igual*. Belo Horizonte: Fórum, 2018. p. 41-44.

Com o declínio das guerras de conquistas e a necessidade de imposição de tributação contínua e gradualmente crescente sobre os cidadãos, esse tema passou a influenciar nos conflitos políticos em torno da proteção da liberdade e do patrimônio, que resultariam em documentos históricos de limitação do poder. Nesse sentido, a Magna Carta já enunciava um importante preceito acerca da atividade financeira do Estado: a limitação da incursão do rei sobre o patrimônio de seus súditos, tanto pela necessidade de submissão da cobrança de tributos à autorização de um conselho geral do reino quanto exigência de um juízo de razoabilidade dessas cobranças. A seu turno, a Bill of Rights, de 1689, transferiu ao Parlamento a decisão política sobre a instituição de tributos na Inglaterra, e, por sua vez, a Declaração de Direitos da Virgínia e a Declaração de Independência dos Estados Unidos, de 1776, foram produzidas num ambiente de tensão tributária entre a coroa inglesa e as colônias.[3]

No Estado Moderno, sob a ideologia liberal, a preocupação volta-se também aos gastos públicos. Na Constituição Americana, forjada nesse período, já havia previsão de que as despesas públicas tivessem, assim como a tributação, a necessidade de autorização parlamentar. Nesse período, destaca-se a disputa pela titularidade do orçamento, especialmente nas monarquias constitucionalistas, quando foi construída a premissa do orçamento como lei formal – sem conteúdo jurídico. Essa concepção prevaleceria até o advento do Estado Social, especialmente no pós-guerras mundiais, com o reconhecimento de direitos econômicos e sociais em documentos jurídicos internacionais, seguidos de sua reafirmação no âmbito interno de diversos países e, com isso, do aumento dos gastos com as políticas públicas.

Nesse cenário, intensificou-se a discussão sobre o financiamento das funções públicas e a natureza da decisão de alocar recursos em prol das finalidades do Estado. No Brasil, seguindo esse caminho, o Supremo Tribunal Federal aos poucos revisou sua jurisprudência para admitir o controle abstrato dos atos legislativos que compõem a modelagem jurídica do orçamento público (ADI nº 2.925, de relatoria da Min. Ellen Gracie, e as ADIs nº 4.048 e nº 4.049, Rel. Ministro Gilmar Mendes).

Por isso, o Direito Financeiro assumiu um papel de destaque nessa conformação jurídica das atividades de obtenção e de aplicação de recursos públicos, interpretado a partir das regras e valores constitucionais. Assim, a atuação tributária do Estado, tanto na arrecadação

---

[3] Ibidem, p. 57-60.

quanto na desoneração, está limitada pela Constituição, em respeito aos direitos e garantias fundamentais, mas, também, ao equilíbrio das contas públicas e às metas de cada exercício, considerando-se, inclusive, que o custo da própria administração e da dívida pública impactam nos investimentos voltados à concretização dos direitos fundamentais.[4]

Uma das bases dessa conformação constitucional é o princípio da responsabilidade fiscal, que exige atuação planejada e equilibrada na gestão fiscal, uma vez que "a ausência de um planejamento responsável gera dois efeitos inversamente proporcionais: o não atingimento dos objetivos e o gasto de má qualidade".[5] A responsabilidade fiscal exige que a atividade financeira seja planejada e que a execução das normas instituídas seja diligente, bem como que o controle efetivado não se encerre na verificação de adequação formal dessas fases.[6]

No Brasil, provém da tributação a maior parte dos recursos necessários ao exercício das funções públicas dos diversos entes federados, seja por arrecadação direta, seja mediante repartição de receitas, repasses e transferências constitucionais. Para ficar no exemplo do estado de Goiás, delimitação espacial deste trabalho, anota-se que as receitas tributárias arrecadadas diretamente representaram mais de 70% das receitas correntes entre os meses de junho de 2019 e maio de 2020, conforme o Manual de Demonstrativos Fiscais.

A relação entre a tributação e as políticas públicas também pode ser sentida nos recentes enfrentamentos pelos tribunais e pelos Poderes Legislativo e Executivo de complexas questões sobre políticas de desenvolvimento econômico, de redução da desigualdade social e de ampliação do emprego e da renda, que tiveram como ponto central o impacto da tributação sobre as atividades econômicas e a (im)possibilidade de o Poder Judiciário ditar os rumos da política fiscal quanto às medidas de combate à pandemia de Covid-19. A esse respeito, destacam-se, exemplificativamente, decisões em que o Supremo Tribunal Federal (STF): a) suspendeu decisão que havia concedido moratória de Imposto Sobre Serviços (ISS) do município de

---

[4] ALMEIDA, Carlos Otávio Ferreira de; BEVILACQUA, Lucas. O planejamento financeiro responsável: boa governança e desenvolvimento nos 30 anos da Constituição Federal. *In*: BUISSA, Leonardo; REIMANN, Simon e MARTINS, Rafael (orgs.). *Direito e finanças públicas nos 30 anos da Constituição*: experiências e desafios nos campos do Direito Tributário e Financeiro. Florianópolis: Tirant Lo Blanch, 2018. p. 29-53.

[5] Ibidem, p. 35.

[6] PINTO, Élida Graziane. 15 anos da LRF: ainda em busca do controle dos resultados das políticas públicas e da qualidade dos gastos. *Revista Fórum de Direito Financeiro e Econômico – RFDFE*, Belo Horizonte, ano 5, n. 8, p. 69-78, set./fev. 2016. p. 72.

Ribeirão Preto, em São Paulo (SP);[7] b) suspendeu decisão do tribunal local que havia determinado a suspensão do pagamento de tributos em favor de impetrante contra o município de Aracaju, em Sergipe (SE);[8] c) suspendeu a decisão do tribunal local, que determinava dilação de prazo para recolhimento de tributo municipal devido a São Luís, no Maranhão (MA);[9] e d) concedeu liminar ao estado do Espírito Santo para autorizar a suspensão do pagamento de parcelamento tributário

---

[7] Em consulta ao inteiro teor da decisão monocrática do Ministro-Presidente, nota-se a fundamentação em torno do efeito de multiplicador da decisão e dos riscos dela decorrentes em relação à política fiscal, cujos rumos não deveriam ser definidos pelo STF, como se pode extrair do trecho seguinte: "A tutela ora atacada, reformando anterior decisão proferida pelo juízo de primeiro grau, concedeu a liminar postulada pelo autor da ação, para declarar a suspensão, pelo prazo de três meses, do ISS a incidir sobre suas atividades. Tem inteira aplicação, ao presente caso, a fundamentação que tenho adotado, na análise de diversos pedidos semelhantes, que já chegaram a esta Presidência, tendo o requerente até mesmo feito referência a um deles, em sua exordial. Em casos como o presente, tenho entendido que decisão judicial, assim dispondo, tem subvertido completamente a ordem administrativa, no tocante ao regime fiscal vigente no município afetado, e em relação à empresa autora da ação, medida essa que pode ser potencialmente estendida a centenas de outras empresas existentes naquela urbe" (...) Não se ignora que a situação de pandemia, ora vivenciada, impôs drásticas alterações na rotina de todos, atingindo a normalidade do funcionamento de muitas empresas e do próprio Estado, em suas diversas áreas de atuação. Mas, exatamente em função da gravidade da situação, exige-se a tomada de medidas coordenadas e voltadas ao bem comum, não se podendo privilegiar determinado segmento da atividade econômica, em detrimento de outro, ou mesmo do próprio Estado, a quem incumbe, precipuamente, combater os nefastos efeitos decorrentes dessa pandemia. Assim, não cabe ao Poder Judiciário decidir quem deve ou não pagar impostos, ou mesmo quais políticas públicas devem ser adotadas, substituindo-se aos gestores responsáveis pela condução dos destinos do Estado, neste momento (Cf. STF – Supremo Tribunal Federal. *Tutela Provisória na Suspensão de Tutela Provisória 439/São Paulo (STP 439 TP/SP)*. Decisão monocrática. Ministro Dias Toffoli. Julgamento em 3 jul. 2020a. Disponível em: http://portal.stf.jus.br/processos/detalhe.asp?incidente=5955116. Acesso em: 31 jul. 2020).

[8] Em sentido similar à decisão anterior, o Presidente do STF entendeu que: "não cabe ao Poder Judiciário decidir quem deve ou não pagar impostos, ou mesmo quais políticas públicas devem ser adotadas, substituindo-se aos gestores responsáveis pela condução dos destinos do Estado, neste momento. (...) a decisão objeto do presente pedido apresenta grave risco de efeito multiplicador, o qual, por si só, constitui fundamento suficiente a revelar a grave repercussão sobre a ordem e a economia públicas e justificar o deferimento da suspensão pleiteada (Cf. STF – Supremo Tribunal Federal. *Medida Cautelar na Suspensão de Segurança nº 5.373 – Sergipe*. Rel. Min. Dias Toffoli, Julgamento em 30 abr. 2020b. Disponível em: http://www.stf.jus.br/arquivo/cms/noticiaPresidenciaStf/anexo/SS5373.pdf. Acesso em: 3 jul. 2020).

[9] Na mesma linha das anteriores: "Além disso, a concessão dessa série de benesses de ordem fiscal a uma empresa denota quadro passível de repetir-se em inúmeros processos, pois todos os demais contribuintes daquele tributo poderão vir a querer desfrutar de benesses semelhantes" (STF – Supremo Tribunal Federal. *Medida Cautelar na Suspensão de Tutela Provisória nº 185 – Maranhão*. Rel. Min. Dias Toffoli, julgamento em 27 de abril de 2020c).

relativo ao Programa de Formação do Patrimônio do Servidor Público (Pasep), firmado com amparo na Lei nº 12.810, de 15 de maio de 2013.[10] A esse respeito, também pode ser citada a decisão do Superior Tribunal de Justiça (STJ) que autorizou o levantamento de valor depositado em processo de execução fiscal para que a empresa devedora aplicasse os recursos no pagamento de salários e encargos durante o período em que as atividades das empresas estavam suspensas em razão da Covid-19.[11]

No âmbito do Poder Executivo, houve a edição da Portaria da Procuradoria-Geral da Fazenda Nacional (PGFN) de nº 14.402/2020, que estabelece as condições para transação excepcional na cobrança da dívida ativa da União (DAU), em função dos efeitos da pandemia causada pelo coronavírus (Covid-19).[12]

---

[10] Nessa decisão, em sentido divergente da indicada na nota anterior, o STF entendeu possível, para permitir a aplicação de recurso do combate à Covid-19, autorizar a suspensão do pagamento, pelo estado, do parcelamento tributário feito perante a União: "A gravidade da emergência causada pela pandemia do Covid-19 (coronavírus) tem exigido, de forma constante e extenuante, de todas as autoridades brasileiras, em todos os níveis de governo, conforme bem destacado na audiência de conciliação, a adoção imediata de medidas que visam a manutenção da capacidade operacional do sistema público de saúde, na tentativa de conter as consequências desastrosas desse momento para a população brasileira. Em especial, por conta deste fato superveniente e anormal – pandemia do Covid-19 – os estados membros, na linha de frente do combate, segundo as peculiaridades de cada região, têm sentido com maior intensidade os impactos financeiros causados, ao mesmo tempo, pela sensível diminuição de suas receitas e o não menos significativo aumento das despesas para a implantação das medidas para incrementação do sistema de saúde pública. (...) Diante do exposto, mantendo-se presentes os requisitos do *fumus boni iuris* e do *periculum in mora*, ESTENDO A MEDIDA LIMINAR deferida, com eficácia reduzida, para determinar a suspensão do pagamento das parcelas com vencimento até 31/05/2020, relativas ao parcelamento tributário relativo ao Programa de Formação do Patrimônio do Servidor Público – Pasep, firmado com amparo na Lei nº 12.810, de 15 de maio de 2013 (Cf. STF – Supremo Tribunal Federal. *Medida Cautelar na Ação Cível Originária nº 3.375*. Rel. Min. Alexandre de Moraes, julgamento em 30 de abril de 2020d).

[11] A vinculação com a pandemia ficou evidente no relatório e no dispositivo da decisão: "(...) No que tange ao perigo de dano irreparável, afirma que devido à reconhecida pandemia do Covid-19, encontra-se com seu estabelecimento fechado, o que acabou por reduzir drasticamente seu faturamento (fl. 71), existindo, ainda, a agravante de manter uma folha de pagamentos que teria custo médio de R$ 51.420,32 (fl. 73). (...) Dessa forma, considerando a plausibilidade jurídica dos argumentos expendidos e o perigo de dano irreparável, sem prejuízo da reapreciação da matéria no julgamento do mérito, defere-se a tutela provisória liminar requerida para liberar o valor de R$ 80.000,00, comprometendo-se a parte requerente a prestar contas do referido valor que será utilizado para quitação de salários e encargos" (Cf. STJ – Superior Tribunal de Justiça. *TutPrv no Recurso Especial nº 1.856.637 – RS*. Ministro Napoleão Nunes Maia Filho, julgado em 20 abr. 2020).

[12] Os objetivos lançados na Portaria dão o tom da finalidade perseguida com a excepcionalidade das normas de regulação da transação tributária durante a pandemia: "Art. 2º. São objetivos da transação excepcional na cobrança da dívida ativa da União: I – viabilizar a superação da situação transitória de crise econômico-financeira dos devedores inscritos em dívida ativa da União, em função os efeitos do coronavírus (Covid-19) em

Assim, ao menos dois sentidos podem ser extraídos da relação entre a tributação e as políticas públicas: por um lado, a atividade estatal de obtenção de receitas necessárias ao atingimento do objetivo da política fiscal de financiar políticas públicas se serve da instituição e da cobrança de tributos como mecanismo principal; por outro, a própria instituição e a cobrança de tributos envolvem uma escolha pública de atingir certos grupos para gerar benefícios para outros, tornando necessário identificar a capacidade contributiva dos indivíduos desses diferentes grupos frente às necessidades públicas dos demais. Não à toa, nossa Constituição reserva extenso tratamento ao sistema tributário nacional.

No âmbito infraconstitucional, a obrigação de arrecadar tributos é extraída do Código Tribunal Nacional (CTN), cujo art. 141 dispõe que a modificação e a extinção do crédito tributário ou a suspensão da exigibilidade dependem de previsão legal, sob pena de responsabilização funcional.[13] Em sentido similar, a Lei Complementar Federal nº 101, de 4 de maio de 2000 – Lei de Responsabilidade Fiscal (LRF), no seu art. 11, estabelece como "requisitos essenciais da responsabilidade na gestão fiscal a instituição, previsão e efetiva arrecadação de todos os tributos da competência constitucional do ente da Federação".[14] Assim, atos que impliquem em desoneração da obrigação tributária por parte do contribuinte são considerados renúncias de receitas e estão condicionados a estudos de impacto orçamentário-financeiro e a medidas de compensação (aumento de receita, elevação de alíquotas, ampliação

---

sua capacidade de geração de resultados e na perspectiva de recebimento dos créditos inscritos; II – permitir a manutenção da fonte produtora, do emprego e da renda dos trabalhadores; III – assegurar que a cobrança dos créditos inscritos em dívida ativa seja realizada de forma a ajustar a expectativa de recebimento à capacidade de geração de resultados dos devedores pessoa jurídica; e IV – assegurar que a cobrança de créditos inscritos em dívida ativa seja realizada de forma menos gravosa para os devedores pessoa física." (PGFN – Procuradoria-Geral da Fazenda Nacional. Portaria nº 14.402, de 16 de junho de 2020. Estabelece as condições para transação excepcional na cobrança da dívida ativa da União, em função dos efeitos da pandemia causada pelo coronavírus – Covid-19) na perspectiva de recebimento de créditos inscritos. *Diário Oficial da União*, edição 114, Seção 1, p. 46, 17 jun. 2020a. Disponível em: https://www.in.gov.br/en/web/dou/-/portaria-n-14.402-de-16-de-junho-de-2020-261920569. Acesso em: 23 out. 2020).

[13] BRASIL. *Lei nº 5.172, de 25 de outubro de 1966*. Dispõe sobre o Sistema Tributário Nacional e institui normas gerais de Direito Tributário aplicáveis à União, estados e municípios. Disponível em: http://www.planalto.gov.br/ccivil_03/leis/l5172compilado.htm. Acesso em: 23 out. 2020.

[14] BRASIL. *Lei Complementar nº 101, de 4 de maio de 2000*. Estabelece normas de finanças públicas voltadas para a responsabilidade na gestão fiscal e dá outras providências. Disponível em: http://www.planalto.gov.br/ccivil_03/leis/lcp/lcp101.htm. Acesso em: 23 out. 2020.

da base de cálculo, majoração ou criação de tributo ou contribuição), consoante o art. 14 da mesma lei.

Esse dever de arrecadar tributos impõe a adoção de todas as medidas necessárias para obter o cumprimento da obrigação, desde a fiscalização tributária, com a imposição de penalidades pelo descumprimento, até a utilização de instrumentos judiciais e extrajudiciais de cobrança dessas obrigações não adimplidas nas condições impostas pela lei. É nesse ponto que surge a execução fiscal na atividade financeira e tributária do Estado, como um instrumento jurídico-processual voltado a concretizar o dever de arrecadar receitas.

1.1 Execução fiscal: arranjo jurídico nacional e estadual

Neste trabalho, o recorte temático não permite a análise das diversas normas que envolvem a atividade financeira no Estado, nem está inserida no seu escopo a análise da influência dessa atividade nas diversas políticas setoriais. Por isso, a descrição do arranjo jurídico-institucional apresentada nesta seção está delimitada ao quadro normativo da execução fiscal, que regula, portanto, um instrumento específico, em relação ao qual será analisado o possível impacto da atual formatação desse arranjo no atingimento de um objetivo igualmente específico: a arrecadação de recursos por meio da recuperação de créditos inscritos em dívida ativa.

Além disso, serão também analisados, nos capítulos seguintes, as normas que, embora não digam respeito à execução fiscal, impactam na sua eficiência porquanto regulam outros meios de arrecadação de créditos inscritos em dívida ativa que podem estar em cobrança judicial, tais como os parcelamentos especiais, a transação tributária e a compensação de dívidas dos contribuintes com precatórios.

Nesse sentido, pode-se afirmar que o marco legal da execução fiscal é a Lei Federal nº 6.830, de 22 de setembro de 1980 – Lei de Execução Fiscal (LEF), que regula o processamento da ação executiva.[15] Trata-se, portanto, de uma norma processual, âmbito de produção legislativa privativa da União, de acordo com a repartição de competências

---

[15] BRASIL. *Lei nº 6.830, de 22 de setembro de 1980*. Dispõe sobre a cobrança judicial da Dívida Ativa da Fazenda Pública, e dá outras providências. Disponível em: http://www.planalto. gov.br/ccivil_03/leis/l6830.htm. Acesso em: 23 out. 2020. Antes disso, era o Decreto-Lei nº 960, de 17 de dezembro de 1938, que disciplinava a cobrança judicial da dívida ativa da Fazenda Pública em todo o território nacional.

estabelecida pelo art. 22, I, da Constituição Federal.[16] Além disso, a Lei Federal nº 4.320, de 17 de março de 1964, dispõe sobre a formação do título executivo – a certidão da dívida ativa – CDA.[17]

Por sua vez, é o art. 39 da Lei Federal nº 4.320/1964 que determina a inscrição dos créditos inadimplidos, de natureza tributária e não tributária, pertencentes à Fazenda Pública, na forma da legislação própria, como dívida ativa, após apurada a sua liquidez e certeza. Essa categorização binária – em créditos tributários e não tributários –, contudo, está longe de explicar a variedade de causas das dívidas que podem dar origem ao título executivo. Isso porque, ao contrário dos créditos tributários – decorrentes de obrigações acessórias e principais inadimplidas no seu prazo, relacionadas às espécies de tributos previstas na Constituição Federal e instituídas pelos entes políticos segundo a repartição constitucional de competências –, os créditos não tributários podem decorrer das mais diversas relações jurídicas que resultem na imposição, pelo Estado, de uma obrigação por quantia.[18]

Por isso, não é a natureza da obrigação por quantia inadimplida que conduz à utilização da execução fiscal como processo persecutório, mas a submissão do crédito decorrente dessa obrigação a um procedimento legalmente estabelecido para formação do título imprescindível à constituição válida desse processo. Quanto a esse ponto, a Lei Federal nº 6.830/1980 trata a inscrição em dívida como um ato de controle administrativo da legalidade, uma atividade administrativa que confere a liquidez, a certeza e a exigibilidade, que são os requisitos para sua admissão como título extrajudicial exequível.

---

[16] "Art. 22. Compete privativamente à União legislar sobre: I – direito civil, comercial, penal, processual, eleitoral, agrário, marítimo, aeronáutico, espacial e do trabalho" (BRASIL. *Constituição da República Federativa do Brasil de 1988*. Disponível em: http://www.planalto.gov.br/ccivil_03/constituicao/constituicao.htm. Acesso em: 23 out. 2020).

[17] BRASIL. *Lei nº 4.320, de 17 de março de 1964*. Estatui normas gerais de Direito Financeiro para elaboração e contrôle dos orçamentos e balanços da União, dos estados, dos municípios e do Distrito Federal. Disponível em: http://www.planalto.gov.br/ccivil_03/leis/l4320.htm. Acesso em: 23 out. 2020.

[18] Assim, a Lei Federal nº 4.320/1964 apresenta uma lista exemplificativa apenas, no §2º do art. 39, ao citar os demais créditos não tributários da Fazenda Pública, tais como: a) empréstimos compulsórios; b) contribuições estabelecidas em lei; c) multa de qualquer origem ou natureza, exceto as tributárias; d) foros, laudêmios, aluguéis ou taxas de ocupação; e) custas processuais; f) preços de serviços prestados por estabelecimentos públicos; g) indenizações, reposições, restituições, alcances dos responsáveis definitivamente julgados; h) créditos decorrentes de obrigações em moeda estrangeira, de subrogação de hipoteca, fiança, aval ou outra garantia; i) de contratos em geral ou de outras obrigações legais. Algumas dessas espécies, aliás, já tiveram a natureza tributária posteriormente confirmadas, como é o caso dos empréstimos compulsórios, das contribuições sociais e para seguridade social e das taxas judiciárias.

O procedimento da execução fiscal, como se afirmou, está regulado na LEF, portanto, trata-se de um procedimento especial de execução extrajudicial, baseado num título formado unilateralmente pelo Estado: a certidão de dívida ativa. Essa distinção de procedimento especial se mostrava mais perceptível quando da edição dessa lei, antes das reformas do Código de Processo Civil de 1973 (CPC/73), imprimidas pela Lei Federal nº 11.232, de 22 de dezembro de 2005, que revisou todo o processo de execução.[19] Atualmente, houve uma aproximação dos ritos, primeiro, porque o CPC/2015 prevê aplicação subsidiária aos procedimentos especiais,[20] inclusive ao estabelecido pela LEF, segundo, porque esse código detalha as normas processuais relativas às fases de penhora e de expropriação dos bens, razão de essas normas serem reiteradamente invocadas durante o processo de execução fiscal, como, por exemplo, aquelas sobre a alienação por iniciativa do credor e a penhora de faturamento.

De modo geral, a execução fiscal é iniciada por petição instruída com o título executivo, a CDA.[21] Além de possuir os atributos típicos dos títulos executivos decorrentes da sua inclusão no rol do CPC, a CDA também tem sido admitida na jurisprudência como documento com presunção de veracidade e legitimidade quanto à prova da origem da

---

[19] BRASIL. *Lei nº 11.232, de 22 de dezembro de 2005*. Altera a Lei nº 5.869, de 11 de janeiro de 1973 – Código de Processo Civil, para estabelecer a fase de cumprimento das sentenças no processo de conhecimento e revogar dispositivos relativos à execução fundada em título judicial, e dá outras providências. Disponível em: http://www.planalto.gov.br/ccivil_03/_ato2004-2006/2005/lei/l11232.htm. Acesso em: 23 out. 2020.

[20] Tal previsão se encontra, entre outros, nos arts. 318 e 771 do CPC: "Art. 318. Aplica-se a todas as causas o procedimento comum, salvo disposição em contrário deste Código ou de lei. Parágrafo único. O procedimento comum aplica-se subsidiariamente aos demais procedimentos especiais e ao processo de execução. (...) Art. 771. Este Livro regula o procedimento da execução fundada em título extrajudicial, e suas disposições aplicam-se, também, no que couber, aos procedimentos especiais de execução, aos atos executivos realizados no procedimento de cumprimento de sentença, bem como aos efeitos de atos ou fatos processuais a que a lei atribuir força executiva". (BRASIL. *Lei nº 13.105, de 16 de março de 2015a*. Código de Processo Civil. Disponível em: http://www.planalto.gov.br/ccivil_03/_ato2015-2018/2015/lei/l13105.htm. Acesso em: 23 out. 2020).

[21] "Art. 2º (...) §5º. O Termo de Inscrição de Dívida Ativa deverá conter: I – o nome do devedor, dos corresponsáveis e, sempre que conhecido, o domicílio ou residência de um e de outros; II – o valor originário da dívida, bem como o termo inicial e a forma de calcular os juros de mora e demais encargos previstos em lei ou contrato; III – a origem, a natureza e o fundamento legal ou contratual da dívida; IV – a indicação, se for o caso, de estar a dívida sujeita à atualização monetária, bem como o respectivo fundamento legal e o termo inicial para o cálculo; V – a data e o número da inscrição, no Registro de Dívida Ativa; e VI – o número do processo administrativo ou do auto de infração, se neles estiver apurado o valor da dívida. §6º. A Certidão de Dívida Ativa conterá os mesmos elementos do Termo de Inscrição e será autenticada pela autoridade competente" (BRASIL, 1980).

obrigação e dos elementos essenciais que compõem a dívida executada,[22] justamente em razão do procedimento de sua inscrição em dívida ativa, que exige o controle de legalidade do processo de constituição do crédito. No polo passivo da ação, podem ser incluídos os devedores e corresponsáveis que constem na certidão da dívida ativa,[23] embora seja possível a posterior inclusão de codevedores, mediante redirecionamento da execução fiscal, pela prática de atos que a lei civil ou tributária, conforme o caso, entender suficientes para autorizar a extensão da responsabilidade pelo pagamento do crédito. Nesse caso, apesar da divergência doutrinária sobre o procedimento a ser seguido após a vigência do CPC/2015, que trouxe regramento processual específico para a incidência de desconsideração da personalidade jurídica, o STJ tem jurisprudência no sentido da desnecessidade de formação desse incidente, exceto quando a extensão de responsabilidade tiver por base dispositivos da legislação material que prevejam a desconsideração propriamente dita, como é o caso do art. 50 do Código Civil.[24] Esse

---

[22] A esse respeito: "(...) as certidões de dívida ativa possuem presunção de liquidez e veracidade, nos termos do artigo 3º da Lei nº 6.830/80, cabendo ao executado a prova inequívoca para sua desconstituição, o que não ocorreu no caso concreto" (AgInt nos EDcl no REsp 1610756/RS, Rel. Ministro Francisco Falcão, Segunda Turma, julgado em 02/10/2018, DJe 08/10/2018).

[23] "Art. 4º. A execução fiscal poderá ser promovida contra: I – o devedor; II – o fiador; III – o espólio; IV – a massa; V – o responsável, nos termos da lei, por dívidas, tributárias ou não, de pessoas físicas ou pessoas jurídicas de direito privado; e VI – os sucessores a qualquer título" (BRASIL, 1980).

[24] "(...) 1. O incidente de desconsideração da personalidade jurídica (art. 133 do CPC/2015) não se instaura no processo executivo fiscal nos casos em que a Fazenda exequente pretende alcançar pessoa jurídica distinta daquela contra a qual, originalmente, foi ajuizada a execução, mas cujo nome consta na Certidão de Dívida Ativa, após regular procedimento administrativo, ou, mesmo o nome não estando no título executivo, o Fisco demonstre a responsabilidade, na qualidade de terceiro, em consonância com os artigos 134 e 135 do CTN. 2. Às exceções da prévia previsão em lei sobre a responsabilidade de terceiros e do abuso de personalidade jurídica, o só fato de integrar grupo econômico não torna uma pessoa jurídica responsável pelos tributos inadimplidos pelas outras. 3. O redirecionamento de execução fiscal a pessoa jurídica que integra o mesmo grupo econômico da sociedade empresária originalmente executada, mas que não foi identificada no ato de lançamento (nome na CDA) ou que não se enquadra nas hipóteses dos arts. 134 e 135 do CTN, depende da comprovação do abuso de personalidade, caracterizado pelo desvio de finalidade ou confusão patrimonial, tal como consta do art. 50 do Código Civil, daí porque, nesse caso, é necessária a instauração do incidente de desconsideração da personalidade da pessoa jurídica devedora. 4. Hipótese em que o TRF4, na vigência do CPC/2015, preocupou-se em aferir os elementos que entendeu necessários à caracterização, de fato, do grupo econômico e, entendendo presentes, concluiu pela solidariedade das pessoas jurídicas, fazendo menção à legislação trabalhista e à Lei 8.212/1991, dispensando a instauração do incidente, por compreendê-lo incabível nas execuções fiscais, decisão que merece ser cassada. 5. Recurso Especial da sociedade empresária provido" (REsp 1.775.269/PR, Rel. Ministro Gurgel de Faria, Primeira Turma, julgado em 21/02/2019, DJe 01/03/2019).

dispositivo é normalmente utilizado pela Fazenda Pública como fundamento a justificar a extensão da responsabilidade diante de grupos econômicos de fato ou informalmente constituídos. Contudo, isso é contraditório, diante da possibilidade de a causa de pedir, diante do mesmo fato, incluir também o CTN e, nesse caso, ser dispensada a formação do incidente,[25] pois o STJ firmou posição pela não-submissão ao incidente no caso dos créditos tributários em que a apontada prática dos atos ilícitos esteja indicada nos arts. 124, 133 e 135 do CTN.[26] Uma

---

[25] Com esse entendimento: "(...) I – Impõe-se o afastamento de alegada violação do art. 1.022 do CPC/2015, quando a questão apontada como omitida pelo recorrente foi examinada no acórdão recorrido, caracterizando o intuito revisional dos embargos de declaração. II – Na origem, foi interposto agravo de instrumento contra decisão, em via de execução fiscal, em que foram reconhecidos fortes indícios de formação de grupo econômico, constituído por pessoas físicas e jurídicas, e sucessão tributária ocorrida em relação ao Jornal do Brasil S.A. e demais empresas do 'Grupo JB', determinando, assim, o redirecionamento do feito executivo. III – Verificada, com base no conteúdo probatório dos autos, a existência de grupo econômico de fato com confusão patrimonial, apresenta-se inviável o reexame de tais elementos no âmbito do recurso especial, atraindo o óbice da Súmula n. 7/STJ. IV – A previsão constante no art. 134, caput, do CPC/2015, sobre o cabimento do incidente de desconsideração da personalidade jurídica, na execução fundada em título executivo extrajudicial, não implica a ocorrência do incidente na execução fiscal regida pela Lei 6.830/1980, verificando-se verdadeira incompatibilidade entre o regime geral do Código de Processo Civil e a Lei de Execuções que, diversamente da lei geral, não comporta a apresentação de defesa sem prévia garantia do juízo, nem a automática suspensão do processo, conforme a previsão do art. 134, §3º, do CPC/2015. Na execução fiscal 'a aplicação do CPC é subsidiária, ou seja, fica reservada para as situações em que as referidas leis são silentes e no que com elas compatível' (REsp 1.431.155/PB, Rel. Ministro Mauro Campbell Marques, Segunda Turma, DJe 02/06/2014). V – Evidenciadas as situações previstas nos arts. 124 e 133, do CTN, não se apresenta impositiva a instauração do incidente de desconsideração da personalidade jurídica, podendo o julgador determinar diretamente o redirecionamento da execução fiscal para responsabilizar a sociedade na sucessão empresarial. Seria contraditório afastar a instauração do incidente para atingir os sócios-administradores (art. 135, III, do CTN), mas exigi-la para mirar pessoas jurídicas que constituem grupos econômicos para blindar o patrimônio em comum, sendo que nas duas hipóteses há responsabilidade por atuação irregular, em descumprimento das obrigações tributárias, não havendo que se falar em desconsideração da personalidade jurídica, mas sim de imputação de responsabilidade tributária pessoal e direta pelo ilícito. Precedente: REsp n. 1.786.311/PR, Rel. Ministro Francisco Falcão, DJe 14/5/2019. VI – Agravo conhecido para conhecer parcialmente do recurso especial e, nessa parte, negar provimento" (AREsp 1455240/RJ, Rel. Ministro Francisco Falcão, Segunda Turma, julgado em 15/08/2019, DJe 23/08/2019).

[26] Nesse sentido: "(...) V – Evidenciadas as situações previstas nos arts. 124, 133 e 135, todos do CTN, não se apresenta impositiva a instauração do incidente de desconsideração da personalidade jurídica, podendo o julgador determinar diretamente o redirecionamento da execução fiscal para responsabilizar a sociedade na sucessão empresarial. Seria contraditório afastar a instauração do incidente para atingir os sócios-administradores (art. 135, III, do CTN), mas exigi-la para mirar pessoas jurídicas que constituem grupos econômicos para blindar o patrimônio em comum, sendo que nas duas hipóteses há responsabilidade por atuação irregular, em descumprimento das obrigações tributárias, não havendo que se falar em desconsideração da personalidade jurídica, mas sim de imputação de responsabilidade tributária pessoal e direta pelo ilícito. VI – Recurso Especial parcialmente

das hipóteses mais comuns é a dissolução irregular da pessoa jurídica, de presumida ocorrência quando deixar de funcionar no endereço declarado ao Fisco,[27] considerada infração à lei.[28] Apesar da divergência inicial, essa possibilidade de redirecionamento, embora consubstanciada no art. 135, III, do CTN, aplica-se também aos créditos não tributários.[29]

Após o recebimento da citação, o executado é citado para realizar o pagamento do crédito, estando condicionada a oposição de embargos

---

conhecido e, nesta parte, improvido" (REsp 1786311/PR, Rel. Ministro Francisco Falcão, Segunda Turma, julgado em 09/05/2019, DJe 14/05/2019).

[27] Sem desconsiderar a diversidade de sentidos que esses termos podem assumir, neste trabalho utilizamos a expressão Fisco e órgão fazendário como sinônimos para representar, na linha que propõe Paulo de Barros Carvalho, os órgãos responsáveis pela "atividade de fiscalização e arrecadação de tributos, enquanto promovida pelo Estado-Administração" (Cf. CARVALHO, Paulo de Barros. *Curso de Direito Tributário*. 23. ed. São Paulo: Saraiva, 2011. p. 50). Esse sentido não alcança, contudo, os órgãos jurídicos responsáveis pela representação do Estado-Administração durante as fases judiciais de cobrança ou impugnação ao crédito, para os quais utilizamos a expressão órgãos de representação e, para o Estado-Administração, a expressão Fazenda Pública ou simplesmente Fazenda, seguida ou não de sua dimensão federativa municipal, estadual ou federal, nesse caso, adotando-se o alcance proposto por Leonardo Carneiro da Cunha de "pessoas jurídicas de direito público que figurem em ações judiciais, mesmo que a demanda não verse sobre matéria estritamente fiscal ou financeira" (Cf. CUNHA, Leonardo Carneiro da. *A Fazenda Pública em juízo*. 13. ed. Rio de Janeiro: Forense, 2016. p. 6).

[28] De acordo com a Súmula 435/STJ: "Presume-se dissolvida irregularmente a empresa que deixar de funcionar no seu domicílio fiscal, sem comunicação aos órgãos competentes, legitimando o redirecionamento da execução fiscal para o sócio-gerente". Por sua vez, quanto ao enquadramento da situação como fraude à lei, na forma do art. 135, III, do CTN, o STJ conclui, em julgamento de recursos repetitivos, que "3. É obrigação dos gestores das empresas manter atualizados os respectivos cadastros, incluindo os atos relativos à mudança de endereço dos estabelecimentos e, especialmente, referentes à dissolução da sociedade. A regularidade desses registros é exigida para que se demonstre que a sociedade dissolveu-se de forma regular, em obediência aos ritos e formalidades previstas nos arts. 1.033 a 1.038 e arts. 1.102 a 1.112, todos do Código Civil de 2002 – onde é prevista a liquidação da sociedade com o pagamento dos credores em sua ordem de preferência – ou na forma da Lei 11.101/2005, no caso de falência. A desobediência a tais ritos caracteriza infração à lei" (REsp 1.371.128/RS, Rel. Ministro Mauro Campbell Marques, Primeira Seção, julgado em 10/09/2014, DJe 17/09/2014).

[29] No mesmo julgamento sob o rito dos recursos repetitivos, o STJ fixou que: "4. Não há como compreender que o mesmo fato jurídico 'dissolução irregular' seja considerado ilícito suficiente ao redirecionamento da execução fiscal de débito tributário e não o seja para a execução fiscal de débito não-tributário. '*Ubi eadem ratio ibi eadem legis dispositio*'. O suporte dado pelo art. 135, III, do CTN, no âmbito tributário é dado pelo art. 10, do Decreto 3.078/19 e art. 158, da Lei 6.404/78 – LSA no âmbito não-tributário, não havendo, em nenhum dos casos, a exigência de dolo. (...) 6. Caso em que, conforme o certificado pelo oficial de justiça, a pessoa jurídica executada está desativada desde 2004, não restando bens a serem penhorados. Ou seja, além do encerramento irregular das atividades da pessoa jurídica, não houve a reserva de bens suficientes para o pagamento dos credores. (...)" (REsp 1371128/RS, Rel. Ministro Mauro Campbell Marques, Primeira Seção, julgado em 10/09/2014, DJe 17/09/2014).

à previa garantia do juízo,³⁰ muito embora a jurisprudência tenha sedimentado a utilização de impugnação por simples petição – a exceção ou objeção de pré-executividade – das matérias que podem ser conhecidas de ofício e não dependam de dilação probatória.³¹ Além disso, o STF já fixou a possibilidade de processo autônomo para discussão dos créditos tributários, sem necessidade de garantia prévia.³²

Assim, os embargos do devedor, quando opostos, devem ser respondidos pela Fazenda Pública no prazo de 30 (trinta) dias³³ e, como regra, o seu recebimento não suspende automaticamente a execução fiscal durante o processamento da defesa, sendo necessários, conjuntamente: "apresentação de garantia; verificação pelo juiz da relevância da fundamentação (*fumus boni juris*) e perigo de dano irreparável ou de difícil reparação (*periculum in mora*)".³⁴ No caso de depósito da quantia

---

30 "Art. 16. O executado oferecerá embargos, no prazo de 30 (trinta) dias, contados: I – do depósito; II – da juntada da prova da fiança bancária ou do seguro garantia; III – da intimação da penhora. §1º. Não são admissíveis embargos do executado antes de garantida a execução" (BRASIL, 1980).

31 Nesse sentido: "(...) 1. A exceção de pré-executividade é servil à suscitação de questões que devam ser conhecidas de ofício pelo juiz, como as atinentes à liquidez do título executivo, aos pressupostos processuais e às condições da ação executiva, desde que não demandem dilação probatória (exceção *secundum eventus probationis*). Acórdão submetido ao regime do artigo 543-C, do CPC, e da Resolução STJ 8/2008" (REsp 1.136.144/RJ, Rel. Ministro Luiz Fux, Primeira Seção, julgado em 09/12/2009, DJe 01/02/2010).

32 Súmula Vinculante 28, do STF: "É inconstitucional a exigência de depósito prévio como requisito de admissibilidade de ação judicial na qual se pretenda discutir a exigibilidade de crédito tributário".

33 "Art. 17. Recebidos os embargos, o Juiz mandará intimar a Fazenda, para impugná-los no prazo de 30 (trinta) dias, designando, em seguida, audiência de instrução e julgamento. Parágrafo único – Não se realizará audiência, se os embargos versarem sobre matéria de direito, ou, sendo de direito e de fato, a prova for exclusivamente documental, caso em que o Juiz proferirá a sentença no prazo de 30 (trinta) dias" (BRASIL, 1980).

34 Segundo recurso especial julgado sob o rito dos recursos repetitivos: (...) 1. A previsão no ordenamento jurídico pátrio da regra geral de atribuição de efeito suspensivo aos embargos do devedor somente ocorreu com o advento da Lei 8.953, de 13, de dezembro de 1994, que promoveu a reforma do Processo de Execução do Código de Processo Civil de 1973 (Lei 5.869, de 11 de janeiro de 1973 – CPC/73), nele incluindo o §1º do art. 739, e o inciso I do art. 791. 2. Antes dessa reforma, e inclusive na vigência do Decreto-Lei 960, de 17 de dezembro de 1938, que disciplinava a cobrança judicial da dívida ativa da Fazenda Pública em todo o território nacional, e do Código de Processo Civil de 1939 (Decreto-Lei 1.608/39), nenhuma lei previa expressamente a atribuição, em regra, de efeitos suspensivos aos embargos do devedor, somente admitindo-os excepcionalmente. Em razão disso, o efeito suspensivo derivava de construção doutrinária que, posteriormente, quando suficientemente amadurecida, culminou no projeto que foi convertido na citada Lei 8.953/94, conforme o evidencia sua Exposição de Motivos – Mensagem 237, de 7 de maio de 1993, DOU de 12/04/1994, Seção II, p. 1.696. 3. Sendo assim, resta evidente o equívoco da premissa de que a LEF e a Lei 8.212/91 adotaram a postura suspensiva dos embargos do devedor antes mesmo de essa postura ter sido adotada expressamente pelo próprio CPC/73, com o advento da Lei 8.953/94, fazendo tábula rasa da história legislativa. 4. Desta feita, à luz de uma interpretação histórica e dos princípios que nortearam as várias reformas nos

devida, a suspensão da execução dos créditos tributários decorre diretamente do CTN, assim como no caso de concessão de medida cautelar ou antecipatória que atinja a exigibilidade do crédito, com ou sem depósito.[35]

Se os devedores não forem localizados, o processo é suspenso pelo prazo de 1 (um) ano, findo o qual tem curso o prazo quinquenal da prescricional da pretensão executória intercorrente.[36] Essa suspensão

---

feitos executivos da Fazenda Pública e no próprio Código de Processo Civil de 1973, mormente a eficácia material do feito executivo a primazia do crédito público sobre o privado e a especialidade das execuções fiscais, é ilógico concluir que a Lei 6.830 de 22 de setembro de 1980 – Lei de Execuções Fiscais – LEF e o art. 53, §4º da Lei 8.212, de 24 de julho de 1991, foram em algum momento ou são incompatíveis com a ausência de efeito suspensivo aos embargos do devedor. Isto porque quanto ao regime dos embargos do devedor invocavam – com derrogações específicas sempre no sentido de dar maiores garantias ao crédito público – a aplicação subsidiária do disposto no CPC/73 que tinha redação dúbia a respeito, admitindo diversas interpretações doutrinárias. 5. Desse modo, tanto a Lei 6.830/80 – LEF quanto o art. 53, §4º da Lei 8.212/91 não fizeram a opção por um ou outro regime, isto é, são compatíveis com a atribuição de efeito suspensivo ou não aos embargos do devedor. Por essa razão, não se incompatibilizam com o art. 739-A do CPC/73 (introduzido pela Lei 11.382/2006), que condiciona a atribuição de efeitos suspensivos aos embargos do devedor ao cumprimento de três requisitos: apresentação de garantia; verificação pelo juiz da relevância da fundamentação (*fumus boni juris*) e perigo de dano irreparável ou de difícil reparação (*periculum in mora*). 6. Em atenção ao princípio da especialidade da LEF, mantido com a reforma do CPC/73, a nova redação do art. 736 do CPC, dada pela Lei 11.382/2006 – artigo que dispensa a garantia como condicionante dos embargos – não se aplica às execuções fiscais diante da presença de dispositivo específico, qual seja o art. 16, §1º, da Lei 6.830/80, que exige expressamente a garantia para a apresentação dos embargos à execução fiscal. 7. Muito embora por fundamentos variados – ora fazendo uso da interpretação sistemática da LEF e do CPC/73, ora trilhando o inovador caminho da teoria do 'Diálogo das Fontes', ora utilizando-se de interpretação histórica dos dispositivos (o que se faz agora) – essa conclusão tem sido alcançada pela jurisprudência predominante, (...). 8. Superada a linha jurisprudencial em sentido contrário inaugurada pelo REsp. 1.178.883/MG, Primeira Turma, Rel. Min. Teori Albino Zavascki, julgado em 20/10/2011 e seguida pelo AgRg no REsp. 1.283.416/AL, Primeira Turma, Rel. Min. Napoleão Nunes Maia Filho, julgado em 02/02/2012; e pelo REsp 1.291.923/PR, Primeira Turma, Rel. Min. Benedito Gonçalves, julgado em 01/12/2011. 9. Recurso especial provido. Acórdão submetido ao regime do art. 543-C, do CPC, e da Resolução STJ 8/2008 (REsp 1.272.827/PE, Rel. Ministro Mauro Campbell Marques, Primeira Seção, julgado em 22/05/2013, DJe 31/05/2013).

[35] "Art. 151. Suspendem a exigibilidade do crédito tributário: (...) II – o depósito do seu montante integral; (...) IV – a concessão de medida liminar em mandado de segurança; V – a concessão de medida liminar ou da tutela antecipada, em outras espécies de ação judicial" (BRASIL, 1966).

[36] "Art. 40. O Juiz suspenderá o curso da execução, enquanto não for localizado o devedor ou encontrados bens sobre os quais possa recair a penhora, e, nesses casos, não correrá o prazo de prescrição. §1º. Suspenso o curso da execução, será aberta vista dos autos ao representante judicial da Fazenda Pública. §2º. Decorrido o prazo máximo de 1 (um) ano, sem que seja localizado o devedor ou encontrados bens penhoráveis, o Juiz ordenará o arquivamento dos autos. §3º. Encontrados que sejam, a qualquer tempo, o devedor ou os bens, serão desarquivados os autos para prosseguimento da execução. §4º. Se da decisão que ordenar o arquivamento tiver decorrido o prazo prescricional, o juiz, depois

também ocorre, assim como a contagem do prazo prescricional, em caso de não-localização de bens para garantia da execução.

Após a discussão do crédito, no caso da oposição de embargos, ou sem ela, se preclusa a oportunidade de sua apresentação e inexistente ação autônoma com essa finalidade – e na qual não tenha sido deferida ordem suspensiva da exigibilidade do crédito –, os bens penhorados, caso não sejam adjudicados pela Fazenda Pública, são levados a praça ou leilão e o produto dessa alienação, assim como o eventual valor depositado pelo devedor ou obtido em penhora de dinheiro, são convertidos em renda em favor do credor até o limite do crédito executado, podendo levar à extinção parcial ou total do processo. A extinção também ocorrerá no caso de haver decorrido o lapso temporal da prescrição executória intercorrente. Em ambos os casos, a consequência é a baixa do crédito dos sistemas da dívida ativa. No caso de extinção total, a instância recursal é aberta via apelação e, para as decisões interlocutórias ou parciais de mérito, o recurso cabível é o agravo de instrumento.[37]

Por sua vez, a gestão dos créditos da dívida ativa é regulada no âmbito de cada unidade da Federação, com a distribuição de competências para realização das diversas atividades que compõem o ciclo desses créditos, desde sua constituição até sua extinção, incluindo a sua cobrança administrativa e judicial.

A Constituição do Estado de Goiás atribuiu à Procuradoria-Geral do Estado de Goiás (PGEGO) a representação judicial e a consultoria jurídica da sua administração direta e indireta (art. 118).[38] Por sua vez, a Lei Complementar Estadual nº 58/2006 subdivide a PGEGO em suas unidades administrativas básicas e complementares, nos termos do art. 2º-A: Gabinete do Procurador-Geral; Subprocuradoria-Geral de Assuntos Administrativos; Subprocuradoria-Geral do Contencioso.[39]

---

de ouvida a Fazenda Pública, poderá, de ofício, reconhecer a prescrição intercorrente e decretá-la de imediato" (BRASIL, 1980).

[37] É o que se extrai do parágrafo único do art. 1.015 do CPC: "Cabe agravo de instrumento contra as decisões interlocutórias que versarem sobre: (...) Parágrafo único. Também caberá agravo de instrumento contra decisões interlocutórias proferidas na fase de liquidação de sentença ou de cumprimento de sentença, no processo de execução e no processo de inventário". (BRASIL, 2015a).

[38] GOIÁS. *Constituição do Estado de Goiás*. 5 de outubro de 1989. Disponível em: https://legisla.casacivil.go.gov.br/pesquisa_legislacao/103152/constituicao-estadual-. Acesso em: 24 out. 2020.

[39] GOIÁS. *Lei complementar nº 58, de 4 de julho de 2006*. Dispõe sobre a organização da Procuradoria-Geral do Estado e dá outras providências. Disponível em: https://legisla.casacivil.go.gov.br/pesquisa_legislacao/100990/lei-complementar-058. Acesso em: 24 out. 2020.

Essa estrutura é complementada pelas procuradorias setoriais, que são órgãos componentes das estruturas das secretarias de Estado, dos órgãos autônomos e dos poderes independentes estaduais, vinculadas tecnicamente à PGEGO e chefiadas por procuradores do estado.

A redação atual da LC 58/2006 remeteu a determinação da competência das suas unidades de execução ao regulamento a ser proposto pelo Procurador-Geral e aprovado pelo Conselho de Procuradores. E de acordo com esse regulamento, a execução fiscal dos créditos tributários constitui atribuição da Procuradoria Tributária (PTr), vinculada à Subprocuradoria-Geral do Contencioso, assim como a representação judicial e o assessoramento jurídico do estado nos demais processos judiciais tributários (art. 21, I e IV).[40] Os créditos não tributários, quando devidos ao Fundo Estadual de Meio Ambiente (Fema),[41] são cobrados em execução fiscal promovida pela Procuradoria de Defesa do Patrimônio Público e do Meio Ambiente (PPMA). Por sua vez, créditos devidos ao Fundo Estadual de Defesa do Consumidor (FEDC)[42] são executados por sua Procuradoria Setorial, por força do art. 1º da Lei Estadual nº 20.233, de 23 de julho de 2018, que também autorizou que a PGEGO promova a execução fiscal dos créditos da dívida ativa inscritos por outros órgãos da administração direta, autarquias, fundações e órgãos autônomos do estado de Goiás, inclusive por intermédio de seus fundos, que formalizarem Convênio ou Termo de Cooperação com a PGEGO.[43] A fase de inscrição e de cobrança administrativa desses créditos é de competência da Gerência da Dívida Ativa da PGEGO e a remessa dos créditos para inscrição em dívida é medida obrigatória, conforme dispõe o art. 2º da Lei Estadual nº 20.233/2018.[44]

---

[40] Essa configuração mantém, essencialmente, as previsões contidas no Decreto nº 9.526, de 4 de outubro de 2019, que, por sua vez, considerava o texto anteriormente vigente da LC nº 58/2006.

[41] Instituído pela Lei Complementar nº 20, de 10 de dezembro de 1996 (GOIÁS. *Lei complementar nº 20, de 10 de dezembro de 1996*. Estabelece diretrizes para controle, gestão e fiscalização do Fundo Estadual do Meio ambiente e dá outras providências. Disponível em: https://legisla.casacivil.go.gov.br/pesquisa_legislacao/101028/lei-complementar-020. Acesso em: 24 out. 2020).

[42] Instituído pela Lei nº 12.207, de 20 de dezembro de 1993 (GOIÁS. *Lei nº 12.207, de 20 de dezembro de 1993*. Cria o Fundo Estadual de Proteção e Defesa do Consumidor e dá outras providências. Disponível em: https://legisla.casacivil.go.gov.br/pesquisa_legislacao/83593/lei-12207. Acesso em: 24 out. 2020.

[43] GOIÁS. *Lei nº 20.233, de 23 de julho de 2018a*. Dispõe sobre a inscrição em dívida ativa, a cobrança administrativa e a execução judicial dos créditos não tributários que especifica e dá outras providências. Disponível em: https://legisla.casacivil.go.gov.br/pesquisa_legislacao/100168/lei-20233. Acesso em: 24 out. 2020.

[44] "Art. 2º. Os órgãos responsáveis pela constituição dos créditos dispostos nos incisos I e II do art. 1º desta Lei deverão, no prazo de até 90 (noventa) dias contados da data de

Contudo, a maior parte dos créditos da dívida ativa estadual tem origem em relações jurídicas de natureza tributária, cuja constituição, cobrança administrativa e inscrição em dívida ativa estão atribuídas ao órgão do Poder Executivo responsável pela política fiscal e pela administração tributária e financeira do estado de Goiás. Atualmente, esse órgão é a Secretaria da Economia, conforme a Lei Estadual nº 20.941, de 25 de junho de 2019, que estabelece a organização administrativa estadual (art. 23, I).[45]

A estrutura organizacional desse órgão segue seu regulamento, aprovado pelo Decreto Estadual nº 9.585, de 26 de dezembro de 2019, e inclui, dentre suas várias unidades internas: o Conselho Administrativo Tributário (CAT), responsável pelo julgamento dos processos administrativos desses créditos (art. 9º); a Subsecretaria da Receita Estadual e, vinculada a esta, a Superintendência de Recuperação de Créditos, incumbida de planejar e executar a administração de créditos tributários e não tributários, inclusive sua inscrição e cobrança administrativa e os parcelamentos previstos no Código Tributário Estadual (CTE) e nas leis especiais, bem como de adotar os procedimentos necessários ao registro desses créditos nas entidades que prestam serviços de proteção ao crédito, ao protesto extrajudicial e às ações de execução fiscal (art. 43). Essa unidade possui a subdivisão da Gerência de Gestão de Créditos de Órgãos e Entidades Estaduais, responsável por realizar a busca de bens, disponibilizar e encaminhar à PGEGO, por meio de sistema informatizado, a Certidão de Dívida Ativa (CDA), com as informações necessárias para a proposição das ações de execução fiscal (art. 45, VI).[46]

Por seu turno, o ajuizamento e a extinção das execuções fiscais está regulado na Lei Estadual nº 16.077, de 11 de julho de 2007, que impõe o ajuizamento do processo no prazo de até 60 (sessenta) dias, contados do recebimento da certidão da dívida ativa pelo órgão responsável pela inscrição (art. 1º). No art. 2º dessa lei, estão previstas as hipóteses de ajuizamento facultativo, nelas incluídos os seguintes casos:

---

vencimento do débito, sob pena de responsabilidade, encaminhar os autos do respectivo processo administrativo à Procuradoria-Geral do Estado para apuração, inscrição e expedição da respectiva Certidão de Dívida Ativa Não Tributária – CDANT" (GOIÁS, 2018).

[45] GOIÁS. *Lei nº 20.941, de 25 de junho de 2019a*. Estabelece a organização administrativa do Poder Executivo e dá outras providências. Disponível em: https://legisla.casacivil.go.gov.br/pesquisa_legislacao/100701/lei-20491. Acesso em: 24 out. 2020.

[46] GOIÁS. *Decreto Estadual nº 9.585, de 26 de dezembro de 2019b*. Aprova o Regulamento da Secretaria de Estado da Economia e dá outras providências. Disponível em: https://legisla.casacivil.go.gov.br/pesquisa_legislacao/72500/decreto-9585. Acesso em: 24 out. 2020.

> I – cujo montante dos débitos, por devedor, em valor atualizado, seja igual ou inferior a:
> a) R$ 25.500,00 (vinte e cinco mil e quinhentos reais), quando se tratar de crédito tributário;
> b) R$ 10.000,00 (dez mil reais), quando se tratar de crédito não-tributário;
> II – de pessoa natural ou pessoa jurídica que não esteja exercendo suas atividades e para as quais a investigação patrimonial, inclusive sobre os sócios da pessoa jurídica ou sobre o corresponsável, não tenha detectado a existência de bens ou direitos penhoráveis, até que esses bens ou direitos sejam localizados.[47]

Além disso, a referida lei autoriza a suspensão dos processos de execução, quando não localizados bens e direitos penhoráveis em nome do devedor ou do corresponsável e dos sócios das pessoas jurídicas (art. 2º, §2º). Quanto à extinção desses processos, essa lei autoriza a desistência nas seguintes hipóteses do seu art. 2º-A, inserido pela Lei Estadual nº 19.770, de 18 de julho de 2017:

> I – quando se tratar de execução fiscal movida exclusivamente contra massa falida em que não foram encontrados bens no processo falimentar ou na hipótese de serem os bens arrecadados insuficientes para as despesas do processo ou para a satisfação dos créditos que preferem aos da fazenda pública estadual, sem prejuízo de ajuizamento de ação própria contra o responsável tributário, se constatada a existência de indícios de crime falimentar nos autos de falência;
> II – quando tenha havido redirecionamento por responsabilidade tributária, nos casos de falecimento dos responsabilizados sem que hajam sido localizados bens passíveis de penhora, esgotadas as buscas pelos meios administrativos e judiciais, desde que inviabilizado o prosseguimento contra o devedor principal;
> III – quando for comprovado o falecimento do executado, no caso de dívida em nome próprio ou de firma individual, sem que tenham sido localizados bens passíveis de penhora, esgotadas as buscas pelos meios administrativos e judiciais e caso não haja amparo legal para redirecionar a execução contra terceira pessoa;
> IV – quando se tratar de execução de multa criminal, após dois anos, sem que tenham sido localizados bens passíveis de penhora, esgotadas as buscas pelos meios administrativos e judiciais;

---

[47] GOIÁS. *Lei nº 16.077, de 11 de julho de 2007*. Dispõe sobre a propositura da ação de execução judicial para cobrança da Dívida Ativa da Fazenda Pública Estadual. Disponível em: https://legisla.casacivil.go.gov.br/pesquisa_legislacao/80188/lei-16077. Acesso em: 24 out. 2020.

V – quando se tratar de execução fiscal decorrente de desaprovação de contas contra associações encerradas há mais de cinco anos, sem que tenham sido localizados bens passíveis de penhora, esgotadas as buscas pelos meios administrativos e judiciais, caso seja inviável o redirecionamento eficaz contra terceira pessoa;
VI – quando se tratar de execução fiscal ajuizada há dez anos ou mais contra pessoa jurídica que já esteja baixada ou cancelada há mais de cinco anos no Cadastro de Contribuintes do ICMS do Estado de Goiás, redirecionadas ou não contra terceiros, no caso de não-localização de bens e direitos penhoráveis em nome do devedor ou do corresponsável ou mesmo no caso da penhora de bem inservível ou frustrada a hasta pública, desde que inviável a substituição da penhora;
VII – quando se tratar de execução fiscal ajuizada contra pessoa jurídica dissolvida, inexistindo patrimônio passível de penhora ou sendo os bens inservíveis para alienação em hasta pública, desde que o redirecionamento contra terceiros seja juridicamente inviável ou tenha se mostrado ineficaz em razão da ausência de bens penhoráveis.
§1º. Os incisos VI e VII do art. 2º-A desta Lei não se aplicam às hipóteses em que o executado seja massa falida.[48]

Essa apresentação sobre o procedimento da execução fiscal estabelecido pela lei federal e sobre as competências estaduais relativas à gestão e à cobrança administrativa e judicial do crédito da dívida ativa, exposta de forma apenas introdutória ao tema nesta seção, serve para situar a base normativa a partir da qual serão analisadas as questões centrais do presente trabalho, em especial a eficiência da execução fiscal como instrumento jurídico a serviço do Estado para realizar a arrecadação de recursos. Essa atividade financeira será considerada a partir do contexto das políticas públicas, no qual o financiamento é um dos elementos principais do planejamento e da execução dessas políticas.

Essa inter-relação é abordada, a seguir, com a exposição dos principais referenciais teóricos sobre políticas públicas e como podem ser utilizados para caracterizar a política fiscal – e a atividade financeira que lhe é inerente – como do tipo **instrumental** ou **estrutural** e, por sua vez, a execução fiscal como um dos instrumentos jurídicos que a

---

[48] GOIÁS. *Lei nº 16.077, de 11 de julho de 2007*. Dispõe sobre a propositura da ação de execução judicial para cobrança da Dívida Ativa da Fazenda Pública Estadual. Disponível em: https://legisla.casacivil.go.gov.br/pesquisa_legislacao/80188/lei-16077. Acesso em: 24 out. 2020.

"caixa de ferramentas"[49] do Direito oferece à realização da arrecadação de receita dentro da atividade financeira.

1.2 Políticas públicas: teorias e modelos de análise

O estudo das políticas públicas como disciplina acadêmica surge nos Estados Unidos, especialmente a partir dos trabalhos de H. Laswell, H. Simon, C. Lindblom e D. Easton, como uma área ligada à ciência política e com lentes voltadas para o processo decisório do governo, trilhando, por isso, um caminho diferente da trajetória europeia, que tinha especial interesse no papel do Estado e suas instituições.[50]

Nesse contexto, na década de 1930, H. Laswell cunhou a expressão *policy analysis* (análise de política pública), que viria a ser adotada com um novo campo de conhecimento, e deu os primeiros passos para organizar cientificamente os debates em torno da atividade empírica do governo. Posteriormente, H. Simon acrescentou o conceito de "racionalidade limitada" na tomada de decisão, em virtude de elementos como insuficiência de informações, tempo e autointeresse dos agentes, que deveria ser contornada com estruturas de regras e incentivos.[51] Por sua vez, C. Lindblom incorporou questões sobre as relações entre os diversos atores dos processos decisórios, ressaltando o papel dos processos eleitorais e a inter-relação no interior das burocracias e dos partidos, bem como a ação dos grupos de interesse; e D. Easton contribuiu para a compreensão da relação entre os resultados e efeitos das políticas públicas (*outputs*) e as influências recebidas dos agentes (*inputs*).[52]

Apesar desses esforços de racionalização do Estado em ação, não há um conceito amplamente aceito para as políticas públicas, como é possível perceber na seguinte afirmação de Celina Souza:

---

[49] Como explicado à frente, essa é uma expressão cunhada por Diogo Coutinho, bastante difundida nas referências nacionais sobre Direito e políticas públicas (Cf. COUTINHO, Diogo R. O Direito nas políticas públicas. *In:* MARQUES, Eduardo; FARIA, Carlos Aurélio Pimenta de (orgs.). *A política pública como campo multidisciplinar.* São Paulo: Editora Unesp: Editora Fiocruz, 2013.
[50] SOUZA, Celina. Políticas públicas: uma revisão da literatura. *Sociologias*, Porto Alegre, ano 8, n. 16, p. 22, jul./dez. 2006.
[51] Ibidem, p. 23-24.
[52] Ibidem, p. 24.

Mead (1995) a define [política pública] como um campo dentro do estudo da política que analisa o governo à luz de grandes questões públicas e Lynn (1980), como um conjunto de ações do governo que irão produzir efeitos específicos. Peters (1986) segue o mesmo veio: política pública é a soma das atividades dos governos, que agem diretamente ou através de delegação, e que influenciam a vida dos cidadãos. Dye (1984) sintetiza a definição de política pública como "o que o governo escolhe fazer ou não fazer". A definição mais conhecida continua sendo a de Laswell, ou seja, decisões e análises sobre política pública implicam responder às seguintes questões: quem ganha o quê, por quê e que diferença faz.[53]

Neste trabalho, adotamos o conceito formulado por Bucci, segundo o qual as políticas públicas são "programas de ação governamental visando a coordenar os meios à disposição do Estado e as atividades privadas, para a realização de objetivos socialmente relevantes e politicamente determinados".[54] Esse conceito é adotado em razão do destaque conferido à coordenação de meios pelo Estado para atingir os fins em um processo juridicamente regularizado; isto é, regulado pelo regime jurídico de direito público. Por isso, é o conceito mais adequado à abordagem DPP utilizada nesse estudo. Não se desconhecem, contudo, entendimentos no sentido de que existiriam programas não estatais de relevante impacto em relação a problemas públicos que não tiveram a necessária atenção pelo Estado em determinados contextos históricos, espaciais, políticos e econômicos.[55]

Assim como ocorre em relação à sua definição, a tipologia das políticas públicas ainda não é uma questão resolvida em âmbito acadêmico. Para Celina Souza, por exemplo, haveria uma distinção entre estudos de "política pública" – que se interessa pela natureza das políticas e seu processo, pelo "por que" e pelo "como", pelo seu aspecto processual – e de "política social" – concentrada nas "consequências da política", no que ela "faz ou fez", no seu aspecto substancial, sendo esta última a que atingiu mais abrangência nas pesquisas no nosso país.[56]

Já segundo a tipologia proposta por Lowi, as políticas públicas poderiam ser: a) **distributivas** – voltadas a certos grupos ou regiões; b)

---

[53] Ibidem.
[54] BUCCI, Maria Paula Dallari. *Direito Administrativo e políticas públicas*. São Paulo: Saraiva, 2002. p. 214.
[55] Para mais informações sobre esse ponto, ver SECCHI, Leonardo. *Políticas públicas*. Conceitos, esquemas de análise, casos práticos. São Paulo: Cengage Learning, 2012.
[56] SOUZA, Celina. Estado da arte da pesquisa em políticas públicas. *In*: HOCHMAN, Gilberto; ARRETCHE, Marta; MARQUES, Eduardo (orgs.). *Políticas públicas no Brasil*. Rio de Janeiro: Editora Fiocruz, 2007. p. 70-71.

redistributivas – que atingem maior número de pessoas, provocando perdas em um grupo para beneficiar a outro, entre as quais estariam as políticas tributárias e as políticas sociais universais; c) **regulatórias** – que envolveriam burocracia, políticas e grupos de interesse; e d) **constitutivas** – que se ocupariam dos procedimentos.[57] Cada uma dessas categorias teria um contexto histórico determinado na experiência norte-americana, não obstante convivam de formas variadas atualmente em diversas políticas setoriais específicas, em distintos países.[58]

Além disso, em torno do tema das políticas públicas, há um debate clássico e ainda persistente entre linhas teóricas baseadas no "pluralismo político" – que compreende a ação do governo como um reflexo da ação dos grupos de interesse –, no "elitismo" – para o qual o grupo no poder concentra as decisões sobre os rumos dos governos – e nas concepções "estruturalistas e funcionalistas" – em que o governo serve aos interesses de algumas classes sociais.[59]

Também não há consenso acerca do ambiente de construção das políticas públicas, havendo abordagens estatistas (*state-centered*

---

[57] Ibidem, p. 73.
[58] No histórico apontado por Maria Paula Dallari Bucci: "A política **distributiva**, modo de atuação prevalecente na política americana da segunda metade do séc. XIX, se caracteriza pelo clientelismo, com o atendimento atomizado de demandas, o que, exatamente pela fragmentação, ocorre sem que se estabeleça confronto direto entre os beneficiários. É o caso de benefícios tarifários, melhoramentos locais e subsídios, em que as lideranças mais influentes podem ser atendidas de forma desagregada, contemplando os eleitores de determinadas regiões. A arena prioritária desse tipo de política eram os comitês do Congresso. No início do séc. XX, cresce o número de grupos de interesse organizados nacionalmente e a capacidade desses de atuar politicamente. O surgimento de políticas nacionais muda o panorama do federalismo nos EUA, uma vez que, segundo a Constituição, os temas principais em matéria de políticas públicas são de competência dos estados e até o advento do *New Deal*, eram discutidas e realizadas nesse nível. As alternativas de políticas públicas se ampliam e surgem as políticas regulatória e redistributiva. A política **regulatória** é aquela em que a decisão do governo se substitui à alocação privada dos recursos e se orienta por regras gerais, como ocorre, por exemplo, com a regulamentação trabalhista ou a organização dos sistemas de transportes. Diferentemente das anteriores, nesse caso as políticas não podem ser tratadas no nível do indivíduo ou da empresa, ainda que proporcionem benefícios ou encargos diferenciados, mas abrangem setores econômicos de forma agregada. A arena predominante tende a ser deslocada dos comitês do Congresso e das agências do governo para o próprio Congresso (LOWI, 1964). Finalmente, políticas **redistributivas** são aquelas em que alguns recebem mais em serviços do que pagam em impostos, ou em que alguém recebe um benefício sem ter contribuído para ele. É o caso típico dos programas do *welfare state*, como moradia ou aposentadorias e que são explicáveis com base nas classes sociais ou na oposição ricos/pobres, burguesia/proletariado" (BUCCI, Maria Paula Dallari. Método e aplicações da abordagem Direito e Políticas Públicas (DPP). *Revista Estudos Institucionais*, v. 5, n. 3, p. 813-814, set./dez. 2019, grifos no original).
[59] SOUZA, Celina. Políticas públicas: uma revisão da literatura. *Sociologias*, Porto Alegre, ano 8, n. 16, p. 27, jul./dez. 2006.

policy-making), que consideram apenas as decisões e ações dos protagonistas governamentais, e abordagens "multicêntricas", que dão ênfase a organizações privadas, multilaterais e redes (*policy networks*).⁶⁰ É a partir desse debate, por exemplo, que Leonardo Secchi usa a tipologia de políticas **governamentais**, por serem aquelas estabelecidas por atores governamentais, que são o ambiente maior e mais recorrente dessas políticas, mas que não afastariam a existência de políticas não governamentais, formadas nesse ambiente multicêntrico.⁶¹

Esses debates vão influenciar os vários modelos teóricos formulados para análise das políticas públicas, mas esses modelos, em certa medida, buscam fazer representações dos diversos elementos que comporiam, numa visão heurística, o que se convencionou denominar "ciclo de política pública", uma tipologia que engloba "as fases de **definição da agenda, identificação das alternativas, avaliação das opções, seleção das opções, implementação e avaliação**".⁶² Como afirma Eduardo Marques, apesar das recorrentes críticas nas últimas décadas, esse modelo de organização ainda é admitido como uma "ferramenta heurística e descritiva, que pode fornecer um mapeamento da configuração de cada política específica, a ser complexificado após a compreensão dos detalhes que cercam a política sob estudo".⁶³

A preponderância dada a cada um dos aspectos desse ciclo poderá variar conforme a posição teórica adotada em cada estudo – multicêntrica, estatista, pluralista ou elitista etc. –, de forma que, quando se parte da política, interessam as barganhas e, quando se parte dos protagonistas, o foco se dá no papel dos agentes, visíveis ou invisíveis, como os grupos de interesse, a mídia e os partidos, por exemplo.⁶⁴

Eduardo Marques afirma que, de modo geral, durante quase um século de literatura sobre políticas públicas, é possível notar um deslocamento no sentido de redução da importância das análises sobre a racionalidade e sobre o comportamento dos indivíduos no processo decisório, acompanhada de uma ampliação dos debates

---

⁶⁰ SECCHI, op. cit.
⁶¹ O autor utiliza o exemplo dos Médicos Sem Fronteiras, organização não governamental com sede na França e que teria, no exemplo da Somália, ocupado um papel protagonista na política pública de saúde daquele país, em razão da inoperância do Estado e da desarticulação da sociedade civil (cf. SECCHI, op. cit.).
⁶² SOUZA, 2007, p. 65-86, grifos nossos.
⁶³ MARQUES; Eduardo C. L. As políticas públicas na Ciência Política. *In*: MARQUES, Eduardo; FARIA, Carlos Aurélio Pimenta de (orgs.). *A política pública como campo multidisciplinar*. São Paulo: Editora Unesp: Editora Fiocruz, 2013. p. 32.
⁶⁴ SOUZA, 2007, p. 74.

sobre a formação e a implementação da agenda, com destaques para o papel das instituições, da burocracia e dos atores governamentais e não governamentais em interação com ambientes ativamente construídos por esses atores.[65]

Nessa linha histórica, o behaviorismo – focado no aspecto comportamental – e a racionalidade das escolhas seriam os elementos centrais dos estudos da fase inicial da análise de políticas de públicas. Assim, os estudos de H. Laswell apresentariam uma interpretação de base racional, comportamental e elitista da política, voltada à ação das lideranças sobre as massas; ao tempo em que H. Simon, sem se afastar dessa análise comportamental, trabalhou a limitação da racionalidade em razão da "estrutura do ambiente de decisão" e David Easton, incorporando a influência pluralista, concebeu uma representação de mundo a partir da teoria dos sistemas, aberta à interação entre o sistema político e outros sistemas, mas ainda pautado por um processo racional, em que as saídas (*outputs*) do ciclo de produção das políticas são influenciadas pelas entradas (*inputs*) e pela ação de grupos no interior do sistema (*withinputs*).[66]

Por sua vez, no incrementalismo proposto por C. Lindblom, destacam-se as decisões governamentais marginais, que resultam em ajustes pontuais em políticas anteriores, sob a premissa de que as decisões passadas constrangem o espaço decisório futuro e "limitam a capacidade dos governos de adotar novas políticas públicas ou de reverter a rota das políticas atuais".[67] Lindblom apresenta uma crítica ao modelo racional, ao ressaltar os limites do espaço de escolha das alternativas, considerados os custos relativamente mais altos envolvidos em mudanças de rotas nas políticas públicas, de forma que as decisões seriam "comparações limitadas sucessivas" entre alternativas com incrementos, ajustes em relação às decisões passadas.[68]

Ainda como crítica à racionalidade, o modelo *garbage can* (lata de lixo), de Cohen, March e Olsen, propõe que as escolhas de políticas públicas operam num sistema de tentativas e erros, onde soluções de problemas são colocadas numa "lata de lixo", de onde são escolhidas para formação da agenda.[69] Para esses autores, as limitações orçamentárias e operacionais para apresentação de alternativas, a partir das capacidades

---

[65] MARQUES, op. cit., p. 23-24.
[66] MARQUES, op. cit., p. 26-28.
[67] SOUZA, 2007, p. 73.
[68] MARQUES, op. cit., p. 28-29.
[69] SOUZA, 2007, p. 75.

administrativas disponíveis, levariam os governos a escolherem os problemas que poderiam ser objeto de intervenção das políticas públicas.[70] Portanto, para essa perspectiva, as alternativas procuram pelos problemas, e não o contrário.

Esse modelo foi adaptado por Kingdom, para propor a existência de *multiple streams* (múltiplas correntes), que incluem: a) a **corrente das soluções**, responsáveis pelas alternativas que, em determinado contexto espacial, político e econômico, possuem aceitação técnica, orçamentária, pública e do corpo político; b) a **corrente política** [*politics stream*], representada pela ação conflituosa dos atores, que envolve a articulação de acordos, lobbies e alianças em oposição; e c) a **corrente dos problemas**, que se refere ao reconhecimento de uma situação como problema, em decorrência de eventos extraordinários, críticos, ou mesmo do monitoramento de situações.[71] Nesse modelo, destaca-se a participação dos agentes que atuam para confluência dessas correntes, dentro e fora do ambiente governamental, os empreendedores de política.

O papel dos agentes também é relevante para o modelo das arenas sociais no qual os empreendedores de política – grupos de interesse e redes de contato organizadas – procuram convencer os *policy makers* (decisores) sobre determinada situação, para que um problema seja considerado e incluído na agenda política, sendo que essa persuasão poderia decorrer de estudos técnicos (índices e indicadores), eventos extraordinários (como crises e desastres) ou feedbacks sobre as falhas de políticas em curso.[72]

Por sua vez, numa abordagem complementar do processo decisório, Bachrach e Baratz[73] enfrentam a questão da centralidade ou não do poder político no corpo das instituições e oferecem uma tese alternativa, a partir da construção seguinte:

O poder é exercido não apenas quando uma decisão concreta é tomada, mas também quando um indivíduo ou grupo impede a discussão sobre um tema, através da "criação ou reforço de valores sociais e políticos e de práticas institucionais que limitam o escopo do processo político submetido à consideração pública" a outros temas

---

[70] MARQUES, op. cit., p. 32.
[71] RUIZ, Isabela; BUCCI, Maria Paula Dallari. Quadro de problemas de políticas públicas: uma ferramenta para análise jurídico-institucional. *Revista Estudos Institucionais*, v. 5, n. 3, p. 1.151-1.152, set./dez. 2019.
[72] SOUZA, 2007, p. 76.
[73] BACHRACH, Peter; BARATZ, Morton S. As duas faces do poder. *Revista de Sociologia e Política*. Curitiba, v. 19, n. 40, p. 149-157, out. 2011.

de seu interesse e que estão fora do espectro de importância conferida por outros indivíduos ou grupos;[74]

A definição do que é importante ou não importante na arena política deve considerar a "mobilização de viés" na comunidade, isto é, "dos valores dominantes e dos mitos, rituais e instituições políticos que tendem a favorecer os interesses organizados de um ou de mais grupos, relativamente a outros grupos", para reconhecer como atores do processo não só os tomadores de decisão, mas aqueles que se instrumentalizam para "evitar o surgimento de temas potencialmente perigosos" por confrontarem os interesses desse grupo.[75]

Com base nesses argumentos, para esses autores, **quem domina** nem sempre é quem toma decisões concretas, isto é, as decisões exteriorizadas no processo. Por outro lado, essas decisões concretas devem ser analisadas em conjunto com a mobilização de viés, para saber quem participou do processo decisório real e anterior a essa decisão concreta, isto é, **se alguém domina** por meio da escolha prévia dos temas seguros a serem objeto de deliberação.

Seguindo essa linha histórica de movimentos teóricos, nas últimas duas décadas do século XX, destacaram-se as teorias neoinstitucionalistas, um grupo variado que partilha a concepção de que "instituições são regras formais e informais que moldam o comportamento dos atores [...] tornam o curso de certas políticas mais fáceis do que outras [...] redefinem alternativas políticas e mudam a posição relativa dos atores".[76] Nessa linha, Bucci explica que:

> [...] a noção de instituição tem sido utilizada, nesses diferentes contextos, como elemento de conexão entre diversos campos do saber, a ciência política e a economia (escolha pública); a gestão pública, a sociologia das organizações e a ciência política (neo-institucionalismo organizacional); a ciência política, a história e a sociologia (neo-institucionalismo histórico); o direito e a economia e assim por diante.[77]

James G. March e Johan P. Olsen afirmam, nesse mesmo sentido, que o interesse nas instituições "é característico de tendências recentes na Economia, que descobriu a lei, os contratos, as hierarquias, os

---

[74] Ibidem, p. 151-152.
[75] Ibidem, p. 153-155.
[76] Cf. SOUZA, 2007, p. 82.
[77] BUCCI, Maria Paula Dallari. Notas para uma metodologia jurídica de análise de políticas públicas. *Biblioteca Digital Fórum de Direito Público*. Belo Horizonte, ano 9, n. 104, p. 23, out. 2009.

procedimentos de operação-padrão, os códigos profissionais e as normas sociais", assim como está presente em estudos da Antropologia e da Sociologia.[78]

Como afirma Eduardo Marques, o neo-institucionalismo apresenta várias linhas teóricas, sendo as principais a escolha racional, a sociológica e a histórica.[79] O (neo)institucionalismo histórico, segundo Peter A. Hall e Rosemary C. R. Taylor, buscava explicações mais consistentes para a distribuição desigual de poder entre os grupos de interesse do que as oferecidas pelas visões de base marxista, funcionalistas ou estruturalistas, centradas em análises das "características sociais, psicológicas ou culturais dos indivíduos como os parâmetros responsáveis por uma boa parte do funcionamento do sistema". Desse modo, essa vertente histórica do institucionalismo passou a considerar que "a organização institucional da comunidade política ou a economia política era o principal fator a estruturar o comportamento coletivo" e o Estado não seria uma figura neutra, e sim um complexo de instituições influentes no resultado dos conflitos entre os grupos, ao distribuir acesso desproporcional ao poder.[80]

Esses grupos estariam sujeitos a uma "dependência de trajetória" (*path dependent*), isto é, a influências de "políticas herdadas", que encorajam forças sociais a se organizarem no sentido de certas orientações políticas, identidades culturais e preferências em vez de outras, bem como poderiam ser influenciados por momentos críticos em que as instituições criam "bifurcações" e conduzem a um novo trajeto.[81]

Já o institucionalismo da escolha racional importou das análises econômicas conceitos como o dos custos da transação, para tentar explicar a estabilidade de decisões políticas em ambientes de preferências individuais muito diversas, especialmente no âmbito do Poder Legislativo dos EUA. A partir desse conceito, seus teóricos passaram a afirmar que as instituições, assim como as empresas, organizam-se "para reduzir os custos de transação ligados ao fato de empreender a mesma atividade sem passar por essa instituição". Isso significa que a estruturação de regras e procedimentos, como a formação das comissões

---

[78] MARCH, James G.; OLSEN, Johan P. *Neo-institucionalismo*: fatores organizacionais na vida política. *Revista de Sociologia Política*, v. 16, n. 31, p. 121, nov. 2008.

[79] MARQUES; Eduardo C. L. As políticas públicas na Ciência Política. In: MARQUES, Eduardo; FARIA, Carlos Aurélio Pimenta de (orgs.). *A política pública como campo multidisciplinar*. São Paulo: Editora Unesp: Editora Fiocruz, 2013, p. 37.

[80] HALL, Peter A.; TAYLOR, Rosemary C. R. As três versões do neo-institucionalismo. *Lua Nova* [online], n. 58, p. 193-223, 2003. Disponível em: https://doi.org/10.1590/S0102-64452003000100010. Acesso em: 24 out. 2020.

[81] Ibidem.

e a relação com as autoridades a partir do regulamento do Congresso, influenciariam na manutenção das decisões políticas ao enquadrar a atuação dos agentes e reforçar sua obediência.[82]

Por sua vez, o institucionalismo sociológico (ou organizacional) sofre influência da teoria das organizações e seus adeptos consideram que a consolidação de formas e procedimentos institucionais podem ter raízes que não se liguem necessariamente à racionalidade, isto é, à adequação dessas formas e procedimentos para produzir certos objetivos de formas mais ou menos eficazes. Para eles, essa consolidação poderia estar ligada a "práticas culturais, comparáveis aos mitos e às cerimônias elaborados por numerosas sociedades", o que explicaria porque práticas burocráticas menos eficazes são adotadas em determinados contextos e, também, porque "os indivíduos levados pela sua socialização a desempenhar papéis específicos internalizam as normas associadas a esses papéis, sendo esse o modo pelo qual se concebe a influência das instituições sobre o comportamento". Com isso, impactam na construção das suas identidades individuais, ao oferecerem as condições de atribuição de significado na vida social capazes de possibilitar-lhes reconhecer e reagir às situações, numa "dimensão cognitiva" da influência das instituições.[83]

Como pontos comuns, essas teorias reforçam o papel do Estado e das suas instituições, com relativa autonomia em relação ao ambiente externo, ocorrendo a inter-relação com a sociedade em ambientes institucionais que enquadrariam as lutas políticas em processos regulados para conformar, em maior ou menor medida, a atuação dos agentes, inclusive suas chances de mobilização e vitória.[84]

Assim, as análises de políticas públicas influenciadas pelo neo-institucionalismo ressaltam o papel do desenho institucional, dos atores estatais e do relacionamento do Estado com os demais atores nas diversas fases do ciclo de políticas, em diferentes escalas em cada fase desse ciclo. Isso reduziria a importância das discussões em torno de perspectivas generalizantes de preponderância *top-down* (de cima para baixo) ou *bottom-up* (de baixo para cima) da formulação de políticas, ao afirmar que essa preponderância se dá apenas em momentos dentro desse ciclo de política e de forma variável – e não como uma regra de toda sua formação. Além disso, as fases desse ciclo não estariam isoladas, mas sobrepostas de forma complexa e específica em cada política.[85]

---

[82] Ibidem.
[83] Ibidem.
[84] MARQUES, op. cit., p. 37-38.
[85] Ibidem.

Nesse sentido, as teorias neo-institucionalistas têm defendido que o Estado desenvolveria capacidades de formular e desenvolver políticas públicas a partir de suas instituições, que podem ser mais ou menos permeadas pelos grupos de interesses, em dado contexto social, temporal, espacial e setorial de ação dessas políticas.[86]

Contudo, segundo Peter Hall e Rosemary Taylor, o ganho teórico promovido pelo neo-institucionalismo para a análise das políticas dependeria de necessários intercâmbios entre essas escolas, na medida em que "cada uma parece suprir uma explicação parcial das forças ativas numa situação dada, ou exprimir dimensões diferentes do comportamento humano e do impacto das instituições". Logo, o comportamento dos atores de política pública poderia ser influenciado, ao mesmo tempo, por "estratégias prováveis de outros atores e pela referência a um conjunto familiar de modelos morais e cognitivos, cada fator estando ligado a configuração das instituições existentes"[87] num determinado contexto de análise.

James March e Johan Olsen afirmam que algumas dessas linhas teóricas podem se mostrar aparentemente inconciliáveis em alguns pontos – como, por exemplo, nos pontos de partida para explicar o comportamento dos indivíduos, de um lado, pelo processo racional de escolha individual e, de outro, pelo condicionamento das escolhas em decorrência das grandes instituições.[88] Para permitir essa conciliação, o neo-institucionalismo tem defendido que "as preferências e os significados desenvolvem-se por meio de uma combinação de educação, doutrinamento e experiência", que não são nem totalmente estáveis, nem completamente exógenas, mas resultantes tanto da permanência representada pelas instituições quanto do processo político, ou seja, combinam ideias de estrutura política com ideais de eficiência histórica decorrentes das diversas experiências intersubjetivas.[89]

O objetivo deste trabalho, contudo, não é discorrer e nem criticar esses modelos, mas destacar os elementos principais dessas grandes linhas teóricas, para explicar como serão utilizados para análise de uma situação-problema, na forma proposta pela abordagem Direito e Políticas

---

[86] SOUZA, Celina. Políticas públicas: uma revisão da literatura. *Sociologias*, Porto Alegre, ano 8, n. 16, p. 27, jul./dez. 2006.
[87] HALL, Peter A.; TAYLOR, Rosemary C. R. As três versões do neo-institucionalismo. *Lua Nova* [online], n. 58, p. 193-223, 2003. Disponível em: https://doi.org/10.1590/S0102-64452003000100010. Acesso em: 24 out. 2020.
[88] MARCH, James G.; OLSEN, Johan P. *Neo-institucionalismo*: fatores organizacionais na vida política. *Revista de Sociologia Política*, v. 16, n. 31, p. 121, nov. 2008.
[89] Ibidem.

Públicas (DPP), especialmente: a) o ciclo das políticas públicas, sob a perspectiva da tomada de decisão; b) o modelo das múltiplas correntes, para evidenciar o papel dos protagonistas e antagonistas do processo decisório; e, c) a teoria da não-tomada de decisão, para verificar os possíveis protagonistas não visíveis no processo decisório formalizado.

Assim, após essas considerações iniciais, o tópico seguinte apresentará a abordagem metodológica DPP, que tem sido construída no Brasil por autores como Maria Paula Dallari Bucci e Diogo Coutinho. Optou-se por esse referencial teórico por ser mais útil à compreensão do objeto de estudo deste trabalho, tendo em vista que a execução fiscal é um instrumento jurídico e, conforme exposto a seguir, a abordagem DPP se preocupa em isolar "os aspectos exclusivamente jurídicos da ação governamental que se busca analisar".[90]

1.3 A abordagem Direito e Políticas Públicas

Como afirmam Matheus Souza e Maria Paula Dallari Bucci, a abordagem DPP considera os pontos de conexão entre essas áreas, como as "instituições, as relações entre as políticas públicas e diferentes espécies normativas, a discricionariedade, os processos e seu regramento, a formatação dos desenhos jurídico-institucionais".[91] Desse modo, o Direito funciona como uma espécie de "comunicação entre o Poder Legislativo, o governo (direção política) e a Administração Pública (estrutura burocrática), delimitada pelo regramento pertinente".[92] Nessa linha, em seu *Fundamentos para uma teoria jurídica das políticas públicas*, Bucci organiza o ambiente do relacionamento entre o Direito e essas políticas em três planos de análise: o macroinstitucional, o mesoinstitucional e o microinstitucional.[93]

---

[90] RUIZ, Isabela; BUCCI, Maria Paula Dallari. Quadro de problemas de políticas públicas: uma ferramenta para análise jurídico-institucional. *Revista Estudos Institucionais*, v. 5, n. 3, p. 1.146, set./dez. 2019.

[91] SOUZA, Matheus Silveira de; BUCCI, Maria Paula Dallari. O estado da arte da Abordagem Direito e Políticas Públicas em âmbito internacional: primeiras aproximações. *Revista Estudos Institucionais*, v. 5, n. 3, p. 834, set./dez. 2019.

[92] BUCCI, Maria Paula Dallari. O conceito de política pública em Direito. *In*: BUCCI, Maria Paula Dallari. *Políticas públicas*. Reflexões sobre o conceito jurídico. São Paulo: Saraiva, 2006. p. 37.

[93] BUCCI, Maria Paula Dallari. *Fundamentos para uma teoria jurídica das políticas públicas*. São Paulo: Saraiva, 2013.

No primeiro nível, a autora inclui o governo, como âmbito principal das decisões políticas, gradualmente conformado pelas regras e procedimentos que o Direito fornece por meio de suas instituições, para permitir estabilidade, previsibilidade e permanência. Com isso, condiciona a própria atividade política a partir dessas instituições, como um dos aspectos da legitimidade dos governos, também tornando esse ambiente jurídico-institucional um espaço de disputa pelo poder de conformação do próprio modo de exercício do poder político, isto é, de disputa pelas decisões sobre o processo de institucionalização.[94]

Por sua vez, no plano microinstitucional, inclui-se a ação governamental processualmente estruturada, isto é, o programa resultante do conjunto de processos juridicamente regulados que o ciclo de existência dessas políticas envolve, a sua "história institucional" – desde a definição da agenda até sua implementação, cujas regras e procedimentos influenciariam as decisões e preferências. Nesse contexto, a categoria processo é compreendida em sentido amplo, de mediação juridicamente disciplinada dos diversos interesses em conflito social, a incluir, por exemplo, os processos eleitoral, administrativo, judicial, legislativo, orçamentário e de planejamento, dos quais resulte alguma decisão governamental.[95]

No plano mesoinstitucional, estariam os arranjos institucionais, neles incluídos tanto os elementos quanto as normas e iniciativas que integram o programa de ação governamental devidamente estruturado (microinstitucional), com a função intermediadora das trocas organizadas entre as mudanças políticas e a estabilidade decorrente da institucionalização (estabilização a partir das regras sociais formais e informais, historicamente determinadas).[96] Esses arranjos jurídico-institucionais exerceriam o "papel de coordenação e atribuição de responsabilidades, mandatos ou competências aos atores" que participam das políticas públicas, daí porque "os níveis micro e mesoinstitucionais de governo são o espaço próprio da abordagem de Direito e Políticas Públicas, que esmiuçará as formas e condições dos arranjos aptos a concretizar essa diretriz de articulação", segundo afirmam Bucci e Coutinho.[97]

---

[94] Ibidem.
[95] Ibidem.
[96] Ibidem.
[97] BUCCI, Maria Paula Dallari; COUTINHO, Diogo Rosenthal. Arranjos jurídico-institucionais da política de inovação tecnológica: uma análise baseada na Abordagem de Direito e Políticas Públicas. In: COUTINHO, Diogo R.; FOSS, Maria Carolina; MOUALLEM, Salomon B. (orgs.). Inovação no Brasil: avanços e desafios jurídicos e institucionais. São Paulo: Blucher, 2017. p. 313-340.

Essa concepção é influenciada pelas teorias neoinstitucionalistas, cujos referenciais teóricos apresentariam a vantagem de permitir ao analista da área jurídica a aproximação dos processos de produção das decisões governamentais, e não apenas dos de interpretação e aplicação do direito posto, isto é, permitiriam uma avaliação prospectiva, atenta à situação pré-legislada, que envolve as "mediações necessárias, tanto no aparelho do Estado como no meio social, para efetivação das disposições constitucionais", a partir de conceitos que a Ciência Política, na qual se desenvolveram as teorias institucionalistas, poderia fornecer.[98]

Assim, com apoio na teoria do ordenamento jurídico, de Santi Romano, Bucci afirma que as características de objetivação e organização do Direito confeririam sentido e unidade ao sistema jurídico. A característica da objetivação seria responsável pela existência externa objetiva e social do Direito, que não se desconstitui mesmo com a mudança de alguns dos seus elementos e que se forma em um momento anterior à produção das normas, sendo elas o produto da manifestação do ordenamento como instituição, um corpo social necessário para converter, em posições jurídicas, as questões políticas.[99]

No sentido empregado por Bucci, as instituições jurídicas seriam a "'ossatura e a musculatura' da ação do Poder Público", como, por exemplo, o princípio da legalidade, que exige, para qualquer ação pública, a existência de um fundamento jurídico e explica porque o papel do Direito de fornecer elementos de "cristalização dos padrões de ação em normas ou organizações" é um ponto essencial da engenharia institucional das políticas públicas.[100] Em outras palavras, "arranjos jurídico-institucionais não são algo distinto dos arranjos institucionais de que são feitas as políticas públicas, são sua institucionalidade jurídica peculiar, seu conjunto ou estrutura normativa".[101]

Na interpenetração das esferas jurídica e política exigida por essa abordagem, o Direito precisa agregar "o raciocínio jurídico conceitual,

---

[98] BUCCI, Maria Paula Dallari. Notas para uma metodologia jurídica de análise de políticas públicas. *Biblioteca Digital Fórum de Direito Público*, Belo Horizonte, ano 9, n. 104, p. 12-13, out. 2009.

[99] BUCCI, 2009.

[100] BUCCI, 2009.

[101] Segundo Bucci e Coutinho, "[e]lementos componentes dos arranjos jurídico-institucionais são, tipicamente, as normas e processos que definem e classificam os elementos estruturantes da política pública, bem como delimitam responsabilidades, funções e competências de entes e agentes públicos e privados, atribuem consequências e punições, criam incentivos, indicam outras fontes normativas e sistematizam a vigência simultânea das normas referentes àquela política pública *vis-à-vis* outros programas de ação governamental" (cf. BUCCI; COUTINHO, op. cit., p. 324).

ético e analógico" que visa à construção de uma sociedade justa e ordenada, à preocupação consequencialista da análise de política pública, "apoiando-se em previsões sobre comportamento social, incluindo tudo, desde desvios sociais até orçamentos equilibrados".[102] Como afirma Celina Souza,[103] uma teoria sobre políticas públicas precisa explicar "inter-relações entre Estado, economia e sociedade".

Essa abordagem assume que "o instrumental jurídico de análise centrado na norma e no ordenamento jurídico não é o mais adequado para captar o caráter eminentemente dinâmico e funcional das políticas públicas",[104] pois se trata de fenômeno não limitável à realidade jurídica, mas sim uma atividade voltada à realização de um objetivo determinado, que compreende um complexo de normas e atos.[105] Daí porque os objetivos positivados são juridicamente vinculantes, mas os meios são alternativos. Nessa linha, destaca-se a crítica de Coutinho[106] sobre a escassez de estudos jurídicos sobre políticas públicas e a recorrente utilização de recursos metodológicos frágeis e autocentrados do Direito, normalmente limitados às suas próprias categorias e sem a interlocução com outras ciências sociais.

Por essa razão, a metodologia de abordagem DPP passa a considerar que o interesse público a ser perseguido é o que efetivamente realiza a finalidade da lei, envolvendo a verificação de validade, mas também de eficácia das medidas concretas adotadas para atingi-la.[107] Como afirma Coutinho,[108] "tão importante quanto dizer o que é o Direito é compreender o que ele faz", de modo a se exigir que estudos jurídicos também abordem causalidades e inferências, é poder "distinguir argumentos normativos (prescritivos) de análises descritivas, que não almejam construir uma interpretação válida das normas em questão

---

[102] BUCCI, 2006, p. 838-839.
[103] SOUZA, Celina. Estado da arte da pesquisa em políticas públicas. *In:* HOCHMAN, Gilberto; ARRETCHE, Marta; MARQUES, Eduardo (orgs.). *Políticas públicas no Brasil*. Rio de Janeiro: Editora Fiocruz, 2007. p. 69.
[104] BUCCI, Maria Paula Dallari. Políticas públicas e Direito Administrativo. *Revista de Informação Legislativa*, Brasília, ano 34, n. 133, p. 97, jan./mar. 1997.
[105] COMPARATO, Fábio Konder. Ensaio sobre o juízo de constitucionalidade de políticas. *Interesse público*, v. 4, n. 16, p. 49-63, out./dez. 2002.
[106] COUTINHO, Diogo R. O Direito nas políticas públicas. *In:* MARQUES, Eduardo; FARIA, Carlos Aurélio Pimenta de (orgs.). *A política pública como campo multidisciplinar*. São Paulo: Editora Unesp: Editora Fiocruz, 2013.
[107] BUCCI, Maria Paula Dallari. *Direito Administrativo e políticas públicas*. São Paulo: Saraiva, 2002.
[108] COUTINHO, op. cit., p. 193.

e sim observar e descrever políticas para nelas encontrar gargalos e soluções".[109] Em diversos trabalhos teóricos e aplicados sobre a abordagem DPP, Bucci tem se esforçado para formular "uma metodologia geral, a partir da sistematização de estudos de caso, com base na análise da estruturação e no funcionamento jurídicos de políticas públicas selecionadas".[110] Em suas *Notas para uma metodologia jurídica de análise de políticas públicas*, a autora parte do pressuposto de que essa análise é multifacetada e envolve, além do Direito, olhares e técnicas oriundas da Ciência Política, Economia e Ciência da Administração, todas voltadas para o processo decisório governamental, e lança as seguintes premissas de trabalho:[111]

> Políticas públicas como arranjos institucionais complexos, formados por dados e processos que precisam ser analisados por métodos específicos, evitando-se abordagens generalizantes;
> A decisão governamental como problema central da análise de políticas públicas, considerando-se que o olhar das políticas públicas está voltado para as decisões tomadas no seio do poder estatal, ainda que em articulação com o ambiente privado;
> Estipulação da ação racional, estratégica e em escala ampla como identificadora de políticas públicas, de forma que a atuação pública esteja compreendida entre o planejamento amplo e os movimentos incrementais, nas trocas, racionalmente programadas, entre as decisões estruturais, mais estáveis, e as contingências circunstanciais, mutáveis;
> As políticas públicas não podem e não devem ser reduzidas às disposições jurídicas com as quais se relacionam – especialmente os seus arranjos jurídicos – pois a dimensão jurídica representa apenas uma das possíveis abordagens desse fenômeno;
> As políticas públicas permanecem como categoria de análise e estruturação da atuação do Estado, mesmo superado o paradigma do Estado de bem-estar social, pois conceitos como regulação e governança conteriam um modo de agir estatal pós-liberal, típico das políticas públicas, que permanece presente;
> As políticas públicas não se reduzem às políticas sociais, de forma a se incluírem nesse conceito as políticas de infraestrutura e as demais que contenham, como elemento identificador e agregador, a ação do

---

[109] COUTINHO, op. cit., p. 199.
[110] BUCCI, Maria Paula Dallari. Notas para uma metodologia jurídica de análise de políticas públicas. *Biblioteca Digital Fórum de Direito Público*, Belo Horizonte, ano 9, n. 104, out. 2009, p. 18.
[111] BUCCI, 2009.

governo como condutora das decisões que moldam a relação com o mercado e a sociedade civil.

Dando sequência ao desenvolvimento dessa abordagem, a autora publicou sua proposta de um *Quadro de referência de uma política pública*, com o objetivo de situar o objeto de estudo em seu aspecto jurídico-institucional, que visa a destacar o programa de ação governamental, no sentido de política pública em seu aspecto executivo, para identificar os elementos dessa política, os papéis institucionais e a sua finalidade. Segundo a autora, esses elementos seriam:

> a) a **organização** do programa de ação, isto é, quais os elementos da política e como se relacionam;
> b) os **papéis institucionais**, ou, em outras palavras, quem faz o quê. Essa observação procura abstrair as subjetividades (sem, todavia, omiti-las), considerando que o que Direito faz, ao estruturar a política pública, é despersonalizar a iniciativa. A partir da institucionalização, ou da formalização na regra jurídica, o funcionamento do programa passa a depender não mais da vontade pessoal de quem tomou a decisão de institui-lo, e sim do cumprimento dos deveres e obrigações previstos nas normas, para as finalidades objeto do programa;
> c) o movimento, a **finalidade** pretendida, no sentido político e social, aspecto mais abstrato da aplicação do institucionalismo ao estudo das políticas públicas, que diz respeito ao sucesso da agregação de interesses operada com a criação e implementação do programa.[112]

Bucci explica que a intenção da utilização desse quadro é contribuir para gerar uma massa analítica sobre o assunto, a partir de um método comum de abordagem, a fim de que a análise jurídica seja menos fragmentada e a intervenção nas políticas públicas através do Direito possa se realizar de maneira sistemática, pela identificação das normas que compõem a base jurídica de determinada política.[113] Os elementos desse quadro de referência são: nome oficial do programa de ação; gestão governamental responsável por sua criação; base normativa; desenho jurídico-institucional (competências, atribuições e responsabilidades); agentes governamentais e não governamentais;

---

[112] BUCCI, Maria Paula Dallari. Quadro de referência de uma política pública: primeiras linhas de uma visão jurídico-institucional. *Revista Direito do Estado*, n. 122, 2016. Disponível em: http://www.direitodoestado.com.br/colunistas/maria-paula-dallari-bucci/quadro-de-referencia-de-uma-politica-publica-primeiras-linhas-de-uma-visao-juridico-institucional. Acesso em: 4 jul. 2020.
[113] BUCCI, 2016.

mecanismos jurídicos; dimensão econômico-financeira; estratégia de implantação; e funcionamento efetivo do programa (este último elemento construído na análise crítico-comparativa entre o funcionamento ideal e o funcionamento real do programa).

Noutro trabalho publicado em coautoria com Isabela Ruiz, Bucci apresentou uma nova contribuição à construção do método da DPP, ao publicar o *Quadro de Problemas de Políticas Públicas: uma ferramenta para análise jurídico-institucional*,[114] voltado à análise de programas não estruturados ou em processo de estruturação, ou que ainda não ascenderam à agenda, nos quais não é possível identificar todos os elementos do primeiro quadro de referência proposto pela autora. Nas palavras de Ruiz e Bucci:

> Quadro de Problemas, que visa permitir ao pesquisador analisar o contexto mais amplo do processo de formação e implementação de uma política pública, dividindo o foco entre as decisões já tomadas (que se materializam, muitas vezes, nos atos normativos que estruturam a ação governamental) e a identificação das características do arranjo jurídico-institucional, que permitem vislumbrar a movimentação dos atores na inclusão ou na retirada de temas da agenda política ou da arena de decisão.[115]

Esse quadro foi desenvolvido a partir dos modelos de análise do **ciclo de políticas**, das **múltiplas correntes** e da **não-tomada de decisão**.[116] Essa análise jurídico-institucional confere destaque às "normas que estruturam as instituições, que estabelecem os procedimentos e determinam as competências dos agentes envolvidos no processo de formulação, implementação e avaliação dos programas de ação governamental",[117] razão pela qual o nível de estruturação jurídico-institucional é um elemento fundamental. Também por isso, o quadro de problemas se apresenta como uma ferramenta complementar ao quadro de referência, porquanto este último exige a identificação justamente da base normativa que confere o desenho jurídico-institucional (competências, atribuições e responsabilidades dos agentes governamentais e não governamentais, e os mecanismos jurídicos de atuação). Contudo, em certas políticas

---

[114] RUIZ, Isabela; BUCCI, Maria Paula Dallari. Quadro de problemas de políticas públicas: uma ferramenta para análise jurídico-institucional. *Revista Estudos Institucionais*, v. 5, n. 3, set./dez. 2019.
[115] Ibidem, p. 1.153.
[116] Ibidem, p. 1.144.
[117] Ibidem, p. 1.145.

públicas não estruturadas ou em processos de estruturação, há situações que demandam uma resposta através da ação pública planejada, mas os papéis institucionais e o processo decisório necessariamente envolvidos na produção de uma alternativa de política podem não estar suficientemente institucionalizados, de forma que a análise mais ampla pode ser o caminho inicial para fornecer as bases jurídicas dessa institucionalização.

Assim, o "quadro de problemas" parte de uma **situação-problema**, na linguagem das autoras, "uma circunstância complexa, que exige uma ação governamental em escala (que tenha implicações para uma quantidade relativamente grande de indivíduos de determinada população), mas que ainda não receberam o necessário tratamento normativo.[118]

Para a construção desse quadro, o ponto de partida foi o modelo teórico do ciclo das políticas públicas, do qual Ruiz e Bucci[119] ressaltaram o aspecto da capacidade do direito de regular o processo decisório, desde a identificação do problema até a avaliação, bem como de consolidar, na forma de instrumentos normativos, e documentar, como procedimento (atos, contratos, leis orçamentárias etc.), as decisões fundamentais que materializam as escolhas de alternativas e sua execução. Com apoio nos estudos de Peter Bachrach e Morton Baratz, aliaram a esse modelo a perspectiva da **não-tomada de decisão**, que se ocupa das situações em que "pessoas ou grupos conseguem limitar a tomada de decisões a matérias relativamente não controversas, não obstante haver, na comunidade, uma questão latente que demande uma decisão política relevante".[120] Suprime-se, com isso, diversas questões do processo decisório, mediante manipulação das regras do jogo, e impede-se que determinando tema alcance o espaço da agenda política.

A terceira linha teórica utilizada na abordagem **situação-problema**, de Ruiz e Bucci, diz respeito à **janela de oportunidade** para ascendência de um tema como problema de política, decorrente da conjunção de **correntes múltiplas** (*multiple streams framework*). Segundo ressaltam Ruiz e Bucci, o ponto e o momento de confluência dessas correntes seriam largamente influenciados pelos **empreendedores da política** (*policy entrepreneurs*),[121] que funcionam para incentivar ou criar obstáculos em cada uma das correntes, bem como uni-las; justamente

---

[118] Ibidem, p. 1.148.
[119] Ibidem, p. 1.149.
[120] Ibidem, p. 1.150.
[121] Ibidem, p. 1.153.

aqueles que, muitas vezes, não são os atores visíveis, cujas posições jurídicas tenham sido juridicamente instituídas. Por essa razão, nesse ponto, esse referencial teórico teria aderência tanto com a proposta da tomada de decisão do ciclo de políticas públicas quanto da não-tomada de decisão defendida por Bachrach e Baratz.[122]

Assim, a aplicação do Quadro de Problemas, construído a partir desses modelos e referenciais teóricos do ciclo de políticas, das múltiplas correntes e da não-tomada de decisão, demanda a identificação dos seguintes elementos:

a) situação-problema – situação fática a ser investigada, coletivamente relevante, que pode dizer respeito a uma política setorial ou a um problema a ser tratado por meio de um programa de ação governamental;

b) diagnóstico situacional, político, econômico, social e cultural externo à área institucional;

c) solução hipotética, que pode referir-se a um instrumento, instituto ou procedimento regulado por norma jurídica a ser apresentado como possível solução para a situação-problema, por meio de um ato normativo;

d) contexto normativo, que inclui as decisões políticas já materializadas em normas que regulam a política setorial onde está inserida a situação-problema;

e) processo decisório (eleitoral, legislativo, administrativo, orçamentário, judicial) que será acionado para estruturar a atuação pública destinada a implementar a solução hipotética apresentada;

f) etapa atual do processo decisório, na perspectiva das fases do ciclo de políticas e da não-tomada de decisão;

g) arena institucional de discussão, desenvolvimento das "etapas do processo decisório, desenho jurídico institucional" e estipulação das regras do jogo;

---

[122] A perspectiva da não-tomada de decisão tem especial relevância no caso da execução fiscal na medida em que, mais de uma década depois de estudos como o do Ipea e da UFGRS terem exposto diversos gargalos da gestão do crédito e pontos que demandavam ajustes normativos, o modelo não se modificou sensivelmente no ambiente jurídico-institucional de muitos dos entes públicos. Mesmo no âmbito da União, onde foram adotadas providências significativas nos últimos 5 ou 6 anos, que serão abordadas em tópicos seguintes, ainda há um déficit organizativo que levará alguns anos para ser superado até que se produzam efeitos significativos no estoque de créditos da dívida e, especialmente, no volume de execuções fiscais ajuizadas quando eram escassas ou inexistentes as medidas de tratamento seletivo desses créditos.

h) protagonistas e antagonistas, governamentais, particulares, grupos de interesses favoráveis e contrários à decisão sobre a situação-problema;
i) decisores;
j) recursos de barganhas utilizados por antagonistas e protagonistas.[123]

Esse quadro funciona como uma ferramenta de sistematização e organização da abordagem, estabelecendo o caminho a ser seguido para identificar, no ambiente decisório, "os atores, instituições, regras e procedimentos a serem observados pelos grupos de interesse e decisores na aprovação dos dispositivos normativos que irão, posteriormente, estruturar a ação governamental para o tratamento da situação-problema".[124]

Esse será o método de abordagem utilizado no presente trabalho para a compreensão do fenômeno da ineficiência da execução fiscal, a partir de uma visão instrumental desse meio processual de recuperação de créditos da dívida ativa, conforme se apresenta no tópico seguinte. Contudo, em certos pontos, a utilização desse quadro se dará de forma mais ou menos aproximada, uma limitação já esperada de processos de simplificação através de quadros e modelos no momento do seu necessário teste de aplicação.[125]

1.4 A Abordagem Direito e Políticas Públicas como método para análise jurídica da ineficiência da execução fiscal

Dentre as várias perspectivas a partir das quais a execução fiscal pode ser analisada, é mais comum encontrar trabalhos e pesquisas jurídicas que se desdobram sobre as posições jurídicas das partes e o procedimento, isto é, sobre o que se convencionou chamar de processo judicial tributário. Isso é reflexo da posição do tema no ensino jurídico, frequentemente incluído no conteúdo programático de cursos de Direito

---

[123] RUIZ; BUCCI, op. cit., p. 1.153-1.155.
[124] Ibidem, p. 1.164.
[125] Esse fato já era previsto por Bucci, mas não invalidaria, segundo a autora, a utilidade dos quadros propostos, como ferramenta para identificar se "as suas variáveis forem úteis para 'dissecar' a política pública, como procedimento heurístico" para aproximação gradual do objeto de estudo (BUCCI, 2019, p. 817).

Tributário ou integrado ao estudo de prerrogativas e procedimentos específicos que envolvem a Fazenda Pública. Além disso, a execução fiscal é incluída como parte significativa do conteúdo programático de concursos de acesso às carreiras jurídicas, especialmente no âmbito da advocacia pública e da magistratura.

Essa posição dentro do ensino jurídico produz uma demanda por trabalhos em formatos de cursos e manuais, voltados à formação básica ou à preparação para concursos públicos, a partir de abordagens exclusivamente dogmáticas, envolvidas com questões em torno da legitimidade, da competência, das defesas processuais e materiais e da extensão da responsabilidade tributária e patrimonial.

Esse estudo, contudo, enfoca a perspectiva da execução fiscal como **instrumento jurídico da política fiscal**,[126] isto é, busca compreender como esse instrumento se comunica com os **fins** da política fiscal e se o seu arranjo jurídico-institucional tem cumprido a sua função de **meio** para esses fins ao longo dos últimos anos, bem como quais ajustes podem ser realizados. Para o desenvolvimento dessa perspectiva, é preciso adotar um sentido de política pública mais abrangente[127] que o de políticas sociais, embora estas tenham se tornado a área de maior interesse das análises de políticas públicas.[128]

Em sentido em parte coincidente com o que aqui se propõe, Leonardo Secchi afirma – embora sem reduzir a política pública à política governamental e, portanto, à ação do governo – que políticas públicas seriam tanto as macrodiretrizes estratégicas, isto é, os conjuntos de programas, quanto as diretrizes de nível operacional ou intermediário, estas consideradas em seu nível mais simples. Em cada um desses

---

[126] Como já explicou em outro trabalho em que foram lançadas diretrizes iniciais para abordagem da execução fiscal como instrumento jurídico da política fiscal, não se afirma que a política fiscal esteja amplamente regulada em arranjos jurídico-institucionais no estado de Goiás, como nos casos das políticas de educação e da saúde, que contam com uma base normativa que parte da Constituição e encontra diretrizes fixadas em âmbito nacional, além de planos regionais e locais e detalhamentos da participação de atores governamentais em todos esses níveis, que possam permitir estudos aprofundados do arranjo jurídico-institucional. Ainda assim, sustentamos que a linguagem jurídica pode ser alimentada pelo desenvolvimento experimentado em outras áreas e, com isso, adaptar sua dogmática para devolver, na forma de ajustes em arranjos jurídicos e nas práticas administrativas, o quadro normativo de institucionalização dessa política.

[127] Como explicam Souza e Bucci, a expressão *public policy* passou a ser utilizada mais frequentemente no século XIX, primeiro, para designar opinião pública e, depois, no começo século XX, para significar "o que o governo faz", uma tentativa da Ciência Política de descrever de modo racional a atuação dos governos (cf. SOUZA; BUCCI, 2019, p. 481).

[128] SOUZA, Celina. Estado da arte da pesquisa em políticas públicas. *In*: HOCHMAN, Gilberto; ARRETCHE, Marta; MARQUES, Eduardo (orgs.). *Políticas públicas no Brasil*. Rio de Janeiro: Editora Fiocruz, 2007. p. 67.

níveis, há diferentes configurações institucionais, atores envolvidos e problemas públicos percebidos aos quais o analista de políticas públicas pode se dedicar, de forma que todos eles possam ser considerados também como políticas por conterem os seus principais elementos identificadores: um problema público, atores envolvidos, instituições e um processo decisório, que inclui as suas fases típicas – definição de agenda, formulação de alternativas, tomada de decisão, implementação e avaliação.[129]

Como afirma Bucci, o Estado sofreu inúmeras alterações no seu modo de atuação durante as últimas décadas, de forma a alterar significativamente o modo como atua e se legitima, razão pela qual "a instrumentalidade de cada política pública, assim como a resultante das várias políticas – seus produtos efetivos (*outcomes*) e o balanço de forças sociais envolvidas – é por onde se lê o sentido político geral de um governo".[130]

Seguindo essa linha de ideais, utilizamos, neste trabalho, uma tipologia que distingue **políticas finalísticas**, diretamente ligadas ao fim de promoção de direitos fundamentais, e **políticas instrumentais ou estruturais**, das quais as primeiras se servem para se materializar. Essa categorização é desenvolvida a partir da construção de Bucci,[131] ao tratar da área de educação, setor para o qual há uma política nacional, que elenca os fins mais amplos a serem alcançados, mas demanda uma execução por meio de políticas-meio. Essas últimas incluem, entre outros aspectos, a contratação de pessoal – relacionada com uma política de recursos humanos, portanto –, e a realização de obras públicas – vinculada à política de investimentos.

Assim, essas categorias – finalística e estrutural/instrumental –, embora tenham níveis diferentes de ação, estão agrupadas no mesmo conceito de política pública em razão da característica partilhada de serem resultantes de um processo político de escolha de prioridades.[132] No caso do setor de educação, utilizado no exemplo, as escolhas públicas realizadas dentro das políticas instrumentais precisariam estar coordenadas com as da política geral, para reproduzir as prioridades desta nas prioridades dos meios. Desse modo, por exemplo, "a política

---

[129] SECCHI, Leonardo. *Políticas públicas*: conceitos, esquemas de análise, casos práticos. São Paulo: Cengage Learning, 2012.
[130] BUCCI, Maria Paula Dallari. Método e aplicações da abordagem Direito e Políticas Públicas (DPP). *Revista Estudos Institucionais*, v. 5, n. 3, p. 791-832, set./dez. 2019.
[131] BUCCI, Maria Paula Dallari. Políticas públicas e Direito Administrativo. *Revista de Informação Legislativa*, Brasília, ano 34, n. 133, jan./mar. 1997, p. 96.
[132] BUCCI, 1997, p. 95.

de recursos humanos na educação, supondo que a tônica do plano principal fosse o ensino básico, poderia privilegiar os professores mais qualificados, canalizando recursos para a formação de professores", bem como poderia, em seu lugar, adotar o critério da quantidade e formar mais professores, com qualificação mais simples, impactando as escolhas feitas no nível instrumental nos resultados das políticas gerais por permitir, potencialmente, no primeiro caso, a melhoria qualitativa no serviço prestado, ou, no segundo, a sua expansão.[133] Assim, pode-se afirmar a existência de uma diversidade de exteriorizações dessas políticas, mas a sua formalização procedimentalizada, que se refere "aos meios, ao pessoal, às informações, aos métodos e ao processo de formação e implementação das políticas –, é o ângulo sob o qual se justifica e se faz necessário o estudo das políticas públicas dentro do Direito".[134]

Entre as categorizações propostas, a **política fiscal** – considerada a atividade financeira que lhe é inerente – pode ser compreendida como instrumental ou estrutural,[135] na medida em que a atividade financeira de arrecadação, gestão e aplicação de recursos é imprescindível às atividades políticas, econômicas, sociais, educacionais, culturais etc.[136] Em outros termos, pode-se que dizer que, entre os objetivos comumente atribuídos à política fiscal – financiar as despesas públicas, controlar a economia e organizar o comportamento dos agentes econômicos – ,[137] o primeiro desses objetivos diz respeito à atividade financeira do Estado. Essa atividade compõe o ambiente microinstitucional da política fiscal, mas enquanto a arrecadação é típica desse ambiente, a aplicação não se realiza dentro da política fiscal, sendo, por isso, instrumental e transversal às demais políticas públicas.

---

[133] BUCCI, 1997, p. 95-96.
[134] BUCCI, 1997, p. 96.
[135] Essa escolha metodológica não implica desconsiderar a possibilidade de que seja considerada, a partir de outra ótica, como tipo **redistributiva**, tal qual propõe Lowi, pois a política se serve da tributação como forma principal de obtenção dos recursos necessários ao financiamento das políticas públicas.
[136] FREITAS, Leonardo Buissa; BEVILACQUA, Lucas. Atividade financeira do Estado, transferências intergovernamentais e políticas públicas no federalismo fiscal brasileiro. *Revista Fórum de Direito Financeiro e Econômico – RFDFE*, Belo Horizonte, ano 5, n. 9, p. 48, mar./ago. 2016.
[137] PINTO, Élida Graziane. Instrumentalidade da responsabilidade fiscal em prol do custeio constitucionalmente adequado dos direitos fundamentais. *In*: BUISSA, Leonardo; RIEMANN, Simon; MARTINS, Rafael (orgs.). *Direito e finanças públicas nos 30 anos da Constituição*: experiências e desafios nos campos do Direito Tributário e Financeiro. 1. ed. Florianópolis: Tirant Lo Blanch, 2018. p. 252.

Por sua vez, para realizar a arrecadação, o Estado se vale de diversos instrumentos jurídicos, e o principal é o tributo. Contudo, a arrecadação também depende de atividades processuais de constituição e persecução dos créditos oriundos desses tributos e de outras relações jurídicas em que é parte o Estado. Pode-se afirmar, com isso, que a execução fiscal é um desses vários instrumentos jurídicos processuais utilizados para obter os recursos financeiros dentro da política fiscal, a serem aplicados nas demais políticas públicas.

Conforme Leonardo Secchi, os instrumentos das políticas públicas se destinam a dar concretude às suas diretrizes e orientações e podem assumir formas as mais variadas, desde uma lei até uma rotina administrativa, e, nessa linha, o autor apresenta didaticamente a construção seguinte sobre o instrumento, a tipologia de política pública a ele relacionada e o problema público:

- Uma lei que obrigue os motociclistas a usar capacetes e roupa adequada. Tipo: **política regulatória**. Problema: altos níveis de acidentes com motociclistas em centros urbanos e a gravidade desses acidentes.
- Um programa público de crédito a baixo custo oferecido a pequenos empreendedores que queiram montar seu negócio. Tipo: **política distributiva**. Problema: necessidade de geração de emprego e renda.
- A decisão de um juiz de impedir que bares e restaurantes operem entre meia-noite e seis horas da manhã em determinado bairro de uma cidade. Tipo: **política regulatória**. Problema: distúrbios à ordem pública e à qualidade de vida dos moradores do bairro.
- Uma lei que obrigue partidos políticos a escolher seus candidatos em processos internos de seleção e posteriormente apresentar listas fechadas aos eleitores. Tipo: **política constitutiva**. Problema: debilidade dos partidos políticos brasileiros, infidelidade partidária por parte dos políticos.
- A instituição de um novo imposto sobre grandes fortunas, que transfira renda de classes abastadas para um programa de distribuição de renda para famílias carentes. Tipo: **política redistributiva**. Problema: concentração de renda.[138]

---

[138] Segundo o autor, "Talvez a forma mais didática de esclarecer um posicionamento conceitual é utilizando exemplos. As políticas públicas podem fazer uso de diversos instrumentos para que as orientações e diretrizes sejam transformadas em ação. Políticas públicas tomam forma de programas públicos, projetos, leis, campanhas publicitárias, esclarecimentos públicos, inovações tecnológicas e organizacionais, subsídios governamentais, rotinas administrativas, decisões judiciais, coordenação de ações de uma rede de atores, gasto público direto, contratos formais e informais com *stakeholders*, dentre outros. Até mesmo uma chamada telefônica pode ser usada como instrumento para transformar uma orientação em ação" (cf. SECCHI, op. cit.).

Além disso, ao se considerar a execução fiscal como instrumento jurídico da política fiscal, leva-se em conta o aspecto instrumental do Direito para as políticas públicas, uma das funções que lhe seriam características, seguindo o que propõe Diogo Coutinho no quadro descritivo das dimensões do papel do Direito nas políticas públicas: a) **substantiva**, que define os objetivos e as prioridades, ou seja, como **deve ser** formalizado por normas cogentes; b) **estruturante**, que estabelece o arranjo institucional, pela divisão de tarefas, competências e coordenação intersetorial e com o setor privado; c) **instrumental**, que enxerga o Direito como "caixa de ferramentas", que se refere à escolha dos meios de acordo com os objetivos; e, d) **participativa**, responsável por garantir *accountability*, participação e mobilização social.[139]

Por essa perspectiva, a dimensão instrumental ou de "caixa de ferramentas" descreve a tarefa do Direito de atuar para a realização dos fins das políticas públicas no ambiente executivo, isto é, realizar a seleção e a formatação dos meios empregados, desde a escolha entre normas de repressão ou de indução, flexíveis ou estáveis, específicas ou genéricas, de acordo com a estratégia considerada mais apta a conectar os meios jurídicos a esses fins, de forma que a escolha do meio jurídico tem a potencialidade de impactar no grau de eficácia do atingimento desses fins.[140] Assim, pode se dizer que "o desenho das políticas e as regras que regem suas decisões, elaboração e implementação, assim como seus processos, influenciam os resultados".[141]

Seguindo essa linha metodológica, no próximo tópico serão expostos a situação-problema da ineficiência e da alta litigância da execução fiscal e seu diagnóstico situacional, a partir dos estudos de referência sobre o tema em âmbito nacional e dos dados colhidos no Estado de Goiás, bem com o contexto normativo e as alternativas para o arranjo jurídico-institucional da execução fiscal.

---

[139] COUTINHO, Diogo R. O Direito nas políticas públicas. In: MARQUES, Eduardo; FARIA, Carlos Aurélio Pimenta de (orgs.). *A política pública como campo multidisciplinar*. São Paulo: Editora Unesp: Editora Fiocruz, 2013.

[140] Ibidem, p. 196-197.

[141] SOUZA, Celina. Estado da arte da pesquisa em políticas públicas. In: HOCHMAN, Gilberto; ARRETCHE, Marta; MARQUES, Eduardo (orgs.). *Políticas públicas no Brasil*. Rio de Janeiro: Editora Fiocruz, 2007. p. 66.

CAPÍTULO 2

O ESTADO DA ARTE DA DISCUSSÃO SOBRE A SITUAÇÃO-PROBLEMA DA INEFICIÊNCIA DA EXECUÇÃO FISCAL

A análise jurídico-institucional da execução fiscal é tema de interesse mais comum da própria Administração Pública, dos seus órgãos fazendários e de representação jurídica, pela ótica da arrecadação, e, mais recentemente, do Poder Judiciário, tendo em vista o volume de processos em trâmite no país, que consomem boa parte dos recursos e do tempo dos sistemas de justiça. Essas abordagens incorporam ao estudo do tema a preocupação com a eficiência da execução fiscal e com os reflexos do seu processamento sobre a sociedade, visando a compreender e corrigir mecanismos institucionais que funcionam como elementos influentes para a permanência dessa situação-problema de ineficiência.

O conceito de eficiência comporta várias abordagens, tanto da literatura de avaliação de políticas públicas[142] quanto da jurídica.[143] Contudo, não é o objetivo deste trabalho discutir essas variações de sentido, por isso, adotamos o conceito de eficiência apresentado nas

---

[142] Paulo Januzzi aponta a existência de três valores estruturantes em disputa nas avaliações e no monitoramento de políticas públicas: eficiência econômica, eficácia procedural e efetividade social, que estariam relacionadas, respectivamente, às perspectivas: i. qualidade do gasto público; ii. conformidade processual; e iii. aprimoramento em busca de maior impacto social das Políticas e Programas Públicos. Cada uma dessas perspectivas de análise "orienta as escolhas do que será avaliado, de como será avaliado e, em boa medida, do que será apontado como resultados principais do estudo avaliativo" no presente (cf. JANUZZI, Paulo de Martino. Eficiência econômica, eficácia procedural ou efetividade social: três valores em disputa na avaliação de políticas e programas sociais. *Desenvolvimento em Debate*, v. 4, n. 1, p. 117-142, 2016).

[143] Sobre a discussão do sentido jurídico de eficiência (cf. GABARDO, Emerson. *Princípio constitucional da eficiência administrativa*. São Paulo: Dialética, 2002).

Normas Internacionais das Entidades Fiscalizadoras Superiores (ISSA), emitidas pela Organização Internacional de Entidades Fiscalizadoras Superiores (Intosai), segundo o qual "eficiência significa obter o máximo dos recursos disponíveis, [...] relação entre recursos empregados e produtos entregues em termos de quantidade, qualidade e tempestividade".[144] Assim, aplicando-se esse conceito de eficiência ao contexto da execução fiscal, quantidade do produto entregue diz respeito ao valor arrecadado, qualidade pode ser referir, entre outros aspectos, ao perfil de devedores atingidos e tempestividade está relacionada ao tempo de tramitação do processo até a ocorrência do recebimento do crédito executado.

Ocorre, contudo, que a produção acadêmica que analisa a eficiência da execução é bem menor que aquela voltada à análise dogmática do processo, mas é a que interessa à compreensão do estado da arte para os fins do presente trabalho. Além disso, apesar de se desenvolverem em torno desse eixo comum de preocupação, esses estudos sobre eficiência da execução fiscal apresentam uma variedade de metodologias de análise. Por isso, optou-se, aqui, por realizar uma exposição qualitativa do estado da arte, com os principais aspectos dos estados mais difundidos no país, segundo a sua ordem cronológica de publicação, especialmente porquanto suas análises se baseiam em dados colhidos em diferentes recortes temporais e espaciais, cuja compreensão não pode ser deslocada desses contextos.

Essa divergência de metodologia motivou também a escolha de primeiro descrever os principais pontos desses trabalhos para, depois, fazer uma aproximação crítica e intertextual tanto em relação às premissas metodológicas de cada estudo quanto aos resultados atingidos.

Para fins de organização da exposição desses pontos, cada estudo recebeu um subtítulo específico. Procura-se, com isso, evitar o sincretismo metodológico, isto é, a utilização de teorias incompatíveis para explicar um fenômeno sob estudo. Para cumprir esse objetivo, seguimos a recomendação de Bucci para análises jurídicas das políticas públicas, de que as informações que ultrapassem a dimensão do Direito e precisem ser colhidas de outras fontes devem ser expostas de modo

---

[144] Ao lado do conceito de eficiência, segundo a Intosai, "economicidade significa minimizar os custos dos recursos (...) os recursos usados devem estar disponíveis tempestivamente, em quantidade suficiente, na qualidade apropriada e com o melhor preço"; por sua vez, "efetividade diz respeito a atingir os objetivos estabelecidos e alcançar os resultados pretendidos" (cf. INTOSAI – Organização Internacional de Entidades Fiscalizadoras Superiores. ISSA 300: *Princípios Fundamentais de Auditoria Operacional*. p. 2. Disponível em: www.issai.org. Acesso em: 1º out. 2020).

apropriado e, as conexões dessas informações com a área jurídica, explicadas como resultado de um processo cognitivo estruturado.[145]

Assim, os trabalhos analisados nas seções seguintes são: a) o estudo da Advocacia-Geral de Minas Gerais sobre o custo médio de cobrança de uma execução fiscal estadual; b) o relatório final, divulgado pelo Ipea em 2011, sobre "o tempo e o custo do processo de execução fiscal em âmbito federal"; c) o estudo das "Inter-relações entre o processo administrativo e o judicial (em matéria fiscal) a partir da identificação de contenciosos cuja solução deveria ser tentada previamente na esfera administrativa", produzido pela Universidade Federal do Rio Grande do Sul no ano de 2011; d) relatórios de pesquisa da Fundação Getúlio Vargas (FGV), publicados em 2016, em especial a terceira parte, denominada "Macrovisão do processo tributário"; e, e) os relatórios anuais do Conselho Nacional de Justiça (CNJ), Justiça em Números, anualmente divulgados.

2.1 O custo e o tempo médio de uma execução fiscal em Minas Gerais

A Advocacia-Geral de Minas Gerais (AGE-MG) divulgou, em sua revista jurídica,[146] no ano de 2008,[147] um estudo sobre o custo médio de cobrança de uma execução fiscal em Minas Gerais, desenvolvido por uma equipe multidisciplinar, composta por integrantes das áreas de Direito, Administração Pública e Estatística.[148] O objetivo central desse

---

[145] BUCCI, 2019, p. 806.
[146] MORAIS, Reinaldo Carvalho de et al. Pagando para receber? Subsídios para uma política de cobrança da dívida ativa no setor público: resultados de pesquisa sobre o custo médio de cobrança de uma execução fiscal em Minas Gerais. *Revista Jurídica da Advocacia-Geral do Estado de Minas Gerais*, n. 1/2, p. 65-93, jan./dez. 2008.
[147] Isso mostra, de início, que a preocupação com a eficiência da execução fiscal, ao menos no ambiente técnico do estado, não é um tema que requeira atenção em razão de circunstâncias extraordinárias ou temporárias. Além disso, a realização do presente estudo, mais de uma década depois, embora com foco no estado de Goiás, também indica que muitas das questões já abordadas ainda não tiveram o devido tratamento no âmbito de diversas unidades da federação, apesar de haver importantes levantamentos de dados e da situação da execução fiscal, especialmente em âmbito federal, mas também, em menor número, no âmbito local ou regional, com conclusões de medidas propositivas de ajustes no arranjo normativo e/ou nas práticas administrativas e judiciárias que impactam no cenário atual da execução fiscal.
[148] Como tem sido a regra em estudos bem-sucedidos sobre execução fiscal, a equipe de pesquisa teve formação multidisciplinar, como se pode perceber pela equipe de pesquisadores registrada à época em nota de rodapé do artigo: Reinaldo Carvalho de Morais,

trabalho foi oferecer uma "análise do custo-benefício do ajuizamento das execuções fiscais" naquele estado da federação e influenciar positivamente "o aperfeiçoamento dos mecanismos de gerenciamento e cobrança da dívida ativa".[149]

Para fixar o custo médio do processo, foram considerados tanto o custo da atividade judiciária quanto das atividades do órgão de representação jurídica responsável pelo ajuizamento e impulsionamento do processo, a partir da relação entre o gasto orçamentário (despesa anual empenhada) do Tribunal de Justiça de Minas Gerais (TJMG) e da AGE-MG e o número de processos em trâmite no ano de 2007, considerando esse gasto proporcionalmente ao número de execuções fiscais dentre esses processos.

Em outros termos, os autores levantaram o número total de 3.646.147 processos em trâmite em 2007, dos quais 149.436 eram execuções estaduais, concluindo que o custo médio de um processo de execução fiscal para o TJ era de R$ 473,60 (quatrocentos e setenta e três reais e sessenta centavos), por aplicação da média aritmética simples obtida a partir do gasto do TJMG em 2016, que totalizou R$ 1.726.806.596,80.[150] Para a AGE, o gasto total de R$ 101.081.611,86 (cento e um milhões, oitenta e um mil, seiscentos e onze reais e oitenta e seis centavos), dividido pelo número total de 264.118 processos ativos, resultou no custo médio de R$ 382,71, de forma que o custo médio anual de um processo de execução fiscal encontrado foi de R$ 856,31.[151]

Em seguida, os autores calcularam o tempo de duração da cobrança, desde a inscrição do crédito em dívida ativa até a baixa no processo judicial, nos anos de 1995 a 2006, levando em conta uma amostra extraída de cada uma das procuradorias regionais. Essa amostra considerou tanto os processos finalizados quanto os que continuaram tramitando, a fim de determinar a probabilidade de um processo continuar a tramitar a partir de certo tempo, pela técnica de **análise de sobrevivência**, para calcular o ponto de **falha e censura**, isto

---

especialista em Políticas Públicas e Gestão Governamental em exercício na Fundação João Pinheiro, bacharel em Estatística pela Universidade Federal de Minas Gerais e mestrando em Administração Pública; Onofre Alves Batista Júnior, Procurador-Chefe da 2ª PDA, Doutor em Direito Administrativo pela UFMG; Priscilla Guedes Castilho da Silva, especialista em Políticas Públicas e Gestão Governamental, bacharel em Direito pela Universidade Federal de Minas Gerais; Pedro Lucas de Moura Palotti, bacharelando em Administração Pública pela Escola de Governo Prof. Paulo Neves de Carvalho da Fundação João Pinheiro e Bacharelando em Direito pela UFMG.

[149] MORAIS, op. cit., p. 67.
[150] MORAIS, op. cit., p. 71-74.
[151] MORAIS, op. cit., p. 74-76.

é, "no tempo até um processo administrativo deixar de tramitar" – as unidades que não falharam são aquelas que continuaram a tramitar.[152] Os resultados obtidos na análise demonstraram, primeiro, a concentração, na capital mineira, tanto em relação ao número de processos (23,2%) quanto à alta proporção dos valores (36,7%) e, segundo, que a chance de processos tramitarem por mais de 7 anos atinge mais de 70% do estoque, sendo o tempo médio de 110 meses e o mediano de 126 meses, como é possível visualizar na tabela abaixo, extraída do artigo:[153]

TABELA 1
Probabilidade de tramitação em função do tempo

Tempo de tramitação	Probabilidade de continuar tramitando
34	0,90
58	0,80
85	0,70
106	0,60
126	0,50
144	0,40
153	0,34

Fonte: Banco de dados do SICAF/SEF, extraído de Morais et al. (2008).

Além disso, foi realizado teste de correlação entre o tempo médio de duração e o valor da execução, que apontou inexistência de correlação significativa, isto é, não houve variação considerável do tempo de duração em relação ao valor dos processos.[154]

Importante registrar, não obstante isso, que os autores constataram que 58% dos 156.989 processos tributários pendentes tinham valor inferior a R$ 10.000,00 (dez mil reais) – muito próximo, portanto, ao custeio médio por processo de R$ 8.959,76 até sua baixa definitiva, considerando-se, para determinação desse valor, o custo médio anual e

---

[152] Segundo o estudo: A representação da censura pode ser feita com a utilização de duas variáveis aleatórias. Seja T uma variável aleatória representando o tempo de falha de um processo e seja C uma variável aleatória independente de T, representando o tempo de censura associado a este processo (MORAIS, op. cit., p. 81).
[153] MORAIS, op. cit., p. 86.
[154] MORAIS, Reinaldo Carvalho de et al. Pagando para receber? Subsídios para uma política de cobrança da dívida ativa no setor público: resultados de pesquisa sobre o custo médio de cobrança de uma execução fiscal em Minas Gerais. *Revista Jurídica da Advocacia-Geral do Estado de Minas Gerais*, n. 1/2, p. 89, jan./dez. 2008.

a duração média – sendo que o valor total da soma dos valores de todos esses processos atingia apenas 1,45% do total em execução, enquanto que, na faixa acima de R$ 10.000,00 (dez mil reais), estavam 42% dos processos administrativos, que atingiam, quando somados, 98,6% do valor total.[155]

Ao fim, o estudo concluiu ser necessária a utilização de métodos alternativos de cobrança – como a transação e o cadastro de devedores – para recuperação dos créditos de pequeno valor, diante do grande número de casos e do baixo valor perseguido, muito próximo ao custo da cobrança por meio da execução fiscal, a fim de evitar uma relação de custo-benefício desfavorável.[156]

2.2 O tempo e o custo do processo de execução fiscal em âmbito federal, segundo o Ipea

No ano de 2011, o Ipea divulgou o relatório final da pesquisa *Custo unitário do processo de execução fiscal da Justiça Federal*, produzido por uma equipe multiprofissional, oriunda dos campos do Direito, Sociologia, Ciência Política, Ciências Sociais, Estatística e Tecnologia da Informação. Esse estudo foi realizado por meio de cooperação técnica entre o Ipea e o Conselho Nacional de Justiça (CNJ) e é considerado uma referência na área, tendo influenciado a tomada de decisão no âmbito das unidades federativas, especialmente para definir o valor de piso para utilização da execução fiscal, bem como se apresenta como referência recorrente em trabalhos científicos que tratam da execução fiscal e mesmo em proposições legislativas.

O objetivo central do estudo foi medir o custo unitário do processo de execução fiscal da União e, muito embora seus autores tenham registrado que a preocupação com os sistemas de justiça[157] não deva ser estritamente produtivista, afirmam, para sustentar a utilidade

---

[155] Ibidem, p. 90-91.
[156] Ibidem, p. 92.
[157] A expressão "sistema de justiça" foi empregada pelos autores em sentido específico, diante da delimitação temática, para compreender "Justiça Federal comum, pelos órgãos que representam a União em juízo (atualmente reunidos na Advocacia Geral da União), pela advocacia privada e pela Defensoria Pública. Dada a função primordial que órgãos do Poder Executivo federal, especialmente a Receita Federal, desempenham no fluxo da execução fiscal, as análises aqui apresentadas têm caráter abrangente e, quando cabível, são aplicáveis também a esses atores (cf. IPEA – Instituto de Pesquisa Econômica. *Custo unitário do processo de execução fiscal na Justiça Federal*. Rio de Janeiro: Ipea, 2011a. p. 8.

desse critério, que a "análise do custo do processo pode ser conduzida também de uma perspectiva qualitativa e, com isso, revelar aspectos gerenciais e processuais muito relevantes, que têm impacto sobre a qualidade do serviço prestado aos cidadãos".[158]

Para a construção dessa metodologia específica[159] para o processo de execução fiscal, o Ipea considerou o custo com as atividades executadas[160] para identificar como os recursos são consumidos no processo de entrega dos produtos finais, cujas etapas foram as seguintes: i) elaboração de uma matriz de atividades e dos tempos de cada uma das tarefas que as compõem; ii) definição do nível de complexidade e detalhe a ser considerado no modelo (se macro ou microatividades); iii) eleição dos termos de referência do custo; iv) descrição das atividades por meio de uma "árvore funcional", com identificação dos custos a serem considerados; e v) escolha dos vetores de custo.[161]

Para apresentar essa estimativa de tempo, primeiro a equipe do Ipea estratificou o tempo total de duração do processo em duas categorias: a) **tempos úteis** – que transcorrem em atividades úteis ao processo; e b) **tempos mortos** – que correspondem ao período em que processos permanecem sem qualquer providência, à espera de serem movimentados:

Em primeiro lugar, o fato de que o tempo total dos processos judiciais esconde três diferentes categorias: o tempo da relação jurídica processual (atos do juiz e das partes); o tempo das atividades administrativas que dão corpo aos atos processuais (a cargo, principalmente,

---

Disponível em: http://repositorio.ipea.gov.br/bitstream/11058/7862/1/RP_Custo_2012.pdf. Acesso em: 27 maio 2020).

[158] IPEA, 2011a, p. 7.
[159] A replicação desse método, especialmente em estudos monográficos como o presente, é muito custosa e de difícil realização. Isso pode ser observado, inclusive, a partir das dezenas de pesquisadores originários de vários campos do conhecimento científico que foram necessários para a execução das etapas de coleta, organização e análise dos dados, indicada em notas de rodapé anteriores. Por isso, a escolha por uma aproximação crítica das conclusões obtidas no relatório do Ipea, à luz de contrapontos oferecidos pela literatura e por outros estudos similares de mesmo foco, que se mostra como um caminho metodológico realístico diante das limitações encontradas pelo pesquisador na realização de estudos fora de um ambiente institucional como o do Ipea e, ainda, para atender à exigência de entrega de um produto de pesquisa individual, como os exigidos em cursos de pós-graduação.
[160] Como justificam os autores, "[a] mensuração do custo dos serviços de justiça pelo número de decisões proferidas, número de processos baixados ou outro produto qualquer é funcionalmente limitada, pois não indica claramente como os recursos são consumidos durante o processo, não sendo possível identificar as peculiaridades da prestação jurisdicional em cada tipo de procedimento judicial" (cf. IPEA, 2011a, p. 10).
[161] IPEA, 2011a, p. 11.

dos serventuários); e os tempos de espera, que podem ser legítimos (em virtude dos prazos legais), mas que em geral decorrem da disfuncionalidade organizacional da Justiça (causas pendentes de julgamento, filas de expediente, pilhas de autos para cumprimento etc.). Conforme contribuam para o fluxo processual, esses diferentes tempos podem ser agrupados nas categorias "tempos úteis" ou "tempos mortos".

Em segundo lugar, está o fato de que alguns tempos se sobrepõem a outros, o que impede a simples decomposição aritmética do tempo total dos processos e dificulta sobremaneira a contagem. Tome-se como exemplo a juntada de uma petição que espera o cumprimento de um prazo previsto legalmente, ou a apresentação de nova petição por uma das partes enquanto se aguarda uma decisão.[162]

Assim, para calcular o tempo das atividades compreendido no **tempo útil**, o estudo do Ipea construiu um fluxograma teórico da execução, com as atividades operacionais práticas, para permitir a "visualização gráfica de todo o procedimento da execução fiscal,[163] o mapeamento de todas as etapas envolvidas em seu processamento, bem como dos atos processuais e atividades administrativas que as conformam".[164]

Além disso, o Ipea considerou a existência de custos diretos ou indiretos e custos fixos ou variáveis;[165] ademais, o "principal insumo empregado no processamento da execução fiscal, a mão de obra será sempre tomada como um custo variável, direto (MOD) ou indireto (MOI)".[166] Isso porque os dados orçamentários do Poder Judiciário no ano de 2009, quando realizado o levantamento do Ipea, indicavam que os recursos humanos consumiam 91,4% do total dos gastos, especialmente remuneração de pessoal – servidores e magistrados.[167]

---

[162] IPEA, 2011a, p. 11.

[163] "Como os atos e atividades identificados no fluxograma da execução fiscal compõem etapas processuais que consomem tempo de trabalho dos servidores da Justiça – e, consequentemente, geram custos –, o lapso percorrido do início à conclusão de cada uma fornece uma proxy inicial para os tempos de trabalho dos servidores (...) aplicados a uma amostra significativamente representativa de processos de execução fiscal finalizados em 2009 na Justiça Federal brasileira, buscando levantar as datas de início e conclusão das diferentes etapas processuais" (IPEA, 2011a, p. 12).

[164] IPEA – Instituto de Pesquisa Econômica. Custo e tempo do processo de execução fiscal promovido pela Procuradoria Geral da Fazenda Nacional (PGFN). *Comunicados do Ipea*, n. 127, 4 de janeiro de 2012. Disponível em: http://repositorio.ipea.gov.br/handle/11058/4460. Acesso em: 27 maio 2020.

[165] Ibidem, p. 11.

[166] Ibidem.

[167] Ibidem, p. 13.

Para medição dos custos dessa atividade, o Ipea utilizou um conjunto de técnicas para permitir a construção de uma metodologia específica para o caso das execuções fiscais. Primeiro, utiliza o método da "carga de trabalho ponderada", para identificar os atos praticados em cada um dos processos findos, tanto os praticados pelo juiz quanto as tarefas administrativas necessárias à gestão processual, de uma mostra selecionada, bem como os responsáveis, e medir a frequência de cada ato no curso dos processos da amostra.[168]

Essa medição permitiu identificar o tempo médio total de cada atividade, compreendido entre a determinação de um ato e sua prática, incluindo tanto os tempos úteis quanto os tempos mortos do processo. De forma complementar, o estudo calculou o "tempo operacional de trabalho", isto é, o efetivamente dedicado a realizar uma tarefa, desde o início da sua realização até sua conclusão, para separar dos tempos mortos ou "tempos de espera". Para isso, foram utilizadas duas técnicas: a primeira consistiu em cronometrar o tempo de execução de cada tarefa; a segunda, em realizar entrevistas com aplicação da técnica Delphi, através da "coleta de opiniões junto a um grupo diverso de servidores sobre os tempos razoáveis para a prática de cada ato".[169]

Assim, o tempo total da execução fiscal (úteis ou mortos) resultou de análise do Processo de Execução Fiscal Médio (PEFM), que representa "uma equação matemática simples, que expressa a relação entre as etapas observadas e sua duração e frequência médias".[170] Trata-se de um modelo, portanto, que visa a identificar a tramitação provável, consideradas a frequência com que cada um desses atos é praticado e o tempo decorrido desde sua determinação até o final da sua execução.[171]

---

[168] Ibidem, p. 12.
[169] Ibidem, p. 13.
[170] Esse modelo é representado pela equação seguinte: PEFM = $\Delta twz(a) + \Delta twz(b) + \Delta twz(c) + \Delta twz(d) + \Delta twz(e) + \Delta twz(f) + \Delta twz(g) + \Delta twz(h) + \Delta twz(i) + \Delta twz(j) + \Delta twz(k) + \Delta twz(l) + \Delta twz(m) + \Delta twz(n) + \Delta twz(o)$, onde: Δt = intervalo de tempo médio medido em minutos; w = frequência média de determinada etapa; z = valor médio por minuto da remuneração dos servidores envolvidos na etapa (a) = autuação; (b) = despacho inicial; (c) = citação pelo correio (AR); (d) = citação por oficial de justiça; (e) = citação por edital; (f) = mandado de penhora e avaliação; (g) = leilão; (h) = vista ao exequente; (i) = objeção de pré-executividade; (j) = embargo do devedor ou de terceiros; (k) = agravo; (l) = apelação; (m) = recurso especial ou extraordinário; (n) = sentença; (o) = baixa definitiva (IPEA, 2011a, p. 14). Esse modelo, quando aplicado no volume de processos finalizados no ano, resultou na seguinte: PEFMf = a + b + 0,65c + 0,7d + 0,13e + 0,67f + 0,07g + 4,88h + 0,04i + 0,07j + 0,03k + 0,13l + 0,02m + n + o (IPEA, 2011a, p. 14).
[171] O estudo registrou que essa equação do PEFM foi aplicada sobre uma amostra de todos os processos de execução fiscal com baixa definitiva na Justiça Federal de primeiro grau no ano de 2009, o que corresponde ao universo amostral de 176.122 autos findos, que teriam garantido "o intervalo de confiança de 98% e o erro amostral de 0,03, supondo variância

Com as inserções desses tempos médios observados na amostra e das frequências com que esses atos eram praticados, chegou-se ao seguinte tempo total: PEFMtt = 1(117) + 1(66) +1,46(1315) + 0,67(540) + 0,07(743) + 4,88(0) + 0,05(574) + 0,07(1566) + 0,18(507) + 1(243), ou seja, ao tempo médio de tramitação de 2.989 dias ou 8 anos, 2 meses e 9 dias.

O tempo total do PEFM contrasta com o de realização das tarefas pelos servidores e magistrados. Ao aplicar as técnicas Delph e ABC, o tempo médio empregado resultou em 646,2 minutos, ou 10 horas e 46 minutos.[172] Isto é, o tempo de mão de obra médio demandado pelo Poder Judiciário em um processo de execução fiscal é de 10 horas e 46 minutos, mas sua tramitação é de 8 anos, 2 meses e 9 dias até a baixa efetiva. Isso quer dizer que o processo fica predominantemente à espera do início da prática do ato pelo juiz ou servidores, justamente pela incapacidade de absorção da demanda, ou aguardando providência das partes, em menor medida.

Além disso, a análise das fases internas do processo produziu uma base de informação relevante sobre os tempos decorridos na tramitação. Os dados mais impactantes dizem respeito à dificuldade na integralização do polo passivo e à ínfima quantidade de casos em que a execução fiscal resulta em atos de constrição de bens e de alienação judicial que acabem em extinção total do crédito da dívida ativa cobrado no processo:[173]

Não houve citação válida em 36,9% processos e em outros 6,4% este ato ocorreu pela publicação de edital; por outro lado, quando citado pessoalmente, o devedor pagou seu débito em 45% dos casos.

Esses pagamentos foram amplamente influenciados pelos programas de parcelamento e anistia, representativos de 36,3%;[174] por

---

máxima para proporções (variância = 0,25)". Além disso, "para definição da amostra, utilizou-se o critério aleatório, controlando-se a proporção de processos baixados por região da Justiça Federal e competência da vara (se varas de competência exclusiva, que processam apenas ações de execução fiscal, ou de competência mista, que também processam outros tipos de ação, inclusive a execução fiscal). Esta opção metodológica contribuiu para reduzir o erro amostral, visto que é conhecida a distribuição dos processos tanto por região como por competência da vara" (cf. IPEA, 2011a, p. 14-15).

[172] A equação do tempo médio empregado é a seguinte: PEFMte = 1(20,8) +1(9,0) + 0,65(10,0) + 0,7(269,9) + 0,13(51,6) + 0,67(411,7) + 0,07(209,8) + 4,88(0) + 0,05(115,2) + 0,07(39,1) + 0,03(7,2) + 0,13(7,2) + 0,02(7,2) + 1(96,6) + 1(17,2) (cf. IPEA, 2011a, p. 24).

[173] IPEA, 2011a, p. 18-23.

[174] Interessante observar a correspondência dessas informações: colhidas há mais de 10 anos, ainda apresentam um cenário próximo à realidade atual dos processos da PGFN, segundo dados divulgados por esse órgão em seus relatórios "PFGN em números" – nos anos de 2017 e 2018, houve significativo crescimento da arrecadação, R$ 26,1 bilhões e R$ 23,88 bilhões, respectivamente, montante que também teve o impacto do Programa

outro lado, a penhora só atinge 15% dos casos e a fase de leilão só é alcançada em 2,6% desses processos, ainda assim, o produto da alienação só extingue totalmente os débitos em 0,2% dos casos e a adjudicação dos bens pelo exequente leva a essa extinção em 0,3% dos casos.

A fase de citação dura 1.315 dias em média, sendo sucedida pela de penhora, com duração de 540 dias e, em seguida, pela de leilão, com duração de 743, embora, como já anotado, a frequência com que essas fases são alcançadas e produzem êxito para o processo seja extremamente baixa.

A postergação do processo por apresentação de defesas e recursos, ao contrário do que se possa imaginar, não é um fato preponderante para a duração do processo, pois só em 10,8% houve discussão por meio de embargos ou exceção de pré-executividade;[175] e a taxa de sucesso dessas defesas é de 7,4% nas exceções de pré-executividade e, nos embargos à execução, é de 20,2%.[176]

O percentual de casos de extinção dos créditos da dívida ativa da União (CDU) em razão de prescrição e decadência é muito próximo ao de pagamento (incluindo-se os parcelamentos).[177]

Após a medição do tempo médio empregado e a indicação das causas de extinção mais comuns, o grupo do Ipea calculou o custo médio por processo/dia (CMPD), a partir da "conversão do orçamento executado em orçamento diário, subdividindo-o, a seguir, pelo número de processos que tramitaram no primeiro grau de jurisdição da Justiça Federal ao longo de 2009", resultando no custo diário de R$ 1,58 e, considerando o tempo total provável de duração dos processos, apurou o custo total por processo de R$ 4.685,39, já deduzida a arrecadação

---

Especial de Regularização Tributária (PERT), de R$ 14.445.353.405,76 ou 55,38%, em 2017, e de R$ 11.228.862.711,71 ou 47%, em 2018. A execução fiscal foi responsável, respectivamente, por R$ 5.280.422.724,42, ou 20,23%, e R$ 5.868.767.641,82, ou 25% (cf. PGFN – Procuradoria-Geral da Fazenda Nacional. *PGFN em números 2018*. Disponível em: https://www.gov.br/pgfn/pt-br/acesso-a-informacao/institucional/pgfn-em-numeros. Acesso em: 27 maio 2020; PGFN – Procuradoria-Geral da Fazenda Nacional. *PGFN em números 2019*. Disponível em: http://www.pgfn.fazenda.gov.br/acesso-a-informacao/institucional/pgfn-em-numeros-2014/pgfn_em_numeros_2019.pdf/view. Acesso em: 13 jul. 2023).

[175] Consequentemente, o tempo de mão de obra dos magistrados no PEFM é muito inferior ao dos servidores: "o trabalho dos magistrados representa 6,8% do total da mão de obra diretamente empregada no processamento do executivo fiscal, contra 89,7% dos servidores e 3,6% dos estagiários" (cf. IPEA, 2011a).

[176] No cenário atual, esse número seria impactado pela institucionalização da Defensoria Pública nos anos posteriores, responsável pela representação do executado citado por edital.

[177] IPEA, 2011a.

com custas.¹⁷⁸ Esse custo, como o próprio Ipea esclarece, não reflete especificamente a execução fiscal, por falta de detalhamento dos gastos com as varas com essa competência material, por isso, foi utilizado o orçamento total executado pela Justiça Federal de primeiro grau. Para complementar essa avaliação, o Ipea utilizou o tempo de mão de obra empregado, para apurar o custo dessa atividade, a partir dos dados do orçamento executado com gastos de pessoal, apurando o **custo médio da mão de obra na execução fiscal** (CMMO) e obtendo o valor de R$ 1.854,23 por processo.¹⁷⁹

Além da obtenção do tempo e do custo médios dos processos, o Ipea aplicou alguns testes de correlação entre diversas variáveis¹⁸⁰ e a duração do processo e a ocorrência do pagamento. Esses testes apontaram diversas conclusões, que afastam pressupostos que o senso comum sustentaria em relação às soluções para a situação-problema da execução fiscal. Isso porque o estudo demonstrou a inexistência de ganho significativo de arrecadação ou de celeridade na amostra de processos em relação às providências que vinham sendo adotadas pelo

---

[178] Segundo o estudo, "o orçamento executado de R$ 4.912,7 milhões e o total de casos pendentes e processos baixados de 8,5 milhões (CNJ, 2010), tem-se que o orçamento diário da Justiça Federal de primeiro grau é de R$ 13,5 milhões e o CMPD do ano de 2009 é de R$ 1,58. Por sua vez, o processamento do executivo fiscal gera alguma renda ao Poder Judiciário, por meio da arrecadação de custas. Conforme o exposto anteriormente, o valor médio apurado em custas nas ações de execução fiscal (CAEF) processadas na Justiça Federal com baixa definitiva no ano de 2009 é de R$ 37,69" (cf. IPEA, 2011a, p. 26).

[179] A metodologia empregada partiu dos seguintes dados: "R$ 495,7 milhões anuais, e o total de 1.488 juízes em exercício ao longo do ano de 2009, tem-se que cada magistrado custou R$ 333,1 mil. Supondo-se que os juízes trabalhem 75,6 mil minutos por ano, tem-se que um minuto da mão de obra de um magistrado custa R$ 4,41. A folha de pagamento dos serventuários da Justiça Federal de primeiro grau, de R$ 3.302,2 milhões anuais, e o total de 20.677 servidores em exercício durante o ano de 2009 indicam que cada serventuário custou R$ 159,7 mil. Se os servidores trabalham 82,8 mil minutos por ano, tem-se que um minuto da mão de obra de um serventuário custa R$ 1,93 (...) Levando-se em conta que cada estagiário trabalhe 55,2 mil minutos por ano, tem-se que um minuto da mão de obra de um estagiário custa R$ 0,04. (...) Partindo-se da fórmula matemática de cálculo do tempo médio provável de mão de obra diretamente empregada no executivo fiscal, pode-se afirmar que a função do custo médio baseado em atividades do PEFM é a seguinte (processo de execução fiscal médio/custo médio baseado em atividades): PEFMcmba =\{[1(20,8) +1(9,0) + 0,65(10,0) + 0,7(269,9) + 0,13(51,6) + 0,67(411,7) + 0,07(209,8) + 4,88(0) + 0,05(115,2) + 0,07(39,1) + 0,03(7,2) + 0,13(7,2) + 0,02(7,2) + 1(96,6) + 1(17,2)] x [0,068(R$4,41) + 0,897(R$1,93) + 0,036(R$0,04)]\} + R$541,11" (IPEA, 2011a, p. 28).

[180] As variáveis testadas foram: região da Justiça Federal; competência da vara; forma de apresentação dos autos findos (físico, digital ou virtual); tempo de permanência do juiz titular na vara na qual exerce a jurisdição; uso do sistema BacenJud; modo de acompanhamento administrativo do processo; carga processual por serventuário; modalidade de exequente; sede do exequente; natureza jurídica do executado; valor da causa; uso da competência delegada; emissão de carta precatória; e quantidade de varas em que tramitou o processo (cf. IPEA, 2011a, p. 28).

Poder Judiciário. Assim, não foi observada associação significativa entre a menor arrecadação ou menor ou maior duração do processo em razão de: a) especialização das varas de execução fiscal e de digitalização/virtualização de processos; b) uso ou não de ferramentas como o Bacenjud; c) aumento da mão de obra, reduzindo-se o número de processos por servidor/magistrado; d) tramitação dos processos em varas estaduais ou federais.[181]

O teste de correlação do valor da causa, por outro lado, apontou que o maior tempo de duração do processo está significativamente associado à probabilidade de não-recebimento do crédito, sendo que, por outro lado, o maior valor da causa está ligado à maior probabilidade de recebimento do crédito, conforme ilustram os gráficos seguintes (com o número original na imagem):

GRÁFICO 1
Tempo médio de tramitação em relação ao valor da causa

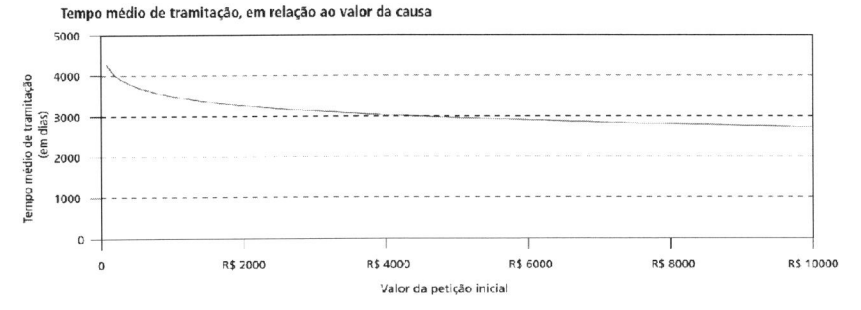

Fonte: relatório final da pesquisa *Custo unitário do processo de execução fiscal da Justiça Federal*.[182]

---

[181] A análise da tramitação dos processos em varas estaduais considerou a competência delegada dos juízes estaduais para processamento da execução fiscal em municípios não cobertos por seção, subseção ou vara federal. Essa previsão estava contida no art. 15, I, da Lei Federal nº 5.010, de 30 de maio de 1966, que foi revogada pela Lei nº 13.043, de 2014.

[182] Cf. IPEA, 211a, p. 33.

GRÁFICO 2
Probabilidade de baixa por pagamento, em relação ao valor da causa

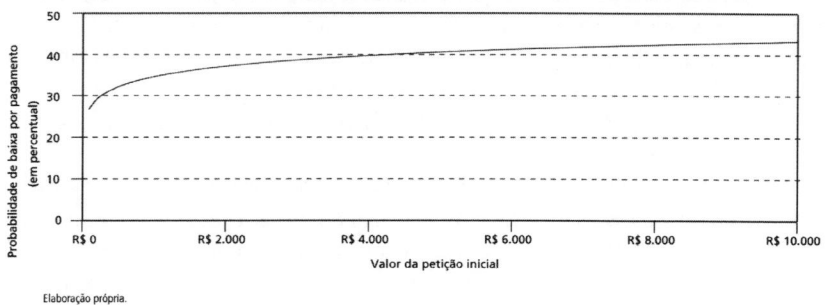

Elaboração própria.

Fonte: relatório final da pesquisa *Custo unitário do processo de execução fiscal da Justiça Federal*.[183]

Essa informação é relevante para as investigações abordadas no presente estudo, porquanto as propostas de soluções hipotéticas incrementais debatidas desdobram-se sobre duas linhas de abordagens: a) a revisão das práticas burocráticas na gestão do processo executivo fiscal pelos órgãos fazendários e de representação jurídica; e b) a necessidade de tratamento seletivo da dívida ativa objeto dos processos de execução fiscal, já que a eficiência do processo se mede não apenas pelo custo ou pelo tempo, mas exige a ocorrência do benefício esperado – a arrecadação. Esse benefício pode ser antecipadamente dimensionado pela probabilidade de êxito da recuperação, segundo variáveis estatisticamente significantes.

Ademais, é possível concluir, a partir dos resultados apresentados pelo Ipea, que o incremento do volume de processos de execução fiscal gera um aumento nos tempos mortos de tramitação ou tempos de espera, durante os quais o processo aguarda o início de execução das tarefas necessárias ao seu impulsionamento.[184] Nesse estudo, isso era parcialmente atribuído às práticas administrativas.[185] No presente estudo,

---

[183] Cf. IPEA, 2011a, p. 33.

[184] A redução desse tempo de espera demanda uma série de providências complexas e inter-relacionadas, que incluem desde melhorias na gestão dos processos e rotinas internas administrativas, como padronização de procedimentos, uso de ferramentas de tecnologias da informação para produção de relatórios gerenciais de diagnósticos, até a otimização do conteúdo decisório propriamente dito, que passa pela observância dos precedentes vinculantes, por exemplo. Devido à sua extensão e à sua complexidade, essas questões serão abordadas oportunamente, nos tópicos posteriores.

[185] Os dados do relatório do Ipea também foram objeto do Comunicado nº 83, no qual foi apresentada uma conclusão resumida da análise dos dados, onde afirmou-se o seguinte:

contudo, o foco da análise será o perfil do crédito, conforme se aborda oportunamente na apresentação das soluções para a situação-problema da ineficiência da execução fiscal.

2.3 As inter-relações entre o processo administrativo e o judicial em matéria fiscal, na visão da UFRGS

No mesmo ano do estudo divulgado pelo Ipea, a Universidade Federal do Rio Grande do Sul (UFRGS) divulgou o relatório final do grupo de pesquisa,[186] elaborado em atendimento ao Edital de Seleção 1/2009 – CNJ, com resumo publicado por esse instituto, juntamente aos resultados divulgados do Ipea, ambos reunidos no relatório intitulado *A execução fiscal no Brasil e o impacto no Judiciário*.[187]

Esse estudo possui abordagem mais abrangente que a daquele desenvolvido pelo Ipea. A proposta do grupo da UFRGS, como o título

---

"A morosidade não resulta significativamente do cumprimento de prazos legais, do sistema recursal ou das garantias de defesa do executado. Nem tampouco do grau de complexidade das atividades administrativas requeridas. Fundamentalmente, é a cultura organizacional burocrática e formalista, associada a um modelo de gerenciamento processual ultrapassado que torna o executivo fiscal um procedimento moroso e propenso à prescrição. A forma de organização administrativa na Justiça Federal se assemelha ao modelo fordista clássico, caracterizado pela rígida divisão de tarefas excessivamente reguladas, repetitivas e autorreferentes. Esse modelo impede a construção de uma visão completa do processo de trabalho, privilegiando o cumprimento de tarefas, em detrimento da obtenção dos resultados" (cf. IPEA – Instituto de Pesquisa Econômica Aplicada. Custo unitário do processo de execução fiscal na Justiça Federal. *Comunicados do Ipea*, n. 83, p. 9, 2011b. Disponível em: http://repositorio.ipea.gov.br/bitstream/11058/5279/1/Comunicados_n83_Custo_unit%C3%A1rio.pdf. Acesso em 20 jul. 2020).

[186] Segundo o relatório, os pesquisadores responsáveis foram os seguintes: Professor Cezar Saldanha Souza Junior, livre-docente em Direito do Estado pela Universidade de São Paulo (USP), professor titular da Universidade Federal do Rio Grande do Sul; Álvaro Carrasco, mestrando em Direito pela Universidade Federal do Rio Grande do Sul (UFRGS); Anair Isabel Schaefer, doutoranda em Direito pela Universidade Federal do Rio Grande do Sul (UFRGS); Anelise Domingues Schuller, doutoranda em Direito pela Universidade de São Paulo (USP); Carlos Eduardo de Almeida Guerreiro, mestrando em Direito pela Universidade Federal do Rio Grande do Sul (UFRGS); Carlos Eduardo Dieder Reverbel, doutorando em Direito pela Universidade Federal do Rio Grande do Sul (UFRGS); Cristiane Catarina Fagundes de Oliveira, doutora em Direito pela Universidade de São Paulo (USP); Luis Alberto Reichelt, doutor em Direito pela Universidade Federal do Rio Grande do Sul (UFRGS); Marcos Roberto de Lima Aguirre, mestrando em Direito pela Universidade Federal do Rio Grande do Sul (UFRGS); Rafael Santos Lavratti, mestrando em Direito pela Universidade Federal do Rio Grande do Sul (UFRGS); Romulo Ponticelli Giorgi Júnior, mestrando em Direito Público pela Universidade Federal do Rio Grande do Sul (UFRGS).

[187] CNJ – Conselho Nacional de Justiça. *A execução fiscal no Brasil e o impacto no Judiciário*. 2011. Disponível em: https://www.cnj.jus.br. Acesso em: 17 jul. 2020.

deixa transparecer, é compreender as inter-relações entre o processo administrativo e o judicial (em matéria fiscal) a partir da identificação de contenciosos cuja solução deveria ser tentada previamente na esfera administrativa. Esse estudo está organizado em três partes: a) exposição do histórico de formação da dupla instância do contencioso tributário e sua evolução até o panorama atual; b) análise do tema com base no Direito comparado, consideradas as experiências jurídico-institucionais de outros países, em especial as dos sistemas francês, português, estadunidense e espanhol; c) propostas institucionais de aperfeiçoamento do sistema brasileiro.[188] Contudo, as informações e conclusões extraídas desse estudo serão aqui expostas exclusivamente quanto aos pontos de intersecção com o recorte temático deste trabalho, isto é, aos impactos gerados pela organização jurídico-institucional do contencioso tributário brasileiro sobre a execução fiscal.

Segundo a tese defendida no relatório, o controle judicial estadunidense, que inspira o modelo brasileiro desde a República de 1891, não teria, nos contornos atuais, seus aspectos adequadamente reproduzidos no Brasil, destacando, nesse ponto, o fenômeno da criação e expansão do espaço normativo e decisório das agências, cujos atos não estariam submetidos ao nível amplo de controle experimentado no Brasil. A diferença de modelos teria levado à situação tal em que o Poder Judiciário brasileiro é instado a dar resposta a uma multiplicidade de temas, sem que esteja aparelhado ou tenha construído experiência jurídico-institucional para o exercício dessa tarefa, e isso resultaria na falta de segurança jurídica.[189] De outro lado, a falta de garantias similares às dos magistrados aos membros da administração tributária responsável pelo contencioso administrativo ocasionaria desconfiança dos contribuintes quanto à sua imparcialidade[190] e causaria temor nos julgadores em relação à instituição à qual pertencem.

---

[188] O relatório do grupo de pesquisa da UFRGS, na verdade, reúne textos de autorias diferentes, em forma de capítulos e subtítulos. O primeiro capítulo, denominado *A duplicidade de instâncias (administrativa e judiciária) no Brasil*, está dividido em três subtítulos. O primeiro deles, *Origem e evolução da duplicidade*, é de autoria de Romulo Ponticelli Giorgi Júnior, o segundo, *A instância administrativa fiscal: panorama atual*, de Carlos Eduardo de Almeida Guerreiro e, o terceiro, *A instância judiciária fiscal: panorama atual*, de Luis Alberto Reichelt. O relatório, contudo, foi apresentado como um estudo único ao CNJ e será também assim considerado para os fins deste trabalho.

[189] UFRGS – Universidade Federal do Rio Grande do Sul. *Inter-relações entre o processo administrativo e o judicial (em matéria fiscal) a partir da identificação de contenciosos cuja solução deveria ser tentada previamente na esfera administrativa*. Porto Alegre: UFRGS, 2011, p. 22-26.

[190] Essa percepção, segundo o relatório, foi confirmada pela pesquisa realizada pelo Centro de Estudos e Pesquisas em Administração (Cepa), da UFRGS, que integrou o relatório,

Nessa linha de ideias, a sobreposição de julgamentos, a desconfiança em relação aos julgadores administrativos e as deficiências do Poder Judiciário em avaliar questões sobre a "intervenção na economia, a distribuição de renda e as demandas de massa", relacionadas à tributação atualmente, levariam ao "círculo interminável" de inter-relações entre as instâncias administrativa e judicial. Isso explicaria a lentidão e a ineficácia da cobrança e a consequente escolha pública de aumento da carga tributária como resposta à demanda por arrecadação, novamente sucedida de controle judicial, a fomentar o círculo vicioso narrado anteriormente.[191]

Assim, a inter-relação entre as instâncias contenciosas administrativa e judicial ocorreria não apenas para controlar a juridicidade do tributo lançado – o que os autores chamam de "duplicidade de esforços tradicional", consistente na revisão judicial da decisão administrativa –, mas também em fase prévia à constituição do crédito. Dessa forma, instauram-se instâncias paralelas, como é caso das liminares que impedem a cobrança do crédito, mas mantém-se a obrigação do Fisco de lançar, sob pena de ocorrência da decadência,[192] ou mesmo dos pedidos de compensação administrativa decorrentes do direito à repetição de indébito obtido em sede judicial, que permitem, na fase do pedido de compensação, nova discussão, administrativa e/ou judicial, tudo isso podendo incidir na ação de execução fiscal eventualmente em curso, via embargos à execução, por exemplo.[193]

---

conforme o qual houve concordância de 68,6% dos entrevistados em relação à desconfiança quanto à imparcialidade dos julgadores (UFRGS, 2011, p. 27-29).
[191] UFRGS, 2011, p. 29-31.
[192] Nesse sentido: "PROCESSUAL CIVIL E TRIBUTÁRIO. AGRAVO REGIMENTAL NO AGRAVO EM RECURSO ESPECIAL. EMBARGOS À EXECUÇÃO. IPTU. CONCESSÃO DE LIMINAR EM MANDADO DE SEGURANÇA. SUSPENSÃO DA EXIGIBILIDADE DO CRÉDITO. LANÇAMENTO. NÃO IMPEDIMENTO. 1. A jurisprudência desta Corte orienta-se no sentido de que a suspensão da exigibilidade do crédito tributário na via judicial impede a prática de qualquer ato contra o contribuinte visando à cobrança de seu crédito, tais como inscrição em dívida, execução e penhora, mas não impossibilita o Fisco de proceder ao lançamento com o desiderato de evitar a decadência, cuja contagem não se sujeita às causas suspensivas ou interruptivas. Precedentes: EREsp 572.603/PR, Rel. Ministro Castro Meira, Primeira Seção, DJ 05/09/2005; AgRg no REsp 1.183.538/RJ, Rel. Ministro Benedito Gonçalves, Primeira Turma, DJe 24/08/2010; AgRg no REsp 1.058.581/RS, Rel. Ministro Mauro Campbell Marques, Segunda Turma, DJe 27/05/2009; REsp 977.386/RS, Rel. Ministro José Delgado, Primeira Turma, DJe 07/08/2008. 2. Agravo regimental não provido. (AgRg no AREsp 356.479/SP, Rel. Ministro BENEDITO GONÇALVES, PRIMEIRA TURMA, julgado em 05/04/2016, DJe 08/04/2016).
[193] UFRGS, 2011, p. 30-42.

É no Direito comparado que o estudo da UFRGS busca soluções jurídicas para os problemas relatados,[194] mais precisamente nas experiências internacionais sobre a divisão de competências entre as instâncias, assim explicadas no relatório:

(1) A estrutura jurisdicional dos Estados Unidos da América circunscreve-se em uma instância administrativa, formada por tribunais administrativos especializados na matéria, não pertencentes ao Poder Judiciário, mas sim à Administração Pública; a transposição nestes tribunais não é obrigatória pelo administrado, que pode escolher qual instância analisará seu caso; as decisões dessa instância podem ser revistas pela instância judicial. Esta, não especializada na matéria, gera decisões com caráter de coisa julgada; é o próprio Poder Judiciário, capaz de reavaliar as decisões da instância administrativa. Contudo, não há duplicidade de apreciação da lide nesse sistema, pois daquilo julgado em tribunais administrativos cabe recurso a um tribunal do Poder Judiciário e não se torna possível a reapreciação de toda a matéria, como ocorre no Brasil. Esses tribunais administrativos funcionam como juizados de 1ª instância. Entretanto, é possível que o administrado jurisdicionalize seu caso sem passar pela instância administrativa, ou seja, pelos tribunais administrativos especializados; sua lide será julgada, desde o início, por cortes de 1ª instância judiciais;

(2) A estrutura jurisdicional de França e de Portugal são estruturas jurisdicionais separadas, especializadas e de competências bem delimitadas. Há a instância administrativa e a instância judicial, ambas são Poder Judiciário, pois trajam jurisdição no próprio sentido do termo. São separadas, pois a instância judicial é a competente para conhecer das lides do Direito Comum, das lides entre indivíduos (entre privados) e de casos criminais; já a instância administrativa conhece, em resumo, das lides provenientes entre as relações dos administrados com a Administração Pública (relações tributárias inclusive). Os tribunais administrativos de 1ª instância julgam os diversos litígios com representação tríplice (caso francês), ou seja, as decisões são definidas em acórdão, prestando maior segurança jurídica ao administrado. A apreciação de matérias de fato, ordinariamente, só ocorre até os tribunais de 2ª instância, também por acórdão. O Conselho d'État, ou o Superior Tribunal Administrativo, além de possuir competências consultivas, pode atuar como juizado de primeira e última instância, corte de apelação, juiz de cassação e

---

[194] Esse é o assunto desenvolvido no Capítulo 2, *A equação das instâncias (administrativa e judicial) no Direito Comparado*, de autoria de Rafael Santos Lavratti.

juizado de reenvio. Essas competências visam a diminuir o tempo de tramitação e o volume dos processos ao criar especializações para suas subseções. Não há duplicidade de apreciação da lide neste sistema.

(3) A estrutura jurisdicional da Espanha apresenta uma instância administrativa pujante, formada por tribunais econômico-administrativos especializados na matéria, não pertencentes ao Poder Judiciário, mas sim à Administração Pública. Possui tribunais administrativos de 1ª e 2ª instâncias, sendo obrigatório o conhecimento das impugnações dos administrados para que as mesmas possam seguir ao Poder Judiciário. O Poder Judiciário é altamente especializado, possui 10 (dez) subdivisões em sua 1ª instância. Em matéria administrativa, sua 1ª instância é chamada de juizados do contencioso-administrativo. Apesar da aparente duplicidade de apreciações das lides, pois após terminada a instância administrativa há a possibilidade dos processos seguirem à 1ª instância judicial, essa é combatida, principalmente, pelos seguintes fatos: (1) a sujeição da revisão de atos pela própria Administração (realizada sem custas processuais aos administrados e sem a obrigatoriedade de representação por advogado) suprime grande parte dos casos em contenda; (2) as provas utilizadas na instância administrativa são empregadas nos julgamentos judiciais; e (3) a obrigatoriedade da instância em decidir os casos a ela postos é expressa em normativas, sendo que possui determinado tempo legal para concluir a questão controversa.[195]

A partir desses modelos de organização político-institucional, as propostas dos autores para o Brasil seriam:

a) primeira proposta: aprimoramentos da instância administração para julgamento das questões tributárias, mediante seleção dos julgadores em modelo similar aos juízes, em primeiro e segundo graus, com as mesmas garantias à magistratura, acompanhada da exigência de prévio exaurimento administrativo da análise do caso para permitir o recurso ao Poder Judiciário, impondo-se, por outro lado, prazo máximo para decisão final, com adoção de ritos diferentes por valor da alçada. A isso se somariam garantias em favor dos contribuintes, como vedação ao *reformatio in pejus*, e do Fisco, como a obrigatoriedade de apreciação das provas praticadas no procedimento administrativo dentro do processo judicial. A decisão administrativa teria eficácia de coisa julgada quanto aos fatos, limitando-se a discussão judicial a: i. verificação da competência das autoridades administrativas julgadoras;

[195] UFRGS, 2011, p. 179-180.

ii. qualificação jurídica dos fatos; iii. verificação se a decisão proferida contrariou tratado ou lei federal, ou negou-lhes vigência; iv. verificação se a decisão proferida contrariou dispositivo da Constituição ou julgou válida lei ou ato de governo contestado em face da Constituição;[196]

b) segunda proposta: conversão da instância administrativa estadual e federal em órgãos de julgamento de primeira instância independentes, cujos membros também seriam selecionados por concurso e gozariam das garantias da magistratura, com possibilidade de recurso das decisões desses órgãos aos tribunais judiciais, mas limitando-se a discussão judicial a: i. verificação da competência das autoridades administrativas julgadoras; ii. qualificação jurídica dos fatos; iii. verificação se a decisão proferida contrariou tratado ou lei federal, ou negou-lhes vigência; iv. verificação se a decisão proferida contrariou dispositivo da Constituição ou julgou válida lei ou ato de governo contestado em face da Constituição;[197]

c) terceira proposta: reorganização jurídico-institucional completa, por emenda constitucional, para criar órgãos judiciais especializados, os tribunais tributários federais e juízes tributários federais e os tribunais tributários e juízes tributários dos estados e do Distrito Federal e territórios, extinguindo os órgãos de julgamento administrativo ou transformando-os em órgãos de julgamento de primeira instância obrigatória.[198]

Como visto, a abordagem proposta pelo referido estudo não diz respeito, especificamente, à gestão dos créditos da dívida ativa. Contudo, a discussão sobre o seu processo administrativo de formação e a influência da discussão judicial da juridicidade desses créditos são elementos importantes na discussão sobre a eficiência da execução fiscal.

Nota-se, nesse ponto, que a discussão sobre o âmbito institucional em que se deve decidir os temas tributários não foge aos elementos dos debates que envolvem as análises jurídicas das políticas públicas, enfim, as "instituições, as relações entre as políticas públicas e diferentes espécies normativas, a discricionariedade, os processos e seu regramento, a formatação dos desenhos jurídico-institucionais", que caracterizam a abordagem DPP utilizada como referencial teórico e método de compreensão deste estudo.[199]

---

[196] UFRGS, 2011, p. 182-183.
[197] UFRGS, 2011, p. 184-185.
[198] UFRGS, 2011, p. 185-187.
[199] Cf. SOUZA; BUCCI, 2019, p. 834.

Além disso, a questão de fundo, que diz respeito à reserva de jurisdição e aos modelos do Direito comparado, é especialmente relevante para a discussão dos projetos de lei atualmente em trâmite, que visam a alterar o arranjo normativo nacional da execução fiscal, inspirados, também, em experiências internacionais, em especial no modelo norte-americano. Esse modelo permite a expropriação de bens para pagamento das dívidas tributárias sem a necessidade de recurso ao Poder Judiciário, isto é, sem o uso da ação executiva fiscal. Essas análises das propostas de alteração legislativa serão feitas em tópico específico deste trabalho, no próximo capítulo.

2.4 A macrovisão do processo tributário, segundo a FGV

No ano de 2016, a Fundação Getúlio Vargas (FGV) divulgou uma série de relatórios sobre o crédito tributário, entre os quais o Relatório da Pesquisa Dimensão Executiva da Macrovisão do Crédito Tributário.[200] Esse trabalho se desenvolveu em três fases: a) "radiografia das execuções fiscais", que envolveu a análise dos dados da DAU das capitais com maior produto interno bruto (PIB) em cada uma das regiões dos Tribunais Regionais Federais (TRFs), além de Belo Horizonte; b) "radar legislativo", mediante análise dos projetos de lei em curso no Congresso Nacional, que tinham por objetivo alterar o marco legal da execução fiscal; b) "proposições legislativas", que consolidam as propostas no Núcleo de Estudos Fiscais da Escola de Direito de São Paulo (NEF/FGV – Direito SP). [201]

A primeira e a terceira fases são discutidas neste tópico, enquanto os principais achados do radar legislativo são abordados em tópico específico, sobre as propostas legislativas em curso, juntamente às propostas apresentadas pelo relatório da UFRGS.

Na primeira fase, o estudo expôs a distribuição dos processos de execução fiscal e de valores totais envolvidos, em cada uma das capitais indicadas: São Paulo, Salvador, Recife, Porto Alegre e Belo Horizonte, conforme os gráficos seguintes:

---

[200] Esse estudo foi coordenado por Eurico Marcos Diniz de Santi, Roberto Vasconcelos, Paulo Conrado, Renata Belmonte, e contou com os pesquisadores Aristóteles de Queiroz Camara, Rodrigo Veiga Freire e Freire e os alunos Daniella Betti, Camila Valverde e Renato Simonsen.

[201] FGV – Fundação Getúlio Vargas. *Relatório da Pesquisa Dimensão Executiva da Macrovisão do Crédito Tributário*. São Paulo: FGV, 2016. p. 2-3. Disponível em: https://direitosp.fgv.br/node/133606. Acesso em: 14 de julho de 2020.

GRÁFICO 3
Distribuição de processos por sede de TRF

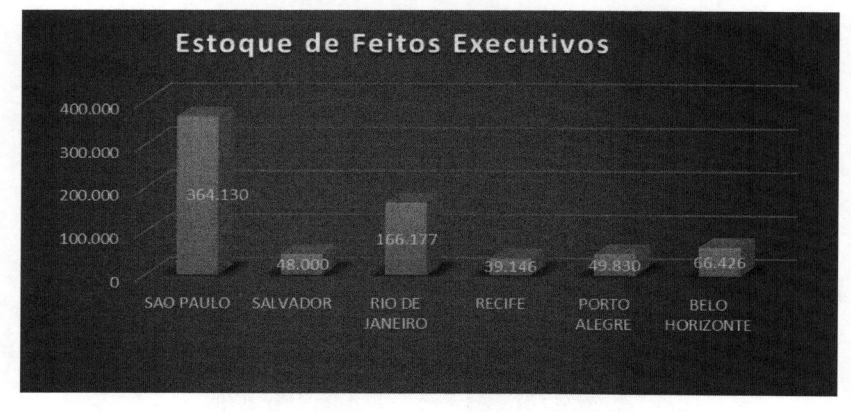

Estoque de Feitos Executivos

- SAO PAULO: 364.130
- SALVADOR: 48.000
- RIO DE JANEIRO: 166.177
- RECIFE: 39.146
- PORTO ALEGRE: 49.830
- BELO HORIZONTE: 66.426

Fonte: DW/PGFN. Data da extração 03/2016. Reproduzido do Relatório da Pesquisa Dimensão Executiva da Macrovisão do Crédito Tributário.

GRÁFICO 4
Valores totais envolvidos nos processos por sede de TRF

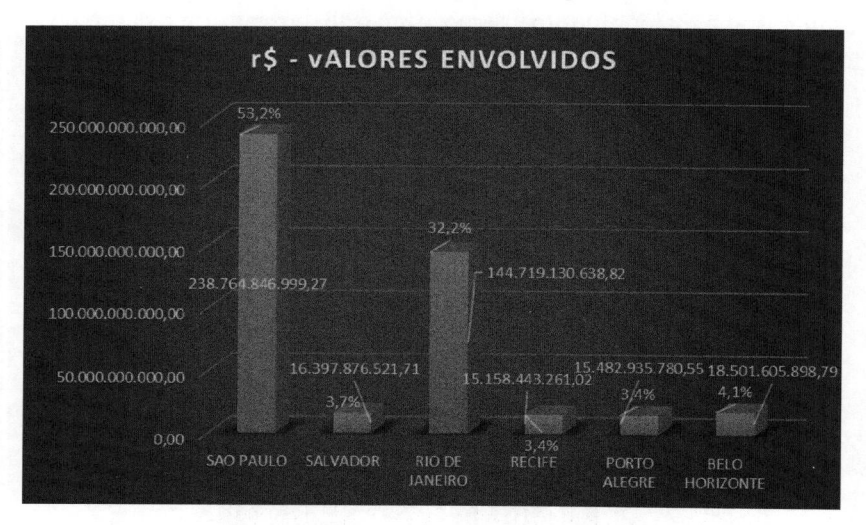

r$ - vALORES ENVOLVIDOS

- SAO PAULO: 238.764.846.999,27 (53,2%)
- SALVADOR: 16.397.876.521,71 (3,7%)
- RIO DE JANEIRO: 144.719.130.638,82 (32,2%)
- RECIFE: 15.158.443.261,02 (3,4%)
- PORTO ALEGRE: 15.482.935.780,55 (3,4%)
- BELO HORIZONTE: 18.501.605.898,79 (4,1%)

Fonte: DW/PGFN. Data da extração 03/2016. DW/PGFN. Data da extração 03/2016. Reproduzido do Relatório da Pesquisa Dimensão Executiva da Macrovisão do Crédito Tributário.

O primeiro ponto de convergência com o estudo do Ipea diz respeito ao volume de processos garantidos, de apenas 6,3%.[202] Essa é a parcela de casos em que: a) pode-se chegar à fase de discussão ampla da juridicidade do crédito, por meio dos embargos de execução; b) o reduzido volume de processos em que se alcança a fase de constrição de bens do devedor ou mesmo se realiza o depósito judicial. Além disso, traz uma informação que tem se mostrado repetidas vezes nas diversas análises da distribuição da dívida segundo o valor do crédito: um pequeno número de processos concentra a maior parte da dívida. Na amostra medida pelo NEF/FGV – Direito SP, 76,4% do valor total executado em todas as capitais está concentrado em 1,15% dos processos, conforme o Gráfico 7, que relaciona o número de processos cujo crédito supera a faixa do 5 milhões e o valor total envolvido:

GRÁFICO 5
Valor total das execuções fiscais de valor superior a R$ 5 milhões

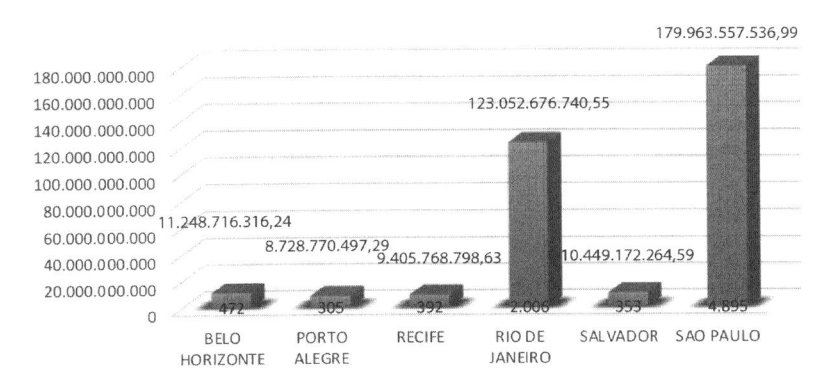

Fonte: DW/PGFN. Data da extração 03/2016. DW/PGFN. Reproduzido do Relatório da Pesquisa Dimensão Executiva da Macrovisão do Crédito Tributário.

Até o ano de 2016, apesar do conhecimento desses dados, a Procuradoria-Geral da Fazenda Nacional (PGFN) continuava a ajuizar mais processos do que eram baixados em cada ano, como mostra o Gráfico 8, que apresenta o saldo resultante dessa relação, a ocasionar acréscimos aos casos pendentes em cada ano considerado, segundo o gráfico extraído do estudo do grupo da FGV:

---

[202] FGV, 2016, p. 2-3.

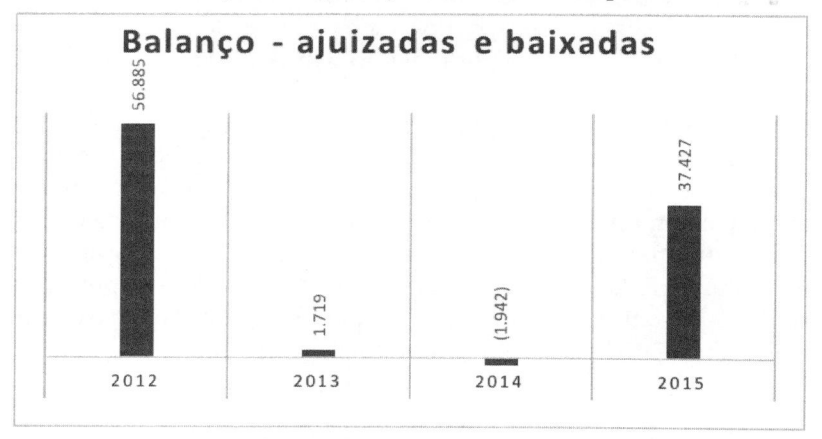

GRÁFICO 6
Diferença entre ações ajuizadas e baixadas por ano

Balanço - ajuizadas e baixadas

2012	2013	2014	2015
56.885	1.719	(1.942)	37.427

Fonte: DW/PGFN. Data da extração 03/2016. DW/PGFN. Reproduzido do Relatório da Pesquisa Dimensão Executiva da Macrovisão do Crédito Tributário.

Assim, a percepção dos pesquisadores do NEF/FGV – Direito SP é a mesma já observada nos estudos anteriormente citados: o volume dos créditos do estoque da dívida ativa, em sua maior parte, não apresenta viabilidade de recuperação, mas tem sido reiteradamente ajuizado com o objetivo de atender a controles formais funcionais e prevenir a ocorrência de prescrição, levando a um volume crescente de processos judiciais pendentes nas varas de execução fiscal, ao qual o Poder Judiciário é incapaz de responder.[203] Esse fato, já relatado pelo grupo de estudo da UFRGS tanto em relação à justiça federal quanto à justiça estadual, é mostrado na tabela seguinte:

---

[203] FGV, 2016, p. 10.

TABELA 2
Quantidade de processos extintos e pendentes, novos e extintos, por ano e por órgão judicial

Órgãos judicantes	Total de execuções fiscais não baixadas definitivamente em 31/12/2009	Total de execuções fiscais em tramitação em agosto de 2010	Execuções fiscais distribuídas no mês de agosto de 2010	Execuções fiscais baixadas do mês
Todos	23.589.591	24.046.316	1.436.540	980.879
Justiça Estadual	21.812.414	22.319.619	1.271.581	834.146
Justiça Federal Comum	1.683.693	1.633.562	150.988	133.325
Outros (eleitoral, trabalhista, militar e superior	93.484	93.135	13.971	13.408

Fonte: DW/PGFN. Data da extração 03/2016. Reproduzido do Relatório da Pesquisa *Dimensão Executiva da Macrovisão do Crédito Tributário*.

Na terceira parte do estudo, o grupo de pesquisadores da FGV apresentou as próprias propostas de alteração legislativa[204] e de ajustes das práticas administrativas/judiciárias que poderiam impactar positivamente na EF.[205] Elas podem ser resumidas nos itens seguintes:

a) Utilização dos Juizados Especiais para a cobrança de débitos dos Conselhos de Fiscalização de Profissões Liberais, limitando o rito da LEF aos créditos de natureza tributária;

---

[204] Além das hipóteses mencionadas, a proposta da FGV também incluía a previsão de submissão do pedido de redirecionamento da execução ao procedimento do incidente de desconsideração da personalidade jurídica, tanto em relação às hipóteses do art. 50 do Código Civil quanto dos arts. 133 a 137 do CTN. Essa tese, embora forte na doutrina, restou parcialmente vencida na jurisprudência do Superior Tribunal de Justiça, que entendeu serem as hipóteses do CTN formas autônomas de imposição da responsabilidade tributária, que não se confundem com a desconsideração da personalidade jurídica e, por isso, não estariam submetidas ao rito previsto no CPC. A esse respeito: "(...) V – Evidenciadas as situações previstas nos arts. 124, 133 e 135, todos do CTN, não se apresenta impositiva a instauração do incidente de desconsideração da personalidade jurídica, podendo o julgador determinar diretamente o redirecionamento da execução fiscal para responsabilizar a sociedade na sucessão empresarial. Seria contraditório afastar a instauração do incidente para atingir os sócios-administradores (art. 135, III, do CTN), mas exigi-la para mirar pessoas jurídicas que constituem grupos econômicos para blindar o patrimônio em comum, sendo que nas duas hipóteses há responsabilidade por atuação irregular, em descumprimento das obrigações tributárias, não havendo que se falar em desconsideração da personalidade jurídica, mas sim de imputação de responsabilidade tributária pessoal e direta pelo ilícito. VI – Recurso Especial parcialmente conhecido e, nesta parte, improvido" (REsp 1786311/PR, Rel. Ministro Francisco Falcão, Segunda Turma, julgado em 09/05/2019, DJe 14/05/2019).
[205] Cf. FGV, 2016, p. 12-14.

b) Aplicação de ofício pelo procurador atuante no processo das súmulas vinculantes e teses fixadas em repercussão geral e recursos repetitivos, e reconhecimento das causas extintivas do crédito, como decadência ou prescrição;
c) Reunião dos processos incidentes no mesmo juízo da execução fiscal;
d) Utilização da alienação por iniciativa particular e adjudicação como formas prioritárias em caso de bens penhorados;
e) Aplicação de rito processual mais célere para os tributos declarados pelo sujeito passivo;
f) Possibilidade de oposição de embargos à execução sem exigência de prévia garantia;
g) Instituição de critério legal de viabilidade econômica e de limite mínimo para a propositura de execução fiscal, levando em consideração o custo do processo;
h) Criação de um banco nacional de informações sobre contribuintes e seu patrimônio;
i) Alteração do CTN para incluir a inscrição em dívida ativa como causa de interrupção da prescrição.

Essas sugestões, aqui lançadas apenas com finalidade descritiva, serão analisadas de modo crítico-comparativo em relação às propostas do grupo da UFRGS e aos principais projetos de lei em trâmite no tópico final deste capítulo.

2.5 A execução fiscal segundo o CNJ

O Conselho Nacional de Justiça (CNJ) tem demonstrado preocupação com a macrolitigância fiscal, funcionando, inclusive, como instituição promotora de estudos e diagnósticos nessa área. Como já registrado anteriormente, o relatório do Ipea sobre o tempo e o custo do PEF foi realizado em cooperação com o CNJ e o estudo conduzido pela UFRGS decorreu de edital de seleção realizada pelo CNJ. O próprio Conselho publicou trabalho sobre o impacto da execução no Poder Judiciário para resumir as conclusões desses dois trabalhos. Além disso, anualmente, publica o relatório Justiça em Números, que fornece importantes dados estatísticos sobre a execução fiscal no país.

O monitoramento feito pelo CNJ permite análise, por exemplo, das séries históricas de diversos indicadores que ajudam a descrever o cenário da execução fiscal no país e, ainda que alguns indicadores apresentados nesses relatórios anuais demandem aproximação crítica, são fontes relevantes de informação para as escolhas públicas em relação à situação-problema da macrolitigância e da baixa eficiência da execução fiscal.

O relatório analítico de 2019 mostra que a execução fiscal tem a maior taxa de congestionamento (percentual dos processos extintos no ano em relação aos processos pendentes), consideradas as varas exclusivas estaduais por tipo de competência, conforme Gráfico 7 abaixo reproduzido.[206] Além disso, os números relatados pelo CNJ demonstram o que seria o impacto da execução fiscal na taxa de congestionamento geral, acrescida em 27% pela presença das execuções fiscais:[207]

GRÁFICO 7
Taxa de congestionamento nas varas exclusivas, por tipo de competência

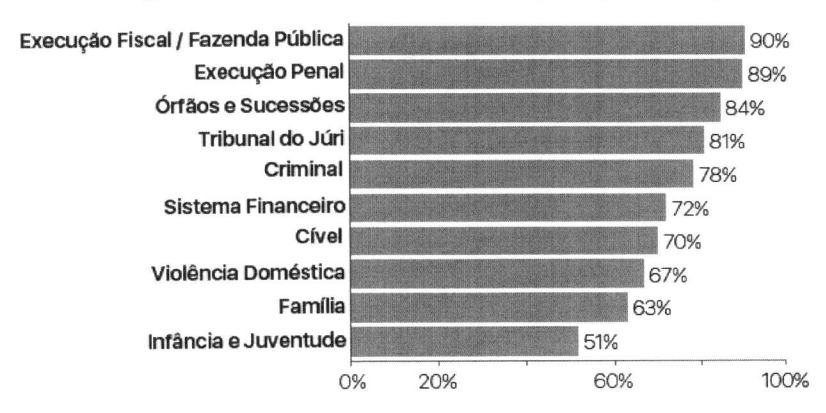

Competência	Taxa
Execução Fiscal / Fazenda Pública	90%
Execução Penal	89%
Órfãos e Sucessões	84%
Tribunal do Júri	81%
Criminal	78%
Sistema Financeiro	72%
Cível	70%
Violência Doméstica	67%
Família	63%
Infância e Juventude	51%

Fonte: Reproduzido do relatório Justiça em Números 2019, do CNJ.

---

[206] CNJ – Conselho Nacional de Justiça. *Justiça em Números 2019*: ano-base 2018. Brasília: CNJ, 2019. Disponível em: https://www.cnj.jus.br/pesquisas-judiciarias/justica-em-numeros/. Acesso em: 11 dez. 2019. p. 166.
[207] CNJ, 2019, p. 133.

GRÁFICO 8
Série histórica do impacto da execução fiscal na taxa de congestionamento total

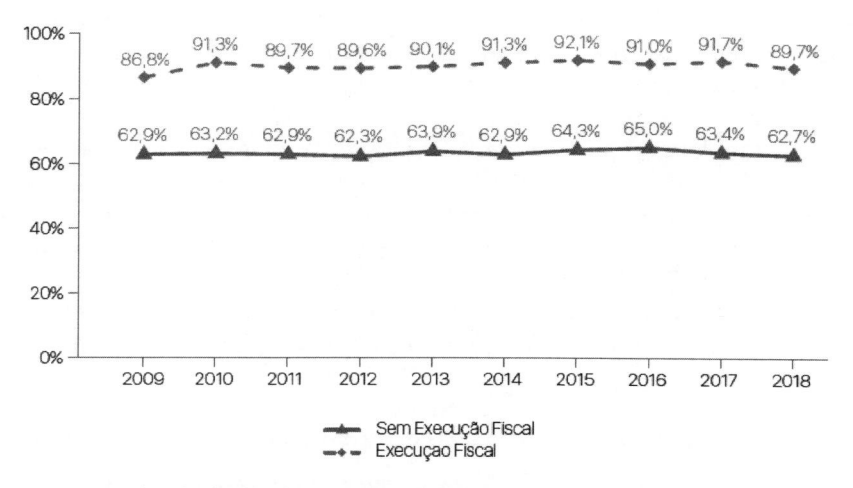

Ano	Sem Execução Fiscal	Execução Fiscal
2009	62,9%	86,8%
2010	63,2%	91,3%
2011	62,9%	89,7%
2012	62,3%	89,6%
2013	63,9%	90,1%
2014	62,9%	91,3%
2015	64,3%	92,1%
2016	65,0%	91,0%
2017	63,4%	91,7%
2018	62,7%	89,7%

Fonte: reproduzido do relatório Justiça em Números 2019, do CNJ.

A série histórica apresentada acima tem início justamente no ano do estudo do Ipea e mostra que o cenário indicado pelo instituto, em 2011, não se alterou significativamente em relação ao tempo de espera dos processos de execução, os chamados "tempos mortos". O CNJ concluiu que, em varas especializadas ou não em execução fiscal, a taxa de congestionamento nessa matéria permanece próxima a 90%.[208] Esse percentual passa a ter grande relevância quando se considera que as execuções fiscais representam 39% do total de todos os processos pendentes e 73% das execuções do Poder Judiciário, o que importaria no impacto descrito no Gráfico 10, reproduzido abaixo. Além disso, a taxa de congestionamento da execução fiscal é alta nos diversos tribunais de justiça, como aponta o gráfico abaixo:

---

[208] CNJ, 2019, p. 166.

GRÁFICO 9
Percentual de processos de execução fiscal que tramitam em varas exclusivas, segundo tribunal

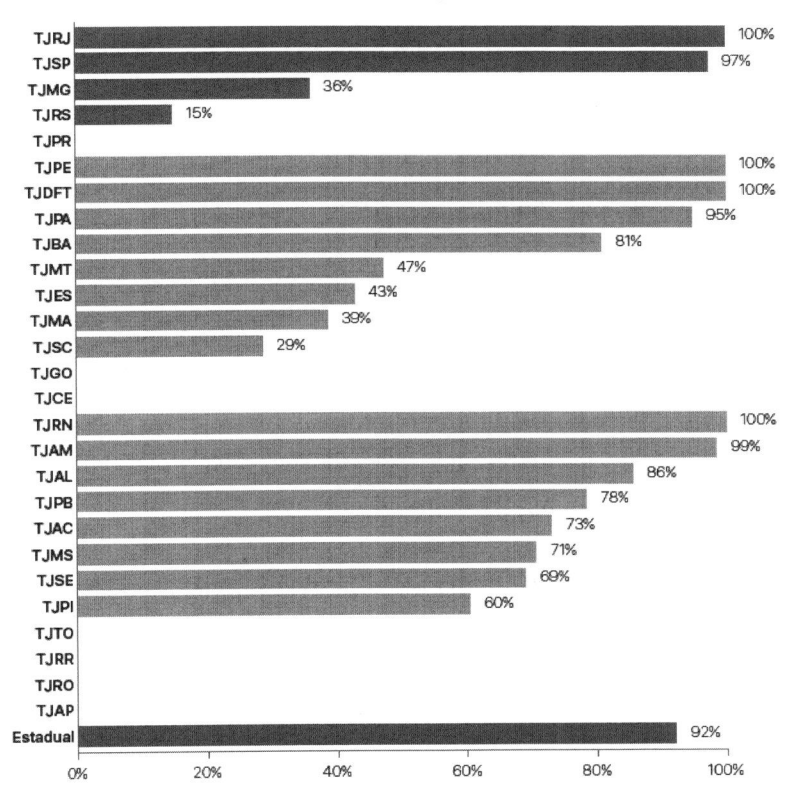

Tribunal	Percentual
TJRJ	100%
TJSP	97%
TJMG	36%
TJRS	15%
TJPR	
TJPE	100%
TJDFT	100%
TJPA	95%
TJBA	81%
TJMT	47%
TJES	43%
TJMA	39%
TJSC	29%
TJGO	
TJCE	
TJRN	100%
TJAM	99%
TJAL	86%
TJPB	78%
TJAC	73%
TJMS	71%
TJSE	69%
TJPI	60%
TJTO	
TJRR	
TJRO	
TJAP	
Estadual	92%

Fonte: reproduzido do relatório Justiça em Números 2019, do CNJ

Como visto, 92,1% das execuções fiscais pendentes estão em varas especializadas. Esse dado é relevante, primeiro, para reforçar a análise feita anteriormente sobre a limitação do impacto do congestionamento dos temas de execução fiscal apenas no tempo de tramitação de outros processos de mesma natureza; ou seja, que o impacto da execução da taxa de congestionamento na taxa total pode estar superdimensionado. Segundo, essa proporção de processos em varas especializadas indica que a especialização tampouco produziu o resultado esperado na tramitação célere desses processos, confirmando a hipótese lançada pelo Ipea,[209] já que a taxa de congestionamento permanece alta também nessas varas, conforme o Gráfico 10, abaixo:

GRÁFICO 10
Taxa de congestionamento das varas exclusivas de execução fiscal ou Fazenda Pública por tribunal

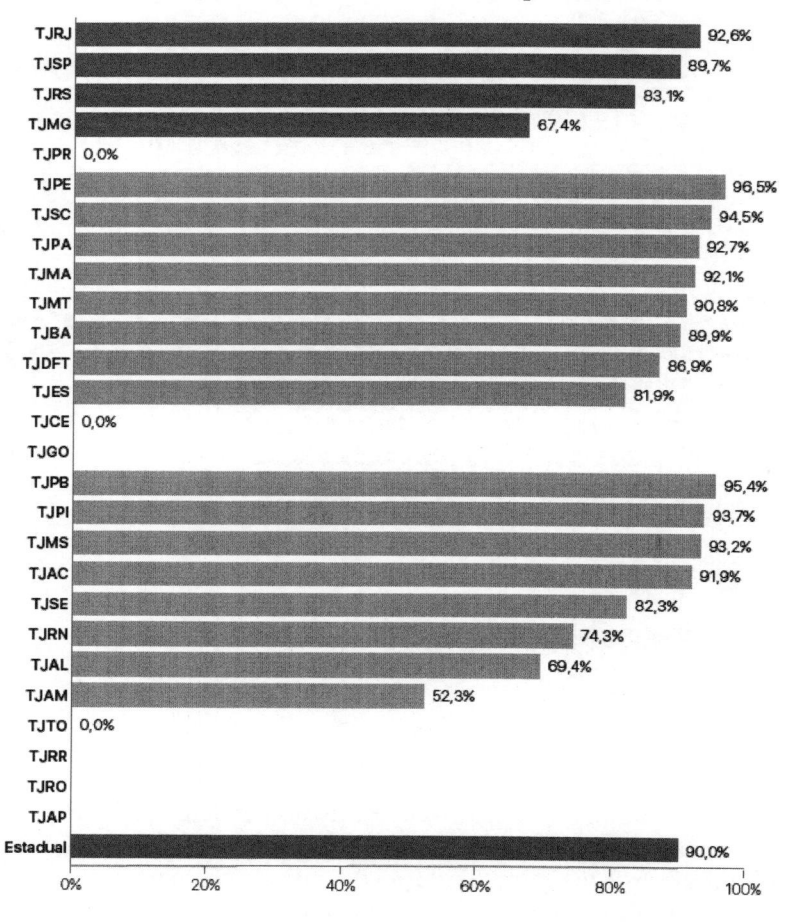

Tribunal	Taxa
TJRJ	92,6%
TJSP	89,7%
TJRS	83,1%
TJMG	67,4%
TJPR	0,0%
TJPE	96,5%
TJSC	94,5%
TJPA	92,7%
TJMA	92,1%
TJMT	90,8%
TJBA	89,9%
TJDFT	86,9%
TJES	81,9%
TJCE	0,0%
TJGO	
TJPB	95,4%
TJPI	93,7%
TJMS	93,2%
TJAC	91,9%
TJSE	82,3%
TJRN	74,3%
TJAL	69,4%
TJAM	52,3%
TJTO	0,0%
TJRR	
TJRO	
TJAP	
Estadual	90,0%

Fonte: Reproduzido do relatório Justiça em Números 2019, do CNJ.

---

[209] IPEA, 2011a.

Além disso, o CNJ registra que o tempo de giro da execução fiscal no país é de 8 anos e 8 meses,[210] ou seja, esse seria o tempo necessário para baixa de todos os processos pendentes, ainda que não houvesse o ingresso de novos casos. Tanto na Justiça Federal quanto na Estadual,[211] o número de casos novos tem sido, na média, inferior ao número de processos baixados,[212] indicando que a taxa de congestionamento apresentou redução nos últimos anos, mas, em relação à fase de execução, as curvas permanecem praticamente paralelas, com sutil redução em 2018. Isso serve para dizer que existem mais dificuldades em dar efetividade ao Direito do que em garantir o seu acertamento na fase de conhecimento, bem como que a maior parte dos processos pendentes está em fase executiva, embora ingressem duas vezes mais processos de conhecimento, conforme Gráficos 11 e 12,[213] reproduzidos a seguir:

GRÁFICO 11
Série histórica dos casos novos e baixados nas fases
de conhecimento e execução no país

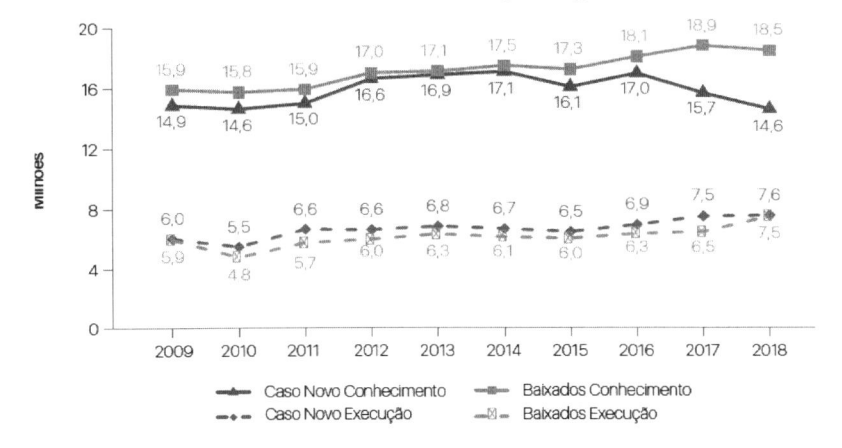

Fonte: Reproduzido do relatório Justiça em Números 2019, do CNJ.

---

[210] CNJ, 2019, p. 132.
[211] Esse é outro ponto que o Ipea já havia antecipado dez anos antes: a inexistência de variação significativa do tempo de tramitação ou do motivo de extinção do processo por pagamento em relação a processos que tiveram tramitação parcial na justiça estadual.
[212] CNJ, 2019, p. 82.
[213] CNJ, 2019, p. 127.

GRÁFICO 12
Série histórica dos casos pendentes nas fases de conhecimento e execução no país

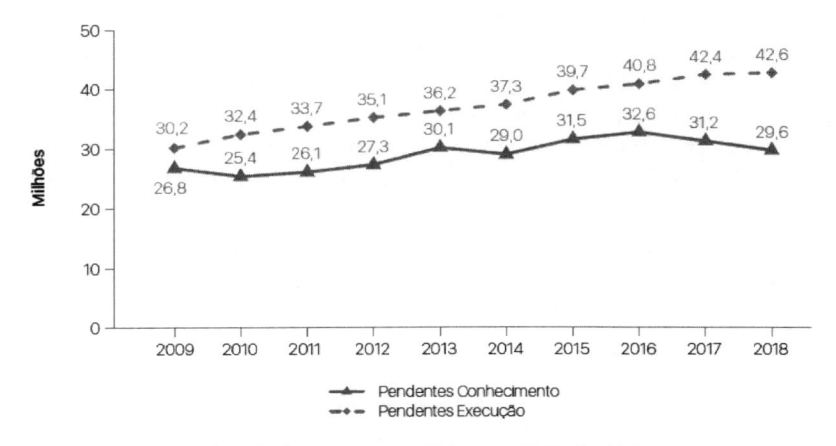

[Gráfico de linhas mostrando, em milhões, de 2009 a 2018:
- Pendentes Conhecimento: 26,8; 25,4; 26,1; 27,3; 30,1; 29,0; 31,5; 32,6; 31,2; 29,6
- Pendentes Execução: 30,2; 32,4; 33,7; 35,1; 36,2; 37,3; 39,7; 40,8; 42,4; 42,6]

Fonte: Reproduzido do relatório Justiça em Números 2019, do CNJ

O tempo de duração total dos processos de execução fiscal apontado nesses relatórios também é elemento importante para a compreensão das repercussões fáticas das teses firmadas no acórdão do Superior Tribunal de Justiça sobre a prescrição intercorrente na execução fiscal, pois, segundo o CNJ,[214] somente no primeiro grau, na Justiça Estadual, o tempo total até a baixa era de 8 anos e 5 meses e, na Justiça Federal, de 6 anos e 11 meses, no ano de 2018. Ademais, quanto aos pendentes na Justiça Estadual, a média era de 7 anos, e, na Federal, de 8 anos.

Importante registrar, nesse ponto, que a amostra analisada pelo Ipea, referente aos processos que tiveram trâmite na Justiça Federal nos anos de 2009 e 2010, havia indicado, há quase uma década, que o tempo de tramitação era de 8 anos, 2 meses e 9 dias.[215] Isso, além de confirmar a metodologia aplicada na referida pesquisa, demonstra a manutenção do mesmo cenário de macrolitigância ineficiente, apesar das informações disponíveis em estudos de referência, que deveriam informar decisões públicas de alteração da situação-problema, tanto em âmbito jurídico-institucional quanto de práticas administrativas e judiciárias.

---

[214] CNJ, 2019, p. 42-43.
[215] IPEA, 2011a.

Aliás, isso já foi percebido pelo CNJ, que editou a Portaria nº 76, de 16 de maio de 2019, pela qual foi instituído um grupo de trabalho formado por magistrados e representantes jurídicos das fazendas públicas, para proposição de medidas e construção de fluxos automatizados no Processo Judicial Eletrônico (PJe), com o objetivo de otimizar a cobrança judicial dos créditos das dívidas, reduzir custos e aumentar a efetividade dos processos. Esse grupo também estava responsável pela formulação de propostas normativas para ajustes no arranjo jurídico nacional.

Em um desses projetos, denominado "Resolve Execução Fiscal – Automação e Governança", foi apresentada uma série de diagnósticos que reafirmavam conclusões lançadas nos estudos analisados nas seções anteriores, como a constatação de que o processo de execução fiscal apresentava, principalmente, a repetição de etapas e providências destinadas à localização dos devedores e de seus bens sem resultado útil para a recuperação do crédito, e também a percepção de falta de seleção, pelas fazendas credoras, de créditos e devedores recuperáveis para ajuizamento. Além disso, os membros do grupo citaram outros aspectos importantes sobre o cenário da jurisdição em execução fiscal no País: a) é comum que as varas especializadas em execução fiscal nas diversas unidades possuam grandes equipes e alto volume de processos para análise, funcionando com força de trabalho equivalente a várias varas de outras competências; b) há fluxos de trabalhos muito diferentes entre as diversas varas especializadas, nos diferentes níveis de jurisdição e nos diversos tribunais; e, c) há uma disparidade de procedimentos entre as várias fazendas públicas estaduais e municipais, bem como de acesso a informações a respeito de seus créditos e dos devedores.[216]

Diante disso, o grupo propôs a adoção de técnicas de automação das atividades, especialmente a digitalização de processos; o uso de robôs, de inteligência artificial e de fluxos automatizados; a criação de um sistema de bloqueio online de imóveis de âmbito nacional, nos moldes do sistema BacenJud. Essas medidas foram organizadas nos seguintes eixos: gerais; governança; cooperação; sistemas de pesquisas e constrição de bens; melhorias no processo judicial eletrônico (PJe); e propostas legislativas. Entre os eixos gerais estariam as seguintes medidas propositivas: aumentar a atividade colaborativa e reduzir as atividades do Poder Judiciário; a instrução e a classificação prévia de

---

[216] CNJ – Conselho Nacional de Justiça. *Execução fiscal* – automação e governança (2020). Disponível em: https://www.cnj.jus.br/programas-e-acoes/programa-resolve/execucao-fiscal/. Acesso em: 26 ago. 2020.

créditos e a instituição de regimes diferenciados de cobranças a partir dos perfis identificados; e a maximização e a automação dos fluxos de tramitação processual, para permitir o acompanhamento estatístico dos eventos que neles interferem.[217]

Por sua vez, entre as medidas de governança, indicaram a reorganização judiciária, mediante processamento centralizado dessas ações, tratamento diferenciado de pequenos devedores e redistribuição de pessoal de acordo com o volume da demanda.[218] Para os atos de cooperação, elencaram, em síntese: a utilização de comunicação eletrônica; o compartilhamento entre as Fazendas Públicas e o Poder Judiciário de informações sobre devedores e créditos da dívida e a colaboração das respectivas redes de inteligência; a desjudicialização das cobranças; a celebração de ajustes com instituições científicas para desenvolvimento de softwares de gestão processual; a adoção de providências de instrução prévia sobre a situação patrimonial do devedor.[219]

Em relação às medidas dirigidas aos sistemas de pesquisas patrimoniais, o grupo de trabalho apontou a necessidade de criação de bancos de dados nacionais de penhora e sistemas eletrônicos de constrição e de avaliação perante instituições responsáveis por registros públicos, especialmente os cartórios de registros de imóveis e as instituições financeiras, dispensando-se a realização de atos de constrição e de avaliação e de comunicação desses atos pelos oficiais de justiça, substituindo-os pela comunicação a ser efetivada por essas instituições; ampliar a penhora de recursos financeiros para atingir recebíveis em operadoras de cartão de crédito e a cooperação jurídica internacional para alcançar patrimônio no exterior.[220]

No que diz respeito às melhorias no processo judicial eletrônico, destacam-se as medidas de automação de processamento e de comunicação com os sistemas das Fazendas credoras; de processamento em lote e de estabelecimento de fluxos padronizados; de simplificação e redução de rotinas de gestão do processo; de reunião de processos contra o mesmo devedor; de regime diferenciado para grandes devedores; e de consolidação das informações sobre o resultado do processo, tais como

---

[217] CNJ, 2020.
[218] CNJ, 2020, p. 9.
[219] CNJ, 2020, p. 9-10.
[220] CNJ, 2020, p. 10-11.

a situação atual da dívida, o percentual de recebimento, as prescrições ocorridas e os valores de garantias.[221]

Portanto, a atuação proposta pelo Grupo de Trabalho do CNJ tem olhar para a macrolitigância, isto é, para a formatação de práticas judiciárias capazes de permitir uma atuação estratégica em escala, por meio da gestão em massa desses processos, com uso, tanto quanto possível, da automação de rotinas que reduzam o tempo dedicado à realização de atividades meramente ordinatórias. Além disso, as recomendações desse grupo têm como foco também a formação de dados para a seleção de casos para ajuizamento e de tratamento dos casos ajuizados a partir de critérios de viabilidade de sua recuperação. A gestão judiciária adequada dos processos de execução poderia, com isso, ser resumida em gestão **massificada, informada** e **seletiva**.

Na tentativa de tornar essas práticas vinculantes para as diversas Fazendas, as propostas legislativas defendidas envolvem a aprovação de regras nacionais que imponham o regime diferenciado de cobrança, que restrinjam a via recursal por valor da alçada e que permitam a citação eletrônica e a extinção de processos pelo parcelamento da dívida.

Essas medidas, contudo, merecem comentários mais cuidadosos e são abordadas na seção sobre as propostas de alteração do arranjo normativo nacional, juntamente àquelas sugeridas pela UFRGS e FGV.

2.6 Síntese *a priori*: aproximação crítica da literatura revisada para uma análise da situação-problema da ineficiência da execução fiscal do estado de Goiás

Como já advertimos, a revisão de literatura considerou estudos que partiram de metodologias diversas para a compreensão do fenômeno da ineficiência da execução fiscal, aqui definida como uma situação-problema. Assim, o estudo do Ipea e o da Advocacia-Geral do estado de Minas Gerais utilizaram a estatística descritiva e inferencial, ao passo que o grupo da FGV e da UFRGS, além da estatística descritiva, realizaram pesquisa qualitativa, com utilização de entrevistas semiestruturadas, e a UFRGS também realizou uma análise dogmática do Direito comparado sobre os ritos processuais administrativo e judicial do processo tributário.

---

[221] CNJ, 2020, p. 11-13.

Essas metodologias permitiram obter resultados que podem ser considerados a partir de perspectivas igualmente variadas. Assim, por exemplo, os estudos estatísticos permitiram a identificação de variáveis estatísticas que podem ser apontadas como associadas ao tempo de duração do processo, ao seu custo, à ocorrência ou não de pagamento, e que podem ser utilizadas para identificar as características presentes nos créditos da dívida e nos processos de execução fiscal para permitir a atuação seletiva.

Essas informações podem ser assimiladas pela caixa de ferramentas do Direito, para alimentar sua dogmática com informações técnicas úteis à tomada de decisão sobre o instrumento jurídico, isto é, o meio adequado aos diversos perfis de créditos e credores da dívida ativa, influenciando uma ação estratégica de escala ampla na execução fiscal, que implicaria, entre outros aspectos, a seletividade da utilização desse meio processual como alternativa ao modelo atual. Com recurso à terminologia proposta pelo quadro de problemas, essas informações técnicas serviriam à formulação de proposta alternativa vinda das **correntes de soluções**, que expressariam um alinhamento interno dessa corrente sobre características repetidamente percebidas da execução fiscal.

Além disso, a partir do levantamento das propostas legislativas em curso, apresentados no estudo da FGV e no da UFRGS, é possível discutir a situação da formação da agenda política considerando-se a arena do Congresso Nacional, a atuação dos protagonistas dessa arena institucional e, ainda, a arena de discussão no âmbito do Poder Judiciário, especialmente do Supremo Tribunal Federal, sob a vertente do controle.[222]

---

[222] Segundo Bucci, "[d]a vasta produção de pesquisas e estudos em Direito e Políticas Públicas, podem ser identificadas algumas **vertentes** mais promissoras. Essas vertentes, que não excluem, mas complementam os esquemas acima referidos, levam em conta as comunidades epistêmicas, isto é, os pesquisadores e operadores do Direito mais diretamente interessados em uma gama determinada de problemas, que no âmbito da prática jurídica configuram a chamada 'comunidade dogmática' (CALSAMIGLIA, 1990, p. 78)". Essas vertentes formariam uma matriz de métodos, que apesar da variedade de ângulos de visão sobre as políticas públicas, reuniria o aprendizado útil à abordagem DPP, sendo que a **vertente do controle** "se baseia na fiscalização do exercício de responsabilidades legais e procedimentos devidos, o que influi direta ou indiretamente sobre a implementação e avaliação de políticas públicas. O controle se dá mediante iniciativas e decisões do Poder Judiciário, Ministério Público, Defensoria Pública, Advocacia Pública, além de órgãos como Tribunais de Contas, controladorias e afins. Nos últimos anos, na prática se constituiu uma comunidade profissional e epistêmica própria, em torno do tema do controle" (BUCCI, 2019, p. 818-822).

Assim, para permitir a interlocução de textos que apresentam metodologias diversas, faremos a divisa de abordagem entre:

a) as premissas técnicas – extraídas dos pontos de intersecção dos relatórios de pesquisa mostrados nas sessões anteriores – servirão de orientação para a análise de variáveis estatísticas sobre a dívida ativa do estado de Goiás em execução, aplicando-se, também, ferramentas estatísticas para a compreensão das características da dívida ativa estadual;

b) a análise da viabilidade das alterações fundamentais na base nacional do arranjo normativo da execução fiscal, constantes nas propostas de alteração legislativa apresentadas ao Congresso Nacional, concorrendo para a solução da situação-problema da ineficiência da execução fiscal, considerando-se, nessa avaliação, a perspectiva do comportamento dos atores governamentais e não governamentais envolvidos no processo legislativo e dos padrões decisórios já institucionalizados na jurisprudência do Supremo Tribunal Federal e do Superior Tribunal de Justiça.

A aproximação com o estado da arte retratado nos estudos sintetizados nos tópicos anteriores se dará a partir de uma perspectiva crítica, expondo os pontos de concordância e discordância entre os textos e também os elementos que poderiam ser considerados nas análises, com ganhos de compreensão do fenômeno da baixa eficiência da execução fiscal.

2.6.1 A construção das premissas de análise

O primeiro diagnóstico relevante do estudo do Ipea, aplicável não somente à análise de eficiência da execução fiscal, mas à construção de análises cientificamente organizadas sobre os sistemas de justiça em sentido amplo, é "a dificuldade não apenas de mensurar os benefícios gerados, mas também de identificar todos os elementos de custo e de atribuir-lhes valores monetários com alguma precisão",[223] especialmente quando os dados disponíveis não formam uma base originalmente concebida com a finalidade de permitir essa análise. Por isso, o estudo do Ipea afirma a importância, inclusive, do recorte temático por áreas ou tipos de prestação jurisdicional, evitando-se referência às despesas

---
[223] IPEA, 2011a, p. 8.

totais e ao volume total de produção de decisões, a fim de "permitir a visualização mais nítida da distribuição proporcional da despesa da Justiça segundo os tipos de conflitos, possibilitando identificar aqueles que estão sobre ou sub-representados no total".[224]

Uma estimativa de custo mais próxima à realidade incluiria o detalhamento da execução orçamentária limitada aos gastos com as varas especializadas, mas essa é uma métrica difícil de obter, primeiro, pela falta de detalhamento dos documentos orçamentários dos tribunais, segundo, porque a especialização em primeira instância não se repete nas instâncias superiores. Isso conduziria à necessidade de realizar o estudo do tempo de duração total e do tempo de execução das atividades também nesses níveis. De igual modo, não há viabilidade de realizar esse estudo em um trabalho monográfico como o presente, razão de se adotar os resultados obtidos pelo Ipea quanto ao custo do processo de execução fiscal, com acréscimos e ressalvas metodológicas, apresentadas a seguir.

O custo indicado no estudo do Ipea representa o custo orçamentário do procedimento para o Poder Judiciário apenas. Portanto, é uma métrica que, sem atingir a avaliação total do fenômeno da prestação da atividade jurisdicional, mostra-se útil para a compreensão de um relevante aspecto desse fenômeno, tendo em vista que a demanda trazida ao Poder Judiciário tem sido crescente e os recursos orçamentários – e isso é lugar comum – são finitos e destinados a múltiplas e infinitas necessidades humanas, em uma sociedade hipercomplexa. Daí porque, apesar das várias críticas possíveis a afirmações feitas no relatório para justificar a importância do custo como categoria de análise, como, por exemplo, a premissa de que a "a ideia de justiça resulta da regularidade formal do processo (meio) e não do conteúdo da decisão gerada (fim)",[225] a validade das conclusões do Ipea são impactantes em ao menos dois aspectos relevantes: a) detalhamento dos custos das atividades desenvolvidas no processo por servidores e magistrados, para a escolha de melhores soluções alocativas de recursos; b) fornecimento de um parâmetro inicial de custo unitário e de percentual de recuperação para decisão da Fazenda Pública sobre ajuizamento e extinção de execuções fiscais frente à relação de custo-benefício.

Esse parâmetro precisa ser complementado por outros custos, pois o relatório Ipea, inclusive pelo contexto institucional de realização

---

[224] IPEA, 2011a, p. 9.
[225] IPEA, 2011a, p. 10.

do estudo – isto é, por ser produto de uma cooperação técnica e fornecer diagnósticos ao CNJ –, apresenta uma perspectiva do custo da prestação jurisdicional. Há, contudo, outras perspectivas possíveis, a partir de outras instituições envolvidas no sistema de justiça e, especialmente no caso da execução fiscal, das partes envolvidas em litígio. É que o Estado, como o responsável pela prestação da jurisdição que internaliza os custos públicos de todo o processo, é também beneficiário do seu resultado econômico, considerando-se a arrecadação obtida pelo processo de execução fiscal. Daí porque a análise do custo-benefício importa em considerar os custos amplos do processo e não apenas o custo orçamentário do Poder Judiciário.

Assim, para a orientação da decisão pública na gestão dos créditos, a Fazenda Pública precisa ter em conta os custos das suas próprias atividades e, ainda, das atividades executadas pelo Poder Judiciário, na medida em que, embora as fontes orçamentárias dos recursos destinados a custear cada uma dela não sejam coincidentes, tem por origem última os cofres do tesouro.

Um estudo que teve essa preocupação foi publicado por Reinaldo Morais *et al.* sobre o custo médio de cobrança de uma execução fiscal em Minas Gerais.[226] Contudo, nessa pesquisa o custo considerado foi o orçamentário e não houve, como já alertava o Ipea, preocupação em tratar de forma diferenciada o custo do processo de execução fiscal, pois o valor médio foi obtido pela divisão do orçamento executado no TJMG e na AGEMG pelo número total de processos em curso no ano de 2007, desconsiderando-se a natureza de cada um.

Não obstante isso, é importante anotar que, quando se considera o custo orçamentário do processo de execução fiscal no Poder Judiciário, os valores encontrados pelo Ipea (R$ 4.723,08) e pela AGEMG (R$ 5.920,00), sem o desconto de custas, mostraram-se muito próximos, embora o primeiro considerasse os processos de execução de créditos da União.

Além disso, foram também corroborados por esses dois estudos os dados relativos ao tempo de duração dos processos de execução. Isso pode ser confirmado, por exemplo, quando se consideram os números apresentados pelo CNJ, que levam em conta toda a população de processos ou, ao menos, uma quantidade próxima a isso, mesmo com os eventuais erros de registro, transmissão e tratamento dos dados dos

---

[226] MORAIS, Reinaldo Carvalho *et al.* Pagando para receber? Subsídios para uma política de cobrança da dívida ativa no setor público: resultados de pesquisa sobre o custo médio de cobrança de uma execução fiscal em Minas Gerais. *Revista Jurídica da Advocacia-Geral do Estado de Minas Gerais*, n. 1-2, p. 65-93, jan./dez., 2008.

diversos órgãos judiciários consolidados pelo CNJ. Isso porque, quase 10 anos depois da pesquisa do Ipea, os processos de execução fiscal em curso tanto na Justiça Federal quanto na Justiça Estadual estavam próximos à média de 8 anos observada pelo instituto com base na amostra de casos encerrados em 2009 e 2010.[227] Por sua vez, o estudo da AGEMG, embora executado unicamente numa amostra estadual, indicou que mais de 70% dos processos tinham a probabilidade de durar mais de 8 anos. Desse modo, é possível afirmar que há uma tendência de permanência do tempo de duração médio de processos de execução fiscal, tanto em âmbito federal como estadual. Ademais, as médias nacionais indicadas pelo CNJ estão próximas às probabilidades de duração observadas em cada um desses âmbitos da Federação, ainda que obtidas com o uso de metodologias diferentes e em recortes especiais temporais igualmente diversos.

Ademais, é preciso considerar que não há evidências de que o aumento da produtividade – se compreendida como capacidade de extinguir mais processos de execução fiscal – represente incremento no resultado esperado pelo credor, qual seja, o recebimento do crédito. Por isso, embora a duração do processo represente uma variável que influencia no custo, sob a perspectiva, especialmente, da análise do custo das atividades proposta pelo Ipea, esses custos estarão presentes tanto nas persecuções exitosas como nas frustradas, tendo essas últimas duração significativamente maior, segundo o Ipea. Por isso, é preciso entender quais créditos têm características associadas ao fenômeno da ocorrência, ou não, do recebimento do crédito.

Além disso, as medidas adotadas até o momento tiveram pouco impacto no aumento da eficiência. Para o Ipea, não foi observada, na amostra de 2009/2010, associação significativa entre a menor arrecadação ou a maior duração do processo em razão de: a) especialização das varas de execução fiscal e de digitalização/virtualização de processos; b) uso ou não de ferramentas como o BacenJud; c) aumento da mão de obra, reduzindo-se o número de processos por servidor/magistrado; d) tramitação dos processos em varas estaduais ou federais.[228]

Algumas previsões do Ipea acabaram por se confirmar nos anos seguintes, inclusive o fato de que a virtualização dos processos

---

[227] IPEA, 2011a.
[228] A análise da tramitação dos processos em varas estaduais considerou a competência delegada dos juízes estaduais para processamento da execução fiscal em municípios não cobertos por seção, subseção ou vara federal. Essa previsão estava contida no art. 15, I, da Lei Federal nº 5.010, de 30 de maio de 1966, que foi revogado pela Lei nº 13.043, de 2014.

e a especialização das varas, ocorridas até 2019 – pois os processos de execução fiscal eram quase totalmente físicos (98,7%) no ano de 2009, segundo a amostra selecionada pelo Ipea – não ocasionariam o esperado resultado de incremento de celeridade e de arrecadação, sem a mudança da cultura organizacional dos sistemas de justiça. De fato, mesmo com a inversão dessa situação na última década, já que, atualmente, a maior parte dos processos de execução fiscal está virtualizada e as varas especializadas,[229] o tempo de tramitação total não foi tão significativamente impactado por essas mudanças, nem a eficiência da execução, quanto à ocorrência da recuperação do crédito.

Essas alternativas de política continuam a ser adotadas sem que delas decorram as circunstâncias propagadas, como as razões para sua escolha: celeridade e eficiência processuais. Pouco se cogita, contudo, que a especialização das varas tenha servido mais a uma política judiciária de alocação de recursos do que a uma resposta à ineficiência e à morosidade dos processos de execução fiscal. Isso porque, nas varas especializadas, o congestionamento da execução fiscal impacta exclusivamente na capacidade de resposta judiciária a outros processos de mesma natureza. Por outro lado, nas varas mistas, magistrados e servidores precisam dividir os recursos humanos, materiais e financeiros entre vários temas, de modo a ser possível, em tese, que, a depender da quantidade de processos de execução fiscal, outras matérias, que não gozem de preferência legal, possam sofrer acréscimos no tempo de resposta do órgão judicial.

Desse modo, ao especializar a competência para julgamento da execução fiscal, abrem-se duas consequências, planejadas ou não: a) possibilidade de controle da alocação de recursos do Poder Judiciário em

---

[229] Essa hipótese já era considerada pelo Ipea, como é possível constatar da passagem seguinte: "Ao lado da especialização, a informatização é usualmente apontada como um instrumento eficaz para a melhoria do desempenho do Poder Judiciário. Neste estudo, não houve qualquer variação significativa de desempenho entre as varas de autos físicos, digitais ou virtuais (variável 3). Este resultado pode ser consequência da baixa presença de autos digitais e virtuais na amostra, o que torna as estimativas instáveis. Todavia, não se deve desprezar a possibilidade de que a informatização realmente não esteja exercendo qualquer impacto positivo sobre o processamento das ações. Nas observações realizadas em campo ao longo deste estudo, ficou claro que a digitalização e a virtualização não estão sendo precedidas de mudanças organizacionais, nem de treinamento adequado. Dessa forma, o avanço da informatização apenas altera o suporte dos autos processuais, que deixa de ser físico e passa a ser virtual, reproduzindo as práticas do processamento em papel nos procedimentos digitais, sem qualquer resultado em termos de melhoria do desempenho. Contudo, apenas um estudo qualitativo específico sobre a virtualização poderia indicar mais precisamente qual destas hipóteses é a verdadeira" (cf. IPEA, 2011a, p. 30).

resposta às demandas de execução fiscal, por meio do dimensionamento de pessoal e de recursos físicos e financeiros; b) redução do impacto do congestionamento da execução fiscal em outros temas. A segunda consequência depende, porém, da presunção de que, em varas mistas, todos os temas recebam atenção dos servidores e magistrados, isto é, que sejam concretamente executadas as tarefas necessárias nos processos de execução fiscal (tempo médio empregado), ocupando, por isso, o tempo de mão de obra que poderia ser dedicado a outros temas. No entanto, o Ipea revelou, apesar de concluir que o tempo total de tramitação não era significativamente diferente em varas mistas ou especializadas, que a maior parte desse tempo decorria da espera de adoção da tarefa (tempos mortos), pois o tempo total do processo era de 8 anos, 2 meses e 9 dias e o tempo médio empregado na execução de todas as tarefas era de 10 horas e 46 minutos.[230]

Em outros termos, em razão do ajuizamento não seletivo de execuções fiscais, o estoque permanecia crescente e, por isso, os processos aguardavam longos períodos à espera da execução de tarefas a cargo dos servidores e magistrados, tanto em varas mistas quanto nas especializadas.

Outro ponto importante a ser observado no relatório do grupo de pesquisa do Ipea diz respeito à distribuição dos casos segundo o valor recebido em cada um. Os dados sobre esse elemento de análise não são totalmente confiáveis, tendo em vista serem colhidos apenas dos processos judiciais da amostra, sem acesso, portanto, aos sistemas da dívida. Ainda, nem todos os processos tinham a informação do valor efetivamente pago pelo devedor, já que esse valor pode ser influenciado tanto pelo acolhimento das defesas apresentadas no processo quanto pela adesão a programas de parcelamentos e anistias, como o Ipea advertiu. Assim, não é possível verificar se a ocorrência de recuperação em 45% dos casos analisados, incluindo-se a participação dos programas de parcelamento e anistia (36,3% desses pagamentos), faz alguma distinção sobre faixa de valores dos créditos recebidos e características associadas ao crédito, como perfil econômico do devedor. Tampouco se sabe se essas informações colhidas da amostra, pela dificuldade de acesso narrada, refletem as características de toda a população dos processos. Isto é, não é possível afirmar, com segurança, em que faixas se concentram os recebimentos e os respectivos valores, nem se resultaram de grandes ou pequenos devedores.

---

[230] IPEA, 2011a.

O referido relatório apenas mostrou as medidas centrais dos processos finalizados que trazem alguma informação a esse respeito. Desse modo, a mediana observada foi de R$ 3.154,39, para a PGFN, e de R$ 705,67, para os conselhos de fiscalização das profissões, bem como "a arrecadação média de R$ 9.960,48 em principal e R$ 37,69 em custas judiciais (para uma mediana de zero)". Esse valor seria elevado para R$ 23.751,18, quando considerados só os processos em que a extinção do crédito se deu por meio de pagamentos, além de custas judiciais de R$ 100,83 (mediana de R$ 1.942,05 em principal e R$ 10,64 em custas judiciais)[231] (IPEA, 2011b, p. 21). Nesses casos em que a amostra pode reunir valores muitos díspares, as medianas são mais relevantes do que o valor médio, na medida em que representam a faixa de maior concentração de casos. No estudo do Ipea, essa faixa de valor confirma a baixa recuperação com o processo executivo, abaixo do custo do processo indicado no mesmo estudo, como tinha sido apontado, no âmbito do estado de Minas Gerais, pela AGEMG.

Há outra questão a permitir algumas considerações a respeito da conclusão lançada: o relatório do Ipea afirmou que os processos nos quais a PGFN é exequente possuem maior probabilidade de baixa pelo pagamento,[232] mas não aponta quais práticas administrativas ou jurídicas estariam associadas a essa diferença observada. A questão poderia, todavia, ser explicada de forma mais consistente por outro teste feito pelo instituto: a correlação entre o valor da causa e a ocorrência do pagamento, que demonstrou correlação negativa e significativa entre o valor da causa e o tempo médio de tramitação e correlação positiva entre aquele valor e a probabilidade de pagamento. Isso significa que, quanto maior o valor da causa, menor é o tempo de tramitação e maiores as chances de receber o crédito. A PGFN executa os créditos tributários representativos dos maiores valores das execuções fiscais federais, daí porque a PGFN se apresenta, nesse estudo, como o exequente com maior frequência de êxito, inclusive em relação à Procuradoria-Geral Federal (PGF), que também compõe a Advocacia-Geral da União (AGU).

Assim, como síntese, *a priori* da revisão de literatura, consideram-se as seguintes associações entre variáveis testadas em estudos anteriores e confirmadas em análises feitas por diferentes grupos de estudos, vinculados a diferentes instituições, para orientar o estudo do cenário do estado de Goiás:

---

[231] IPEA, 2011b, p. 21.
[232] IPEA, 2011a, p. 32.

O custo do processo varia em relação ao tempo de sua duração;

O custo orçamentário do processo inclui, ao menos, o custo da atividade judiciária e, também, o da atividade do órgão jurídico de representação da Fazenda Pública;

O processo de execução fiscal tem baixa probabilidade média de alcançar fases de constrição e de alienação de bens, resultando nos poucos casos em que o recebimento ocorre em razão de fato do processo;

A maior duração do processo está associada, na média, ao não-recebimento do crédito, tendo em vista que as fases internas da execução fiscal de maior duração estão associadas à frustração na localização dos devedores e de seus bens;

Os créditos de maior valor possuem melhor relação custo-benefício, primeiro porque possuem associação significativa positiva com o recebimento do crédito, portanto, maior probabilidade de ocorrência do benefício almejado; segundo, porque o benefício, caso obtido, será maior frente aos custos;

A prescrição e a decadência se apresentam como causa tão provável de ocorrência quanto o recebimento do crédito, mas seus parâmetros de risco são aferíveis e controláveis;

O aumento do número de processos novos impacta no tempo de resposta do Poder Judiciário e dos órgãos de representação jurídica, aumentando o tempo de espera de processos relativos tanto a créditos recuperáveis quanto irrecuperáveis. Dessa forma, a redução do número de processos novos relativos a créditos provavelmente irrecuperáveis tem probabilidade de reduzir o tempo de tramitação dos processos relativos a créditos provavelmente recuperáveis;

O recebimento de créditos em razão de programas de parcelamento e anistias tem alto grau de impacto na ocorrência da recuperação do crédito;

Medidas alternativas de cobranças, que envolvem baixos custos, são adequadas para a persecução de créditos de baixo valor;

A escassez de recursos do Poder Judiciário e dos órgãos de representação jurídica limita a capacidade de resposta à litigância processual como meio de persecução de todo o volume de créditos perseguidos, abrindo-se espaço para sistemas multiportas de solução de conflitos.

Essas associações serão utilizadas como premissas de análise da dívida ativa no estado de Goiás, para formular medidas de boas práticas de gestão e para fundamentar propostas de ajustes no arranjo normativo, voltadas aos seguintes objetivos:

Redução do tempo de tramitação do processo como medida para reduzir o custo médio de promoção das execuções fiscais;

Aumentar a probabilidade de recebimento do crédito em relação à média dos processos ajuizados mediante aplicação da seletividade como regra de entrada dos processos, de forma que a execução fiscal seja utilizada para créditos com características estatisticamente associadas à ocorrência desse recebimento;

Compreensão das influências recíprocas entres os meios alternativos de recuperação de créditos, em especial aquelas já evidenciadas entre a execução fiscal e os programas de parcelamento, ao qual dedicamos tópico específico deste trabalho, e das possíveis influências recíprocas entre a execução fiscal e a compensação de créditos com precatórios, tendo em vista que essa modalidade de extinção do crédito tem ao menos dois possíveis pontos de conexão com os parcelamentos: i. possibilidade de o devedor extinguir o crédito da dívida ativa com ganho financeiro, pois os precatórios podem ser negociados no mercado e adquiridos por devedores executados com deságio significativo e, em seguida, oferecidos pelo seu valor integral em quitação dos débitos em execução fiscal; ii. possibilidade de planejamento financeiro do devedor que resulte na estratégia de resistir à persecução judicial do crédito para negociação de melhores condições de aquisição de créditos de precatórios para quitação da dívida executada.

Assim, o próximo capítulo está organizado de forma a aplicar essas premissas na situação específica do estado de Goiás, partindo, primeiro, do relatório de distribuição de processos de execução fiscal no TJGO ("Relatório descritivo da distribuição de processos de execução fiscal no estado de Goiás") e, depois, para as mudanças possíveis nos arranjos normativos em âmbito nacional e estadual ("Análise crítica das propostas legislativas de alteração do arranjo normativo da execução fiscal e apresentação de propostas para o estado de Goiás"), e finalmente, para as propostas de ajustes nas práticas administrativas, considerando-se o cenário da macrolitigância e a influência recíproca entre os diversos meios de arrecadação ("Ajustes administrativos e sugestões de boas práticas", e subitens "A ação racional e em escala como resposta à macrolitigância na execução fiscal"; "Planejamento voltado à integração dos meios alternativos de recuperação de créditos"; "Influências entre REFIS e execução fiscal: o caso do estado de Goiás"; "O impacto da autorização constitucional da compensação de créditos tributários com precatórios – EC 97/2019").

CAPÍTULO 3

ANÁLISE DO CASO DE GOIÁS

Nos tópicos anteriores, a exposição sobre o estado da arte da discussão da eficiência sobre execução fiscal partiu dos dados sobre o cenário nacional e também do estado de Minas Gerais. Embora não seja o comparativo ideal, isso se deve à dificuldade de encontrar estudos focados no cenário local ou regional. Essa escassez pode ser explicada pela busca por abrangência do impacto das pesquisas sobre o sistema de justiça e, no caso daquelas voltadas aos órgãos da Justiça Federal, pela possibilidade de comparar unidades judiciárias do mesmo sistema em diversas unidades da Federação. Essa foi, por exemplo, a metodologia utilizada tanto pelo Ipea quanto pelo NEF/FGV – Direito SP.

Por outro lado, no presente trabalho, o desafio consiste em realizar uma aproximação metodológica com esses estudos sem descuidar da realidade jurídico-institucional estadual, a fim de atingir os objetivos de: a) compreender as práticas de gestão da execução fiscal no estado de Goiás e formular medidas propositivas de boas práticas que auxiliem na construção de um modelo de atuação eficiente; c) propor medidas de atuação seletiva e prioritária na execução fiscal, a partir dos critérios de perfil econômico do crédito e do devedor; c) propor medidas de gestão colaborativa entre os órgãos envolvidos na execução fiscal, para solucionar os gargalos processuais que impactam na duração do processo e nível de recuperação integral ou parcial do crédito.

Ao longo da execução deste plano de trabalho, atingir esses objetivos mostrou-se uma tarefa ainda mais difícil do que era esperado diante da escassez de dados estruturados para análise e, especialmente, da dificuldade de acesso a dados, tanto em relação às solicitações feitas ao Tribunal de Justiça do Estado de Goiás, quanto àquelas direcionadas à Secretaria de Estado da Economia, que detêm, respectivamente, os dados dos processos judiciais e da dívida ativa estadual.

Nesse cenário, para compreender as práticas na gestão dos processos de execução fiscal, optou-se, num primeiro momento, assim como fizeram o Ipea e o NEF/FGV – Direito SP, por expor, com o apoio da estatística descritiva, a distribuição dos processos nos órgãos judiciários e, no caso deste estudo, com o acréscimo da distribuição também por unidade interna da PGEGO, por ser ele o órgão jurídico integrante do sistema de justiça que detém a competência de promoção da execução fiscal.

O objetivo dessa classificação dos créditos entre aqueles de pequeno, médio e alto valor tem por finalidade estabelecer âmbitos de atuação prioritária dos órgãos de representação jurídica, bem como de utilização preferencial de um ou outro meio de recuperação de crédito em cada faixa de valor. Isso tendo em vista que a utilização da execução fiscal em relação a todos os créditos do estoque da dívida, sem que seja feita essa distinção como estratégia de cobrança, mostrou-se, segundo os estudos revisados, uma prática ineficiente que sobrecarrega os órgãos jurisdicionais responsáveis pelo processamento das execuções e aumenta o tempo médio de tramitação dos processos, estando o aumento do tempo de tramitação estatisticamente associado ao aumento da probabilidade de não-recebimento desses créditos.

Assim, retomam-se as premissas metodológicas lançadas no tópico anterior como ponto de partida para a análise descritiva da dívida ativa ajuizada no estado de Goiás e, a partir delas, analisam-se os dados apresentados neste tópico, extraídos do "PEF – Execução fiscal – ProA e GEF – Relatório dinâmico maio de 2018", produzido pelo Professor Cleuler Barbosa da Neves, vinculado ao Programa de Mestrado em Direito e Políticas Públicas da Universidade Federal de Goiás.[233]

---

[233] Esse relatório sofreu revisões sucessivas, sendo a última do mês de outubro de 2018, e foi também apresentado como subsídio para o estabelecimento de metas, visando ao aumento da arrecadação fiscal do estado de Goiás no ano de 2018 pelo aprimoramento do desempenho da atuação da PGE-GO no Grupo Especial de Execuções Fiscais (GEEF), agora denominado Escritório Proa-A e de Execução Fiscal (GEF) dos PEFs – Processos de Execução Fiscal em curso.

3.1 Relatório descritivo da distribuição de processos de execução fiscal no estado de Goiás

O relatório dinâmico de 2018 foi produzido como um refinamento do Relatório de Atuação do Grupo Especial de Execução Fiscal (GEEF),[234] da Procuradoria Tributária (PTr), circulado também em âmbito interno da PGEGO. O GEEF cuidava, naquele ano, das execuções fiscais acima de R$ 15 milhões, grupo de devedores do qual foi arrecadado, no ano de 2017, o valor total de R$ 48.889.962,46 relativos a créditos da dívida ativa ajuizados, além de um valor negociado em parcelamentos, de R$ 123.264.978,04.

A provocação para a produção do segundo relatório se originou, entre outros motivos, da constatação de que os valores referidos decorreram de pagamento de apenas cinco devedores que haviam sofrido medidas constritivas naquele ano em processos acompanhados pelo GEEF, mas representavam 40,8% do total recebido em 2017. Além disso, o relatório GEEF de 2017 também apontou uma série de gargalos que reduziam a eficiência da execução fiscal no estado de Goiás, especialmente: a) o grande lapso temporal entre a constituição do crédito e as tentativas de atos de constrição de patrimônio nos processos judiciais; b) a ausência de efetividade dos atos de constrição praticados nos processos; c) a falta de acesso a informações atuais e confiáveis sobre a situação patrimonial dos devedores; c) o reduzido número de procuradores responsáveis pelos créditos de maior valor em relação aos procuradores responsáveis por processos de pequeno valor; d) grande volume de processos de pequeno valor em tramitação, sem recuperação do crédito.

Diante desse cenário, o relatório de 2018 partiu da organização interna proposta pelo relatório GEEF 2017 para a divisão de atribuições na Procuradoria Tributária da PGE, responsável pela execução fiscal do contencioso judicial tributário, e que contava com duas subdivisões responsáveis pela execução: o Grupo Especial de Execuções Fiscais (GEEF), que passou a ser denominado Escritório Proativo (Proa-A) e, após o relatório GEEF 2017, tornou-se responsável pelos processos dos grandes devedores, assim considerados aqueles com dívida total igual ou superior a R$ 15 milhões, e a Gerência de Execução Fiscal (GEF), responsável pelos processos residuais.

---

[234] Esse relatório foi elaborado pelo autor e pelo Procurador do Estado Marcílio da Silva Ferreira Filho, responsáveis pelo GEEF nos anos de 2017 e 2018.

Por sua vez, a classificação dos créditos tributários informados a seguir se baseia nos dados extraídos no mês de maio/2018 das planilhas da Secretaria de Estado da Fazenda – Sefaz-GO (atual Secretaria de Estado da Economia), que incluíam os créditos da dívida ativa ajuizados e com exigibilidade ativa no mês da extração. Essa planilha continha a indicação de: número da petição para ajuizamento (npet); número do protocolo judiciário (nproc); data do protocolo judiciário (datapj); CNPJ do executado e CNPJ base (do grupo do executado); valor total remanescente por processo judicial (VTR); comarca e seu código (codcom); situação do parcelamento (sitparc) de cada contribuinte devedor e situação cadastral da empresa, como, por exemplo: ativo, suspenso, baixado, paralisado, não informado, entre outros.

A análise descritiva também considerou dois grupos de devedores: aqueles em atividade econômica atual (empresas ativas) e aqueles sem atividade econômica atual (empresas inativas). O objetivo dessa segunda separação é aumentar a probabilidade de localização dos devedores e de seus bens durante o processo de execução fiscal, considerando-se que empresas ativas trazem, mais comumente, elementos indicativos da viabilidade de os atos de constrição resultarem em benefício ao andamento do processo, especialmente pela presença, entre outros, de faturamento e relacionamento com instituições financeiras. Aplicam-se, nesse ponto, as premissas metodológicas anteriormente apresentadas: o processo de execução fiscal tem baixa probabilidade média de alcançar fases de constrição e de alienação de bens, resultando em poucos casos em que o recebimento ocorre em razão de fato do processo; e a maior duração do processo está associada, na média, ao não recebimento do crédito, tendo em vista que as fases internas da execução fiscal de maior duração estão associadas à frustração na localização dos devedores e seus bens.

Com o uso das ferramentas estatísticas R + Markdown + knit, foram produzidas, no relatório dinâmico, os seguintes extratos da dívida: a) número de processos (nproc) em cada faixa de valor: **alta** (> R$ 15 milhões), média (≥ R$ 500 mil < R$ 15 milhões) e **baixa** (< R$ 500 mil); b) o percentual dos processos em cada uma dessas faixas sobre o total de processos (pcent1); c) o valor da soma dos valores perseguidos nos processos de cada uma dessas faixas (valor); d) o percentual do valor em cada uma dessas faixas sobre o total (pcent2); e) o número de empresas ativas em cada faixa (npro_ativas); f) o percentual de empresas ativas em cada faixa sobre o total (pcent3); g) soma do valor dos processos contra pessoas ativas em cada faixa; h) o percentual do valor dessa soma em cada faixa sobre o total de ativas e inativas também em cada faixa (pcent4); i) o percentual do valor dessa soma em cada faixa sobre o total de ativas e inativas em cada faixa em relação a todas as faixas (pcent5); j) o percentual do valor dessa soma em cada faixa sobre o total das empresas ativas em cada uma desses mesmas faixas (pcent6):

TABELA 3
PEFs: quantidades, valores, proporções totais e das empresas ativas

Tabela 01 - PEFs: quantidades, valores, proporções totais e das empresas ativas

fvalor	nproc	pcent1	valor	pcent2	nproc_ativas	pcent3	vtr_ativas	pcent4	pcent5	pcent6
>15mi	387	0.17	20841311672	49.84	87	1.01	3902348593	18.72	9.33	55.82
500-15mi	7205	3.24	16459339403	39.36	984	11.47	2702004342	16.42	6.46	38.65
<500.000	214724	96.59	4515502779	10.80	7509	87.52	386493858	8.56	0.92	5.53
Soma	222316	100.00	41816153855	100.00	8580	100.00	6990846793	0.00	16.71	100.00

Note:
Fonte: PEF - Execução Fiscal - ProA e GEF - Relatório Dinâmico maio de 2018.

Fonte: PEF – Execução Fiscal – ProA e GEF – Relatório dinâmico maio de 2018.

De acordo com essa tabela, havia um total de 222.316 PATs de débitos tributários inscritos em dívida ativa. Dentre esses créditos, 96,59% tinham valor inferior a R$ 500 mil, que, somados, atingiam o valor de R$ 4.515.502.779,27 (10,8% da dívida ativa total). Quando consideradas apenas as empresas ativas, o valor total era de R$ 386.493.858,00, equivalente a 5,53%.

Em outros termos, 96,59% dos processos em curso no ano de 2018 perseguiam créditos inferiores a R$ 500 mil que, quando somados, atingiam apenas 10,8% da dívida ajuizada. Esse percentual é reduzido a 5,53% quando se consideram os processos em que figuram como executadas pessoas jurídicas ainda em atividade, que constituem, inicialmente, o grupo de devedores cujos débitos têm maior viabilidade de recuperação em relação às empresas inativas, que não apresentam faturamento.

Num faixa intermediária de valores dos créditos, notam-se 7.205 PEFs ou 3,24% entre R$ 500.000,00 e R$ 15 milhões, que somam um valor total remanescente (VTR) de R$ 16.459.339.403,33. Trata-se de uma faixa de valor representativo, embora a maior faixa de soma se refira a créditos com valor superior a R$ 15 milhões, que totalizam VTRt de R$ 20.841.311.672,22, embora representem apenas 0,17% de PATs.

Quando se consideram apenas as empresas ativas, 76,32% dos PEFs (ou 3.622 processos) somam VTRt = R$ 384.398.733,39 ou 5,73% do valor total em execução relativo a essas empresas, correspondente a R$ 6.707.813.151,61. Ademais, somente 4.746 PEFs se referiam a empresas ativas.

Há, por isso, dois caminhos sucessivos: a) suspensão dos PEF relativos a PATs de empresas inativas; b) suspensão de PEF relativos a empresas ativas, cujos PATs, somados, não atinjam o piso de corte de R$ 500 mil. A primeira providência se mostra como uma medida a ser adotada de forma imediata e a segunda depende da demonstração da impossibilidade de que tais casos sejam promovidos sem prejuízo da capacidade de resposta do Poder Judiciário e de movimentação pela unidade interna da PGE.

A suspensão da tramitação de processos de baixo valor (< R$ 500.000,00) permitiria a aplicação das seguintes premissas de trabalho apresentadas anteriormente: os créditos de maior valor possuem melhor relação custo-benefício, primeiro porque possuam associação significativa positiva com o recebimento do crédito, portanto, maior probabilidade de ocorrência do benefício almejado; segundo, porque o benefício, caso obtido, será maior frente aos custos; o aumento do número de processos novos impacta no tempo de resposta do poder judiciário e dos órgãos de representação jurídica, aumentando o tempo de espera de processos relativo tanto a créditos recuperáveis quanto irrecuperáveis, de forma que a redução do número de processos novos relativos a créditos provavelmente irrecuperáveis tem probabilidade de reduzir o tempo de tramitação dos processos relativos a créditos provavelmente recuperáveis; medidas alternativas de cobranças que envolvem baixos custos são adequadas para a persecução de créditos de baixo valor; e a escassez de recursos do Poder Judiciário e dos órgãos de representação jurídica limita a capacidade de resposta à litigância processual como meio de persecução de todo o volume de créditos perseguidos, abrindo-se espaço para o sistema multiportas de solução de conflitos.

A utilização desse ponto de corte também decorre da métrica proposta no CPC (art. 496, §3º, II), que dispensa a remessa necessária da sentença que julgar procedente, no todo ou em parte, os embargos à execução fiscal (art. 496, II), quando a condenação ou o proveito econômico obtido na causa for de valor certo e líquido inferior a 500 (quinhentos) salários-mínimos para os estados, o Distrito Federal, as respectivas autarquias e fundações de direito público e os municípios que constituam capitais dos estados.

Na mesma linha, a Lei Complementar estadual nº 144, de 24 de julho de 2018,[235] em seu art. 29, autoriza os Procuradores do Estado, nas demandas em que atuem, a firmar acordos, desde que a pretensão econômica não ultrapasse o valor de 500 (quinhentos) salários mínimos, e a Lei Complementar estadual nº 58, de 4 de julho de 2006, que autoriza o Procurador do Estado a conciliar, transigir, abster-se de contestar, realizar autocomposição, firmar compromisso arbitral, confessar, deixar de recorrer, desistir de recursos interpostos, concordar com a desistência e com a procedência do pedido nas demandas cujo valor não exceda a 500 (quinhentos) salários mínimos e naquelas em que houver renúncia expressa ao montante excedente.

Tendo em vista a existência desse parâmetro legal como medida de racionalização de atividades administrativas e judiciárias, testou-se a sua viabilidade como medida de corte prevista nos instrumentos normativos como critério de menor valor, para fins de execução fiscal de créditos tributários, consideradas nessa tomada de decisão as características da dívida ativa estadual. Com isso, pretendia-se verificar se a distribuição dos valores de processos poderia se confirmar como um parâmetro razoável de corte que permitisse, sem prejuízo da persecução de parte considerável do valor total da dívida, concentrar esforços nos créditos viáveis de valor superior. Por isso, esse foi o primeiro ponto a ser verificado.

Em seguida, a fim de verificar a distribuição dos PEFs no estado, utilizou-se como critério territorial as unidades da PGE: Unidade Sede (Goiânia); Procuradoria Regional de Anápolis (PR-ANAPOLIS); Procuradoria Regional de Aparecida de Goiânia (PR_AP GOIÂNIA); Procuradoria Regional de Catalão (PR_CATALÃO); Procuradoria Regional de Formosa (PR_FORMOSA); Procuradoria Regional de Goianésia (PR_GOIANESIA); Procuradoria Regional de Goiás (PR_GOIAS); Procuradoria Regional de Itumbiara (PR_ITUMBIARA); Procuradoria Regional de Jataí (PR_JATAI); Procuradoria Regional de Luziânia (PR_LUZIANIA); Procuradoria Regional de Morrinhos (PR_MORRINHOS); Procuradoria Regional de Porangatu (PR_PORANGATU); Procuradoria Regional de Rio Verde

---

[235] GOIÁS. *Lei Complementar nº 144, de 24 de julho de 2018b*. Institui a Câmara de Conciliação, Mediação e Arbitragem da Administração Estadual (CCMA), estabelece medidas para a redução da litigiosidade no âmbito administrativo e perante o Poder Judiciário e promove modificações na Lei Complementar nº 58, de 4 de julho de 2006. Disponível em: https://legisla.casacivil.go.gov.br/pesquisa_legislacao/101131/lei-complementar-144. Acesso em: 25 out. 2020.

(PR_RIO VERDE),²³⁶ conforme Gráfico 15 e Tabela 4, reproduzidos abaixo:

GRÁFICO 13
Frequência de PEFs com valor < R$ 500 mil por Procuradoria Regional

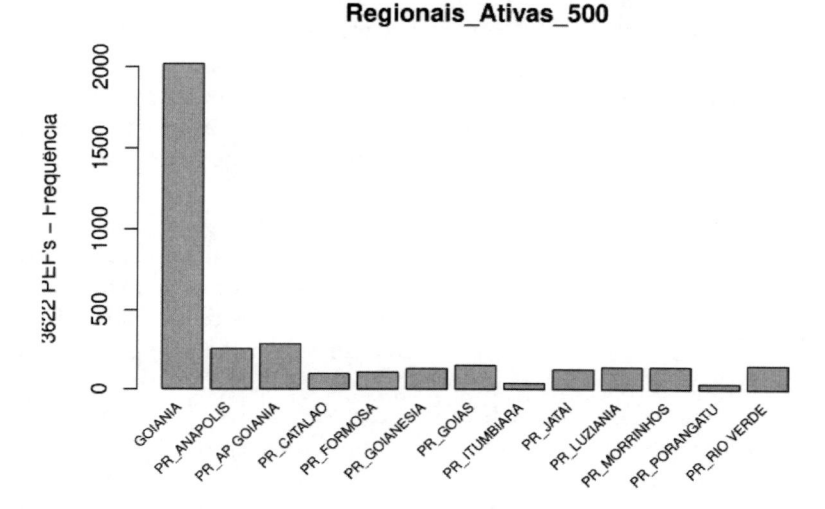

Regionais_Ativas_500

Fonte: PEF – Execução Fiscal – ProA e GEF – Relatório dinâmico maio de 2018.

---

[236] A relação de comarca correspondente a cada regional é a seguinte: I – Procuradoria Regional de Anápolis: Abadiânia, Alexânia, Cocalzinho de Goiás, Corumbá de Goiás, Goianápolis, Leopoldo de Bulhões, Silvânia e Vianópolis; II – Procuradoria Regional de Catalão: Cumari, Goiandira, Ipameri, Orizona, Pires do Rio, Santa Cruz de Goiás e Urutaí; III – Procuradoria Regional de Formosa: Alto Paraíso de Goiás, Alvorada do Norte, Campos Belos, Cavalcante, Flores de Goiás, Iaciara, Planaltina de Goiás, Posse e São Domingos de Goiás; IV – Procuradoria Regional de Goianésia: Barro Alto, Jaraguá, Niquelândia, Padre Bernardo e Pirenópolis; V – Procuradoria Regional de Goiás: Aragarças, Aruanã, Fazenda Nova, Iporá, Israelândia, Itaberaí, Itapirapuã, Itapuranga, Jussara, Montes Claros de Goiás, Mossâmedes, Nova Crixás, Piranhas e Sanclerlândia; VI – Procuradoria Regional de Itumbiara: Bom Jesus de Goiás, Buriti Alegre, Cachoeira Dourada e Panamá; VII – Procuradoria Regional de Jataí: Caiapônia, Mineiros e Serranópolis; VIII – Procuradoria Regional de Luziânia: Águas Lindas de Goiás, Cidade Ocidental, Cristalina, Novo Gama, Santo Antônio do Descoberto e Valparaíso de Goiás; IX – Procuradoria Regional de Morrinhos: Caldas Novas, Corumbaíba, Cromíca, Edéia, Goiatuba, Joviânia, Piracanjuba e Pontalina; X – Procuradoria Regional de Porangatu: Campinorte, Estrela do Norte, Formoso, Mara Rosa, Minaçu e São Miguel do Araguaia; XI – Procuradoria Regional de Rialma: Carmo do Rio Verde, Ceres, Crixás, Itapaci, Rubiataba, Santa Terezinha de Goiás, Uruaçu e Uruana; XII – Procuradoria Regional de Rio Verde: Acreúna, Cachoeira Alta, Caçu, Itaja, Maurilândia, Montividiu, Paranaigura, Quirinópolis, Santa Helena de Goiás e São Simão. Disponível em: https://www.procuradoria.go.gov.br/acesso-a-informacao/2-institucional/2623-procuradorias-regionais.html. Acesso em: 17 jul. 2020.

TABELA 4
Valor total, média, desvio padrão e total de PEF de empresas ativas por Procuradoria regional

	Soma	Média	Desvio padrão	Máximo tot	PEF
GOIANIA	211607780	104860.15	111216.17	497741.7	2018
PR_ANAPOLIS	26355606	105845.81	113230.73	496903.8	249
PR_AP_GOIANIA	37074259	132408.07	122391.02	476728.2	280
PR_CATALAO	10562506	112367.09	117218.52	452479.9	94
PR_FORMOSA	9015477	87528.90	90726.78	442706.7	103
PR_GOIANESIA	12084729	96677.83	115740.78	460372.9	125
PR_GOIAS	12649591	86641.03	88647.96	479892.8	146
PR_ITUMBIARA	4333689	120380.24	111262.09	422319.3	36
PR_JATAI	10637320	87911.74	100261.16	460666.6	121
PR_LUZIANIA	16118166	119292.82	118711.03	488006.9	135
PR_MORRINHOS	15208082	11824.13	131384.32	490421.2	136
PR_PORANGATU	2813151	82739.74	100838.70	436451.9	34
PR_RIO VERDE	15938377	109919.84	119695.08	488122.5	145

Fonte: PEF – Execução Fiscal – ProA e GEF – Relatório dinâmico maio de 2018.

GRÁFICO 14
Quantidade de processos por Procuradoria Regional

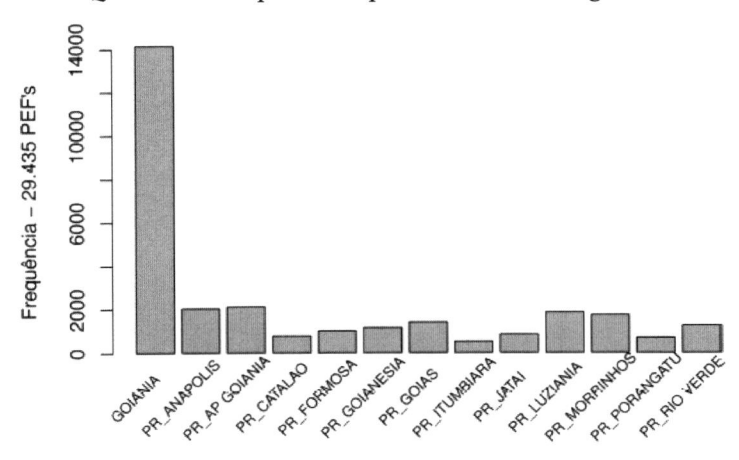

Fonte: PEF – Execução Fiscal – ProA e GEF – Relatório dinâmico maio de 2018.

O Gráfico 16 mostra uma concentração de processos na regional de Goiânia, o que significa que tais processos estão reunidos na 3ª Vara da Fazenda Pública Estadual, especializada em execução fiscal. Pode se concluir, com isso, que o impacto do congestionamento de grande parte dos processos de execução fiscal está limitado ao tempo de tramitação de outros processos da mesma natureza promovidos pelo estado de Goiás, o que influencia na apuração do impacto da taxa de congestionamento da execução fiscal em relação aos demais processos. Na planilha a seguir, apresenta-se o detalhamento do PEF por valor e por procuradoria regional:

TABELA 5
PEFs: soma dos valores, mínimo, média, máximo e desvio padrão do VTR por Procuradoria Regional

	Frequência	Percentual	VTR	Média	Desvio padrão
GOIANIA	14159	48.102599	18770638179	1325703.7	9387358
PR_ANAPOLIS	2028	6.889757	3049793371	1503842.9	7007319
PR_AP_GOIANIA	2106	7.154748	2852288315	1354362.9	7923719
PR_CATALAO	761	2.585358	3968519161	5214874.1	79891213
PR_FORMOSA	990	3.363343	481212810	486073.5	2419614
PR_GOIANESIA	1148	3.900119	796474035	693792.7	4793444
PR_GOIAS	1392	4.729064	1264948942	908727.7	6165149
PR_ITUMBIARA	512	1.739426	695271914	1357953.0	5299249
PR_JATAI	836	2.840156	1093561852	1308088.3	11507411
PR_LUZIANIA	1856	6.305419	1179150353	635318.1	2428758
PR_MORRINHOS	1728	5.870562	704513512	407704.6	1108618
PR_PORANGATU	682	2.316970	400766926	587634.8	2501575
PR_RIO VERDE	1237	4.202480	1496240190	1209571.7	672899
Total	29435	100.000000	36753379561	1248628.5	15007044

Fonte: PEF – Execução Fiscal – ProA e GEF – Relatório dinâmico maio de 2018.

Conforme tabela acima, além da concentração em Goiânia de grande parte dos processos, nota-se também a concentração de alto percentual da dívida (48,1%). Por essa razão, a adoção de boas práticas na 3ª VFPE tem a potencialidade de influenciar de forma significativa a arrecadação. Esse ponto se mostra ainda mais relevante quando se considera a concentração de processos em Goiânia em relação às empresas ativas, conforme o gráfico abaixo, detalhado na tabela e gráfico de frequências abaixo:

GRÁFICO 15
Frequência de processos de VTR ≥ R$ 500 mil e
< R$ 15 milhões por Procuradoria Regional

Regionais_Ativas_500_15

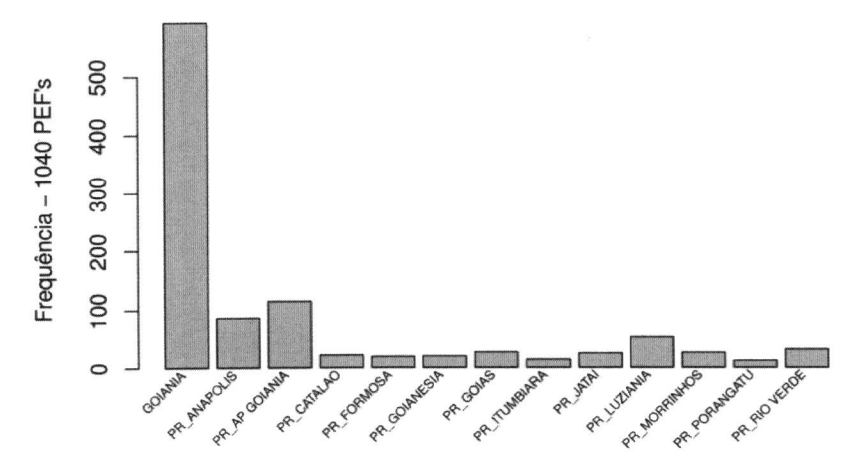

Fonte: PEF – Execução Fiscal – ProA e GEF – Relatório dinâmico maio de 2018.

TABELA 6
PEFs das empresas ativas com VTR ≥ R$ 500 e < R$ 15 milhões

	Frequência	Percentual	VTR	Média	Desvio padrão
GOIANIA	589	56.634615	1586601744	2693721	3036123
PR_ANAPOLIS	86	8.269231	209349077	2434292	2637093
PR_AP_GOIANIA	115	11.057692	252812997	2198374	2738736
PR_CATALAO	22	2.115385	71685931	3258451	3436132
PR_FORMOSA	19	1.826923	29987869	1578309	1937468
PR_GOIANESIA	20	1.923077	38780861	1939043	1686098
PR_GOIAS	27	2.596154	57723450	2137906	2097349
PR_ITUMBIARA	14	1.346154	39127303	2794807	3980496
PR_JATAI	25	2.403846	64800587	2592023	2104600
PR_LUZIANIA	53	5.096154	179771767	3391920	3943830
PR_MORRINHOS	26	2.500000	56538644	2174563	2493556
PR_PORANGATU	12	1.153846	42018894	3501574	4068289
PR_RIO VERDE	32	3.076923	62766118	1961441	1885170
Total	1040	100.000000	2691965240	2588428	2951346

Fonte: PEF – Execução Fiscal – ProA e GEF – Relatório dinâmico maio de 2018.

Em seguida, foram estratificados os processos entre empresas ativas e inativas (suspensos etc.), na faixa de valor maior ou igual a R$ 15 milhões, destacando-se o número de processos, o percentual sobre o número total de casos, o valor da soma dos valores desses processos e o respectivo percentual sobre o valor total, na forma da planilha abaixo. Além disso, quando se considera a frequência de processos dessa faixa de valor, a concentração na 3ª VFE se acentua, conforme Gráfico 18, detalhado pela Tabela 7, que indica a proporção de 60%:

TABELA 7
PEFs acima de R$ 15 mi em curso empresas Ativas x Inativas: quantidades, valores, proporções e totais nas três faixas de VTR – G, M, P

categorias_at	nproc_at	pcent1_at	valor_at	pcent2_at
Ativos	84	23.46	3631449178	18.97
Suspensos etc.	274	76.54	15512595664	81.03
Soma	358	100.00	19144044842	100.00

Fonte: PEF – Execução Fiscal – ProA e GEF – Relatório dinâmico maio de 2018.

GRÁFICO 16
Frequência de processos de VTR ≥ R$ 15 milhões por Procuradoria Regional

Regionais_Ativas_15

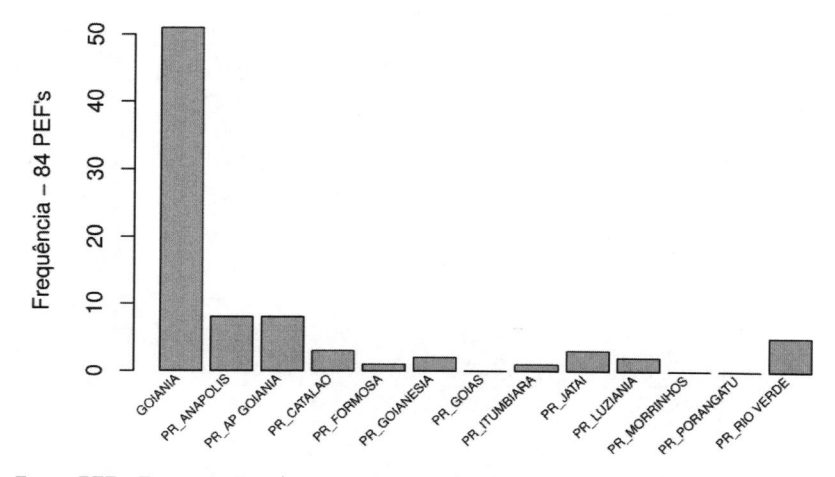

Fonte: PEF – Execução Fiscal – ProA e GEF – Relatório dinâmico maio de 2018.

TABELA 8
PEFs ≥ R$ 15 milhões em cursos de empresas ativas *versus* inativas: quantidades, valores e proporções

	Frequência	Percentual	VTR	Média	Desvio padrão
GOIANIA	51	60.714286	2132981825	41823173	44761909.8
PR_ANAPOLIS	8	9.523810	311523624	38940453	29577574.1
PR_AP_GOIANIA	8	9.523810	243384661	30423083	23752880.5
PR_CATALAO	3	3.571429	206626168	68875389	22627685.1
PR_FORMOSA	1	1.190476	51214306	51214306	NA
PR_GOIANESIA	2	2.380952	36043506	18021753	836586.2
PR_GOIAS	0	0.000000	NA	NA	NA
PR_ITUMBIARA	1	1.190476	86325379	86325379	NA
PR_JATAI	3	3.571429	368741015	122913672	172417109.5
PR_LUZIANIA	2	2.380952	32097668	16048834	670317.5
PR_MORRINHOS	0	0.000000	NA	NA	NA
PR_PORANGATU	0	0.000000	NA	NA	NA
PR_RIO VERDE	5	5.952381	162511028	32502206	17871159.2
Total	84	100.000000	3631449178	43231538	49068355.1

Fonte: PEF – Execução Fiscal – ProA e GEF – Relatório dinâmico maio de 2018.

O quadro abaixo sintetiza as premissas de trabalho relacionadas e as medidas sugeridas para tratamento seletivo da execução fiscal no estado de Goiás, a partir do extrato da dívida, verificado no relatório dinâmico de 2018:

QUADRO 1
Síntese do extrato da dívida, premissas de trabalho e medidas sugeridas

(continua)

PREMISSAS DE TRABALHO
1. O custo do processo varia em relação ao tempo de sua duração; 2. O custo orçamentário do processo inclui, ao menos, o custo da atividade judiciária e, também, o da atividade do órgão jurídico de representação da Fazenda Pública; 3. O processo de execução fiscal tem baixa probabilidade média de alcançar fases de constrição e de alienação de bens, resultando em poucos casos em que o recebimento ocorre em razão de fato do processo; 4. A maior duração do processo está associada, na média, ao não-recebimento do crédito, tendo em vista que as fases internas da execução fiscal de maior duração estão associadas à frustração na localização dos devedores e seus bens; 5. Os créditos de maior valor possuem melhor relação custo-benefício, primeiro, porque possuem associação significativa positiva com o recebimento do crédito, portanto, maior probabilidade de ocorrência do benefício almejado; segundo, porque o benefício, caso obtido, será maior frente aos custos; 6. A prescrição e a decadência se apresentam como causa tão provável de ocorrência quanto o recebimento do crédito, mas seus parâmetros de risco são aferíveis e controláveis; 7. O aumento do número de processos novos impacta no tempo de resposta do Poder Judiciário e dos órgãos de representação jurídica, aumentando o tempo de espera de processos relativos tanto a créditos recuperáveis quanto irrecuperáveis, de forma que a redução do número de processos novos relativos a créditos provavelmente irrecuperáveis tem probabilidade de reduzir o tempo de tramitação dos processos relativos a créditos provavelmente recuperáveis; 8. O recebimento de créditos em razão de programas de parcelamentos e anistias tem alto grau de impacto na ocorrência da recuperação do crédito; 9. Medidas alternativas de cobrança que envolvem baixos custos são adequadas para a persecução de créditos de baixo valor; 10. A escassez de recursos do Poder Judiciário e dos órgãos de representação jurídica limitam a capacidade de resposta à litigância processual como meio de persecução de todo o volume de créditos perseguidos, abrindo-se espaço para o sistema multiportas de solução de conflitos.
INFORMAÇÕES DA DÍVIDA ATIVA ESTADUAL AJUIZADA EM 2018
1. 96,59% dos processos em curso no ano de 2018 perseguiam créditos inferiores a R$ 500 mil; 2. Os créditos de valor inferior a R$ 500 mil, somados, atingiam apenas 10,8% da dívida ajuizada (R$ 4.515.502.779,27); 3. Os créditos inferiores a R$ 500 mil devidos por empresas ativas, somados, atingem o valor total de R$ 386.493.858,00; 4. Os créditos inferiores a R$ 500 mil devidos por empresas ativas, somados, equivalem a 5,53% do total da dívida das empresas ativas; 5. Os 7.205 PEFs relativos a créditos entre R$ 500.000,00 e R$ 15 milhões somam um valor total remanescente (VTRt) de R$ 16.459.339.403,33; 6. Os créditos com valor superior a R$ 15 milhões, somados, totalizam VTRt de R$ 20.841.311.672,25; 7. Os créditos com valor superior a R$ 15 milhões representam apenas 0,17% de PATs; 8. Somente 4.746 PEFs se referiam a empresas ativas;

(conclusão)

9. Os devedores com dívida total superior a R$ 15 milhões que sofreram alguma medida de constrição de bens no curso de processos de execução fiscal, de incidentes de processos e de ações declaratórias e cautelares ajuizadas pela Fazenda Estadual no ano de 2017 pagaram o valor total de R$ 48.889.962,46 naquele ano, correspondente a 42,15% da arrecadação total relativa a créditos ajuizados naquele ano (R$ 115.974.669,25);
10. Os recebimentos em decorrência de anistias e parcelamentos atingem valores mais significativos na série histórica de valores totais recebidos que o recebimento decorrente de atos praticados nos processos de execução fiscal (R$ 386.763.755,61 – ou 77% do valor total – foram recebidos entre janeiro de 2014 e abril de 2020 por meio de parcelamentos e anistias).

MEDIDAS NECESSÁRIAS

1. Classificação da dívida ativa do estado de Goiás, ajuizada ou não, segundo a probabilidade de sua recuperação;
2. Suspensão imediata da atuação em PEFs relativos a PATs de empresas inativas;
3. Suspensão da atuação em PEFs de empresas ativas, cujos PATs, somados, não atinjam o piso de corte de R$ 500 mil, após as tentativas frustradas de localização dos bens, realizadas de forma automatizada;
4. Automatização das rotinas de execução fiscal para processos de empresas ativas devedores de valor total < R$ 500 mil;
5. Utilização do protesto de CDA, da inscrição no Cadin e da transação como medidas alternativas de recebimento do crédito de valor total < R$ 500 mil;
6. Inversão da pirâmide de atuação, com a lotação preferencial de procuradores e servidores em unidade com atuação estratégica para os créditos de empresas ativas devedoras de valor total > R$ 500 mil;
7. Dispensa do ajuizamento de novos processos relativos a empresas inativas sem bens identificados independentemente do valor da dívida;
8. Estabelecimento de um valor de corte, dispensando-se o ajuizamento de novos processos de empresas ativas devedoras de valor total < R$ 500 mil;
9. Ampliação da atuação coordenada do órgão de representação jurídica da Fazenda Estadual com órgãos de repressão de infrações administrativas e criminais relacionadas à ordem tributária, no âmbito do Comitê Interinstitucional de Recuperação de Ativos – CIRA, que reúne membros do Ministério Público, da Polícia Civil, do Fisco Estadual e da Procuradoria-Geral do Estado, voltado à promoção de responsabilidade dos grandes e contumazes devedores;
10. Monitoramento permanente e automatizado da contagem do prazo prescricional nos processos ajuizados, mediante interligação dos sistemas da dívida ativa estadual e dos processos eletrônicos judiciais (PJD).

3.2 Análise crítica das propostas legislativas de alteração do arranjo normativo nacional da execução fiscal e no estado de Goiás

A execução fiscal foi incluída no *Pacto de Estado em Favor de um Judiciário mais Rápido e Republicano*, firmado no ano de 2004 entre representantes dos três Poderes, como um dos temas a respeito dos quais deveriam ser adotadas medidas urgentes para a "diminuição do volume de ações de instituições públicas na justiça brasileira", inclusive mediante revisão da LEF, que deveria ocorrer no prazo de um ano, segundo a intenção afirmada nesse pacto.[237] Passados 5 anos desse documento, foi publicado o *II Pacto Republicano de Estado por um Sistema de Justiça Mais Acessível, Ágil e Efetivo*, novamente com a participação dos representes dos poderes. Nele se afirmou, como prioridade do Poder Executivo, "colaborar, articular e sistematizar propostas de aperfeiçoamento normativo e acesso à justiça", por meio de órgão criado especificamente para esse fim, a Secretaria de Reforma do Judiciário no Ministério da Justiça.[238]

Esse segundo pacto apresentou como objetivos a serem atingidos o acesso universal à Justiça, a efetivação da razoável duração do processo e da prevenção de conflitos e o aperfeiçoamento e fortalecimento das instituições de Estado no combate à violência e à criminalidade. As ações pactuadas deveriam ser desenvolvidas e acompanhadas, em cada âmbito do ciclo de políticas, por representantes de cada um dos poderes pactuantes, estando as proposições legislativas voltadas à realização dos objetivos declarados que deveriam tramitar em caráter prioritário. Uma das ações ligadas ao objetivo de agilidade e efetividade da prestação jurisdicional dizia respeito à "revisão da legislação referente à cobrança da dívida ativa da Fazenda Pública, com vistas à racionalização dos procedimentos em âmbito judicial e administrativo" (item 2.11).

Com base nesses documentos e nos vários estudos técnicos produzidos nos anos de 2009 a 2011 por iniciativa do CNJ imediatamente após a celebração desse segundo pacto, pode-se afirmar, na perspectiva do ciclo de políticas públicas, que a recuperação de créditos da dívida ativa foi reconhecida na agenda nacional como uma situação-problema a demandar um programa de política de intervenção, com a finalidade de realizar os objetivos de agilidade (celeridade, duração razoável do processo) e efetividade (que aqui consideraremos como entrega

---

[237] O referido pacto anotava, já no ano de 2004, que "enquanto parcela da população e a própria economia sentem os efeitos da elevada carga fiscal, mais de 400 bilhões de reais são objeto de cobrança judicial, em ações propostas pelo erário contra sonegadores e inadimplentes. O problema é complexo e exige soluções progressivas. Contudo, sem dúvida é possível melhorar os índices de arrecadação por essa via, hoje girando em torno de dois por cento ao ano. Os signatários irão determinar aos órgãos competentes a viabilização de soluções, inclusive com a revisão, ainda em 2005, da Lei nº 6.830/80 (Lei de Execução Fiscal), com base na proposta já formalizada pelo Conselho da Justiça Federal" (Cf. STF – Supremo Tribunal Federal. Representantes dos três Poderes assinam pacto por Judiciário mais eficiente. *Notícias STF*, 15 dez. 2004. Disponível em: https://portal.stf.jus.br/noticias/verNoticiaDetalhe.asp?idConteudo=63995&ori=1. Acesso em: 17 jul. 2023).

[238] Cf. BRASIL. Presidência da República. *II pacto republicano de estado por um sistema de justiça mais acessível, ágil e efetivo*. Brasília, 26 de maio de 2009. Disponível em: http://www.planalto.gov.br/ccivil_03/Outros/IIpacto.htm. Acesso em: 15 ago. 2020.

da prestação jurisdicional com o atingimento do fim do processo de execução, qual seja, a arrecadação/recuperação do crédito). Além disso, pode-se também afirmar que o problema ascendeu à agenda prevalentemente a partir do monitoramento e da exposição, pelos órgãos técnicos, dos índices e dos indicadores da situação de ineficiência do atual arranjo jurídico-institucional, sendo esses também os atores que ofereceram as soluções na forma de ajustes desse arranjo. Isto é, com apoio no modelo das correntes múltiplas, a inclusão da situação da execução como problema de política decorreu de ação da corrente das soluções.[239]

Assim, a ação governamental conjunta dos poderes escolhida para a realização desses objetivos foi a formulação de propostas de revisão do arranjo jurídico nacional – a LEF –, que é a base normativa comum aos diversos entes federativos. Além disso, no âmbito de algumas unidades federativas, foram adotadas medidas paralelas de revisão do arranjo jurídico local, para estabelecer valores mínimos para ajuizamento das ações e, mais recentemente, fixar critérios de seleção de créditos a partir de uma análise de viabilidade de sua recuperação.

A fim de expor o atual estágio dessas ações, parte-se das propostas de alterações legislativas discutidas nos estudos analisados neste trabalho, comparando-as com os projetos de lei em trâmite no Congresso Nacional, como propostas nacionais pendentes de apreciação, e com as leis já aprovadas desde então. Após isso, analisa-se o que foi alterado na União e no estado de Goiás e, finalmente, apresentam-se as propostas de alteração no âmbito dessa unidade federativa como solução hipotética e resultado desta pesquisa.

Nessa sequência de análise, observa-se, de início, que as questões levantadas pelo estudo da UFRGS conduzem à confirmação de um importante ponto de partida do presente trabalho: a necessidade da ação pública em escala como resposta institucional ao problema de eficiência da execução fiscal. Isso porque a afirmação central feita no relatório da UFRGS é que a inter-relação das instâncias judicial e administrativa, antes, durante e após a fase contenciosa administrativa formaria um "círculo complexo e quase interminável", que passou a ser um problema percebido de forma clara mais recentemente, já no final

---

[239] Sobre a teoria das correntes múltiplas, cf. RUIZ, Isabela; BUCCI, Maria Paula Dallari. Quadro de problemas de políticas públicas: uma ferramenta para análise jurídico-institucional. *Revista Estudos Institucionais*, v. 5, n. 3, p. 1.151-1.152, set./dez. 2019.

do século XX,[240] contexto histórico em que, aliás, a própria intersecção entre Direito e políticas públicas se tornava também mais perceptível em nosso país. Daí dizermos, como acréscimo ao tratado naquele estudo, que a inter-relação administrativa e judicial se tornou mais perceptível à medida que a questão se coletivizou e se massificou e, por isso, assumiu as características de situação-problema de política pública, tanto judiciária quanto fiscal, a exigir uma ação pública estratégica e em escala para seu enfrentamento.[241]

O aspecto coletivo da decisão judicial de controle da administração pública em matéria fiscal e tributária, mesmo em casos individuais, revelou-se mais claramente no fim do século XX e início do XXI, especialmente com o desenvolvimento da jurisdição constitucional e das suas técnicas e métodos de interpretação, bem como das vias de processamento coletivo de demandas, e, mais recentemente, dos mecanismos processuais de resolução de demandas repetitivas.[242]

Por isso, afirma-se neste estudo o aspecto coletivo da discussão jurisdicional desses temas, embora costumeiramente não sejam tratados como problema de política pública por não se enquadrarem, de forma imediata, na ideia de "ação estatal voltada à concretização de direitos sociais" normalmente utilizada para caracterizar as políticas públicas. Contudo, consoante se tem afirmado neste trabalho, essa concepção deixa o tema fora do foco e do aprendizado que a abordagem DPP pode gerar e ignora que a resolução judicial de temas aparentemente de direitos individuais, como a proteção da propriedade contra a indevida taxação pelo estado, tem a potencialidade de influenciar diversos aspectos de outras políticas setoriais e, especialmente, o seu financiamento. Em síntese, a situação-problema, tal qual apresentada nos estudos técnicos, demanda uma ação pública em escala e reforça a importância da abordagem metodológica proposta neste estudo.

---

[240] UFRGS – Universidade Federal do Rio Grande do Sul. *Inter-relações entre o processo administrativo e o judicial (em matéria fiscal) a partir da identificação de contenciosos cuja solução deveria ser tentada previamente na esfera administrativa*. Porto Alegre: UFRGS, 2011. p. 21.

[241] O conceito-chave de situação-problema de política pública, tal como exposto anteriormente, refere-se à "situação fática que se pretende investigar como problema; problema público entendido coletivamente como relevante para ser tratado ou resolvido por meio de um programa de ação governamental; assunto relativo a uma política pública sobre a qual o pesquisador deseja se debruçar, associado a uma solução hipotética que diga respeito a uma política setorial, a determinado programa de ação governamental identificável, ou a uma ideia-diretriz de obra a se realizar em um grupo social" (cf. RUIZ; BUCCI, op. cit., p. 153).

[242] Essa é a vertente do controle que compõe a matriz metodológica da abordagem DPP, conforme Maria Paula Dallari Bucci (BUCCI, 2019).

Outra informação importante que pode ser extraída do estudo do grupo de pesquisa da UFRGS é o direcionamento que tem sido dado pelos atores técnicos na formulação de alternativas de políticas, que não raramente propõem uma ampla revisão do arranjo jurídico, estendida à repartição constitucional de funções entre os poderes; isto é, apenas interessadas em **quem faz o quê** e menos **no que é feito**. Isso porque essas propostas envolvem a limitação dos aspectos processuais e materiais da demanda que possam ser objeto de dupla discussão, no âmbito administrativo e judicial. Noutras palavras, pretendem restringir a atuação do Poder Executivo ou a do Poder Judiciário nesse âmbito, com o fim de evitar a duplicidade de esforços sobre os mesmos temas em âmbito administrativo e judicial. A questão envolvida na aprovação de tais reformas diz respeito, porém, a uma alternativa de política com pouca **aceitação** – como a FGV observou nas entrevistas que realizou – além de encontrar forte resistência das instituições atingidas pela transferência de competência, o que se poderia se chamar de **antagonismo institucionalizado**.[243] O estudo da UFRGS, aliás, já havia apontado a desconfiança dos contribuintes com os julgamentos no âmbito do processo administrativo tributário.

Esse antagonismo pode ser manifestado pelo Poder Judiciário no que se refere à proposta de transferir ao Executivo a formação da "coisa julgada" quanto aos fatos e às provas discutidos na fase administrativa, pois afeta a narrativa prevalente no Brasil sobre o princípio da inafastabilidade da jurisdição quanto aos atos de investida do Estado sobre o patrimônio dos indivíduos. A Ordem dos Advogados do Brasil também já manifestou posição contrária a essa mudança.[244]

---

[243] Como alertam James March e Johan Olsen, "as ações humanas, os contextos sociais e as instituições operam uns sobre os outros de maneiras complexas; esses processos de ação complexos e interativos e a formação de significados são importantes para a vida política. As instituições não parecem ser nem reflexos neutros de forças ambientais exógenas nem arenas neutras para o desempenho de indivíduos guiados por preferências e expectativas exógenas". Daí porque seja possível compreender que as instituições possam ser atores em determinados processos decisórios: " é adequado observar que as instituições políticas podem ser tratadas como atores quase da mesma maneira pela qual tratamos os indivíduos como tais" (cf. MARCH; OLSEN, op. cit.).

[244] Nesse sentido, a Agência Câmara dos Deputados noticiou o seguinte: "O presidente da Ordem dos Advogados do Brasil (OAB), Marcus Vinícius Furtado Coelho, foi taxativo ao criticar o projeto (PL 2.412/07) que acaba com a ação de execução fiscal" (CÂMARA DOS DEPUTADOS. *OAB manifesta-se contra projeto que acaba com ação de execução fiscal*. 6 ago. 2015. Disponível em https://www.camara.leg.br/noticias/466337-oab-manifesta-se-contra-projeto-que-acaba-com-acao-de-execucao-fiscal/. Acesso em: 18 ago. 2020). Já havia manifestações contrárias a essas mudanças desde a apresentação dos primeiros projetos com esse objetivo (CONSULTOR JURÍDICO. *OAB e Ajufe se unem pela execução fiscal no Judiciário*. 29 jan. 2008. Disponível em: https://www.conjur.com.br/2008-jan-29/oab_ajufe_unem_execucao_fiscal_judiciario. Acesso em 18 ago. 2020).

Esse antagonismo também pode ser manifestado pelo Poder Executivo, especialmente por seus órgãos fazendários, quando cogitada a possibilidade de transferência de suas funções para órgãos judiciários, com a consequente extinção de carreiras organizadas, como é a do Fisco, que têm possibilidade de ação, enquanto grupo de interesse, perante as arenas de discussão das propostas, especialmente o Congresso Nacional, onde necessariamente tramitariam os projetos de lei e de emenda constitucional com essa finalidade. Contudo, como se apresenta à frente, entre as principais propostas em trâmite no Congresso Nacional, não se verificaram alterações que pretendessem retirar essas competências do Poder Executivo. Na verdade, algumas delas pretendem retirar a revisão de certos aspectos da cobrança de créditos da dívida ativa do controle judicial ou limitá-lo ao momento posterior à adoção dos atos de constrição de bens. Portanto, a ineficiência da execução tem sido vista, nessas propostas, como uma consequência da incapacidade de resposta do Poder Judiciário, o que é apenas um dos aspectos da questão, como já se apontou anteriormente.

Essas circunstâncias são obstáculos reais ao avanço de proposições legislativas com esse teor, que terminam por constituir exercício acadêmico pouco produtivo no sentido de fornecer alternativas de política. Isto é, falta um alinhamento interno na **corrente das soluções** – responsáveis pelas alternativas que, em determinado contexto espacial, político e econômico, possuem aceitação técnica, orçamentária, pública e do corpo político – e dessa solução com a **corrente política**, na qual ocorre ação conflituosa dos atores, que envolve a articulação de acordos, lobbies e alianças em oposição.[245]

Anota-se, a esse respeito, a existência de propostas inconciliáveis no Congresso Nacional à espera de apreciação. De um lado, a transferência, para o Poder Executivo, da execução e/ou da determinação dos atos de constrição de bens para garantia da execução, sem prévia apreciação judicial, de outro, a proposta de edição de estatutos do contribuinte, com um conjunto de normas protetivas contra a atuação dos órgãos fazendários, inclusive limitação dos atos constritivos em âmbito judicial.[246]

---

[245] RUIZ; BUCCI, op. cit., p. 1.151-1.152.
[246] Nesse sentido, podem ser citados: sobre o Código de Defesa dos Contribuintes: PLP 38/2007, de 04/04/2007; SF PLS 319/2011, de 08/06/2011; SF PLS 298/2011, de 31/05/2011; sobre vedações à penhora: PL 407/2011, de 15/02/2011; PL 4.548/2004, de 01/12/2004; e sobre a inclusão do precatório como bem preferencial na penhora: PL 1.955/2011, de 09/08/2011.

Essa resistência é corroborada pelos resultados das entrevistas feitas pela FGV sobre a proposta de execução administrativa, que indicaram a inexistência de apoio popular a propostas similares,[247] bem como pelos andamentos de projetos de lei com esse conteúdo apresentados ao Congresso Nacional, que tampouco tiveram êxito em chegar à fase deliberativa de sua tramitação, não obstante apresentados há mais de 10 (dez) anos.

Para ilustrar essa questão da dificuldade de aprovação no Poder Legislativo, destacam-se, a seguir, os projetos de lei que contêm propostas similares àquelas apresentadas pela UFRGS, inclusive aquele de iniciativa do Poder Executivo e dos órgãos técnicos da dívida ativa da União, que não lograram êxito em avançar as etapas do processo legislativo, apesar do longo tempo de tramitação:

a) O PL 2.412/2007, ao qual foi posteriormente apensado o PL 5.080/2009, foi inicialmente apresentado pelo Deputado Regis de Oliveira, do PSC-SP,[248] pretende revogar a LEF e estabelecer, caso aprovado, as seguintes alterações no processamento da execução fiscal:

i. transferiria, aos agentes fiscais, a realização dos atos executivos, em cumprimento de "mandado executivo" expedido pelos órgãos responsáveis pela inscrição em dívida ativa,[249] de forma que o processo somente teria controle judicial após os atos expropriatórios, e se ajuizados embargos à execução que poderiam rediscutir matéria da impugnação administrativa;

ii. estabeleceria a preferência de créditos da dívida em relação às obrigações de natureza real e afastaria o concurso de credores em falência ou recuperação judicial;

iii. afastaria a prescrição em favor do executado que frauda a execução, opõe-se maliciosamente à execução, empregando ardis e

---

[247] FGV, op. cit.
[248] O texto do projeto original e a tramitação da proposição podem ser conferidos no sítio eletrônico da Câmara dos Deputados. Ver: CÂMARA DOS DEPUTADOS. *Projeto de Lei 2412, de 2007a*. Disponível em: https://www.camara.leg.br/proposicoesWeb/prop_mostrarintegra?codteor=522170&filename=Tramitacao-PL+2412/2007. Acesso em: 23 jul. 2020.
[249] Conforme a justificativa do projeto: "A constrição patrimonial, inerente aos processos de execução, far-se-á, assim como hoje, sob o poder de império do Estado. Mas o agente público dela encarregado será outro: o titular do órgão da Fazenda Pública, designado especificamente para essa atribuição e sujeito a todas as responsabilidades dela decorrentes. No caso da União, a proposta já especifica como órgão responsável a Procuradoria da Fazenda Nacional, que é o órgão hoje encarregado do processamento e inscrição da Dívida Ativa federal" (CÂMARA DOS DEPUTADOS, 2007a).

meios artificiosos, resiste injustificadamente às ordens executivas ou não indica ao agente fiscal onde se encontram os bens sujeitos à execução;

iv. autorizaria a quebra automática de sigilo bancário mediante expedição do mandado executivo.

Como justificativa do projeto, o parlamentar apresentante assume que o propósito principal é a "translação da competência" dos atos expropriatórios para o Poder Executivo, mas a "proposta inova pouco, quanto aos procedimentos executivos".[250]

Essa proposta recebeu parecer contrário na Comissão, que registrou que "a proposição sob parecer é muito semelhante, na forma e no conteúdo, ao Projeto de Lei nº 5.615, de 2005,[251] rejeitado por este Colegiado, por unanimidade, em 3 de outubro de 2007"[252] e não foi apreciada até o momento. Ademais, a tramitação do projeto registra diversos requerimentos de audiências públicas, oitivas de autoridades e formação de reuniões técnicas para subsidiar os trabalhos, contudo, sem avançar para a fase deliberativa, pelo que se extrai das informações disponíveis no sítio eletrônico da Câmara dos Deputados.

b) O PL 5.080/2009,[253] apresentado pelo Poder Executivo (MSC 234/2009), teve origem na iniciativa interinstitucional do Ministério

---

[250] Na justificativa, consta o seguinte: "Em linhas gerais, a proposta inova pouco, quanto aos procedimentos executivos. Pode-se mesmo afirmar que, procurando seguir a tendência mais moderna, e que já se vem implementando no tocante à execução comum, apenas promove a translação da competência, segundo a sua definição doutrinária mais aceita, vale dizer, da atribuição de parcela do poder de império do Estado a um determinado órgão de sua estrutura, a fim de que ponha em prática os atos materiais necessários à realização de suas funções (cf. CÂMARA DOS DEPUTADOS, 2007a).

[251] Segundo a Agência Câmara de Notícias, da Câmara dos Deputados, "A Comissão de Trabalho, de Administração e Serviço Público rejeitou, na quarta-feira (03/10/2007), o Projeto de Lei 5.615/05, do deputado Celso Russomanno (PP-SP), que revoga a atual Lei de Execução Fiscal (Lei 6.830/80) e institui uma nova legislação, baseada na cobrança administrativa dos créditos da Fazenda Pública, que engloba a União, os estados, o Distrito Federal, os municípios e as autarquias e fundações públicas. A relatora, deputada Gorete Pereira (PR-CE), explica que apresentou parecer pela rejeição porque 'a proposta consubstancia uma forma processual híbrida, simultaneamente administrativa e judicial, que, ao se preocupar excessivamente em aliviar a carga de trabalho da Justiça, torna o contribuinte refém da Fazenda Pública, tanto federal como estaduais e municipais' (CÂMARA DOS DEPUTADOS. *Trabalho rejeita revogação da Lei de Execução Fiscal*. 5 out. 2007b. Disponível em: https://www.camara.leg.br/noticias/107665-trabalho-rejeita-revogacao-da-lei-de-execucao-fiscal/. Acesso em: 16 ago. 2020).

[252] BRASIL. Câmara dos Deputados. *Parecer do Relator, PRL 1 CTASP*, pelo Dep. Milton Monti. Disponível em: https://www.camara.leg.br/proposicoesWeb/prop_mostrarintegra?codteor=624645&filename=Tramitacao-PL+2412/2007. Acesso em 23 jul. 2020.

[253] CÂMARA DOS DEPUTADOS. *Projeto de Lei nº 5.080/2009*. Disponível em: https://www.camara.leg.br/proposicoesWeb/fichadetramitacao?idProposicao=431260. Acesso em 23 jul. 2020.

da Fazenda e da Advocacia-Geral da União,[254] com o objetivo de promover alteração na LEF e nas Leis nº 5.010, de 1966 e nº 8.212, de 1991. Pretendia, em síntese:

i. permitir a alteração da CDA para inclusão de codevedor a qualquer tempo;

ii. autorizar o registro da certidão de dívida ativa como "constrição preparatória ou provisória no registro de imóveis, registro de veículos ou registro de outros bens ou direitos sujeitos à penhora ou ao arresto" em termo lavrado por oficial da Fazenda Pública, responsável pela constrição e avaliação dos bens,[255] ou seja, permitir a constrição em fase administrativa e anterior ao ajuizamento da execução fiscal, sendo a avaliação impugnável na via administrativa;

iii. impor obrigação de apresentação dos bens penhoráveis pelo devedor, sob pena de sanção administrativa;

iv. interrupção da prescrição pela notificação do devedor acerca da inscrição em dívida ativa;

v. determinar que o ajuizamento da execução fiscal seja precedido de constrição administrativa de bens, ou, ainda, de comprovação de que a empresa está ativa e possui faturamento, no caso não ter sido efetivada essa constrição;[256]

vi. a limitação da possibilidade de discussão judicial da penhora aos casos de impenhorabilidade dos bens e excesso de garantia e possibilidade de constrição posterior ao ajuizamento da ação, com a obrigação, nesse caso, de comunicação ao juiz no prazo de 5 dias, tornando, como regra, o controle judicial posterior à constrição, seja

---

[254] BRASIL. Ministério da Fazenda; Advocacia-Geral da União. *Em Interministerial nº 186/2008 – MF/AGU*, de 10 de novembro de 2008. Disponível em: https://www.camara.leg.br/proposicoesWeb/prop_mostrarintegra?codteor=648721&filename=Tramitacao-PL+5080/2009. Acesso em: 23 jul. 2020.

[255] Essa é a redação do §7º do art. 2º da proposta: "§7º. A certidão de dívida ativa conterá os mesmos elementos do termo de inscrição e será autenticada pela autoridade competente, sendo título executivo apto a aparelhar a cobrança executiva do crédito público, bem como, para a constrição preparatória ou provisória no registro de imóveis, registro de veículos ou registro de outros bens ou direitos sujeitos à penhora ou ao arresto" (CÂMARA DOS DEPUTADOS, 2009).

[256] Essa alteração consta nos §§2º e 3º do art. 13 do projeto: "§2º. A petição inicial será instruída com a certidão de dívida ativa, o resultado da investigação patrimonial e a relação de todas as constrições preparatórias realizadas, se houver, ou, alternativamente, na ausência de constrição preparatória, a comprovação de que a empresa está em atividade, para fins de penhora do faturamento. §3º. Considera-se positivo o resultado da investigação patrimonial que indicar a existência de relacionamento do devedor com instituições financeiras, para fins de penhora de dinheiro e aquela que comprovar que a empresa está em atividade, para fins de penhora de faturamento" (CÂMARA DOS DEPUTADOS, 2009).

ela preparatória ou incidente ao processo executivo judicial e inclusive quando recair dinheiro em conta bancária ou aplicações financeiras;[257]

vii. a suspensão da prescrição pelo prazo de um ano, desde a notificação da inscrição em dívida, sucedida de arquivamento, em caso de não-localização de bens nesse prazo, e do início da contagem do prazo prescricional da pretensão executória, o que importaria em aplicação da sistemática hoje prevista na LEF para a prescrição intercorrente, aplicável após o ajuizamento da execução fiscal;

viii. a contagem da prescrição intercorrente a partir da remessa dos autos judiciais à parte exequente para a realização de novas diligências;

ix. a impugnação judicial dos atos praticados na fase administrativa, sem efeito suspensivo e sem possibilidade de dilação probatória, e oposição de embargos à execução fiscal independentemente de garantia ou de forma antecipada à execução, quando da notificação da inscrição em dívida ativa.

Portanto, as duas propostas, que tramitam apensas, apresentam, como ponto comum, a transferência dos atos de localização do devedor e de constrição patrimonial ao órgão responsável pela inscrição do débito em dívida ativa. Por outro lado, a primeira proposta prevê o processamento integral da execução fiscal em âmbito administrativo, reservando ao Judiciário a discussão da relação jurídica tributária e do crédito dela decorrente, via embargos à execução, bem como o controle posterior dos atos praticados na execução administrativa. Enquanto isso, o segundo projeto pretende apenas que a fase administrativa seja realizada até a constrição de bens, que deveria ser confirmada em âmbito judicial, com o ajuizamento da execução fiscal.

Importante anotar que essas tentativas de reforma do processo tributário que não tiveram êxito ao serem discutidas no Legislativo incluíam medidas menos abrangentes que essa transferência de espaço decisório do Poder Judiciário ao Poder Executivo e essas medidas foram, em boa parte, contempladas em outros projetos aprovados. É o caso da

---

[257] "Art. 17. A constrição preparatória ou provisória de dinheiro em conta bancária, ou em quaisquer aplicações financeiras, que não poderá exceder o montante em execução, será efetivada pela Fazenda Pública, que a determinará, por intermédio da autoridade supervisora do sistema bancário, preferencialmente por meio informatizado. §1º. A Fazenda Pública deverá ajuizar a execução fiscal três dias após a realização da constrição preparatória sobre dinheiro, sob pena de ineficácia imediata da constrição. §2º. A Fazenda Pública deverá comunicar à autoridade supervisora do sistema bancário, por meio informatizado, em dez dias, contados da efetivação da constrição, o ajuizamento tempestivo da execução, sob pena de desconstituição imediata e automática da constrição por esta" (CÂMARA DOS DEPUTADOS, 2009).

Lei Federal nº 13.606, de 9 de janeiro de 2018[258] e da Lei Federal nº 13.874, de 2019,[259] que realizaram, resumidamente, as seguintes alterações: a) autorização para inserção dos dados do devedor em cadastros relativos a consumidores e aos serviços de proteção ao crédito e congêneres; b) autorização para averbação da certidão de dívida ativa nos órgãos de registro de bens e direitos sujeitos a arresto ou penhora, tornando-os indisponíveis.

Essa averbação pré-executória, aliás, foi submetida a outra arena decisória, pois foi objeto em ação de controle concentrado de constitucionalidade no Supremo Tribunal Federal (ADI 5881), ajuizada pelo Partido Socialista Brasileiro (PSB), e apensada às ADIs 5886; 5890; 5925 e 5931, cujo julgamento foi proferido em 9 de dezembro de 2020.[260] Os fundamentos do acórdão contêm elementos importantes para aprofundar o debate em torno das demais propostas legislativas em debate e para a análise de sua viabilidade de aprovação. Isso porque, mesmo que essas alterações no arranjo jurídico-institucional da execução fiscal sobrevivam

---

[258] BRASIL. *Lei nº 13.606, de 9 de janeiro de 2018*. Institui o Programa de Regularização Tributária Rural (PRR) na Secretaria da Receita Federal do Brasil e na Procuradoria-Geral da Fazenda Nacional; altera as Leis nºs 8.212, de 24 de julho de 1991, 8.870, de 15 de abril de 1994, 9.528, de 10 de dezembro de 1997, 13.340, de 28 de setembro de 2016, 10.522, de 19 de julho de 2002, 9.456, de 25 de abril de 1997, 13.001, de 20 de junho de 2014, 8.427, de 27 de maio de 1992, e 11.076, de 30 de dezembro de 2004, e o Decreto-Lei nº 2.848, de 7 de dezembro de 1940 (Código Penal); e dá outras providências. Disponível em: http://www.planalto.gov.br/ccivil_03/_Ato2015-2018/2018/Lei/l13606.htm. Acesso em: 26 out. 2020.

[259] BRASIL. *Lei nº 13.874, de 20 de setembro de 2019*. Institui a Declaração de Direitos de Liberdade Econômica; estabelece garantias de livre mercado; altera as Leis nºs 10.406, de 10 de janeiro de 2002 (Código Civil), 6.404, de 15 de dezembro de 1976, 11.598, de 3 de dezembro de 2007, 12.682, de 9 de julho de 2012, 6.015, de 31 de dezembro de 1973, 10.522, de 19 de julho de 2002, 8.934, de 18 de novembro 1994, o Decreto-Lei nº 9.760, de 5 de setembro de 1946 e a Consolidação das Leis do Trabalho, aprovada pelo Decreto-Lei nº 5.452, de 1º de maio de 1943; revoga a Lei Delegada nº 4, de 26 de setembro de 1962, a Lei nº 11.887, de 24 de dezembro de 2008, e dispositivos do Decreto-Lei nº 73, de 21 de novembro de 1966; e dá outras providências. Disponível em: http://www.planalto.gov.br/ccivil_03/_ato2019-2022/2019/lei/L13874.htm. Acesso em: 26 out. 2020.

[260] "O Tribunal, nos termos do voto médio do Ministro Roberto Barroso (redator para o acórdão), julgou parcialmente procedentes os pedidos formulados na ação direta, para considerar inconstitucional a parte final do inciso II do §3º do art. 20-B, onde se lê "tornando-os indisponíveis", e constitucional o art. 20-E da Lei nº 10.522/2002, ambos na redação dada pela Lei nº 13.606/2018. Também votaram nesse sentido os Ministros Gilmar Mendes e Luiz Fux (Presidente). Os Ministros Marco Aurélio (Relator), Edson Fachin e Ricardo Lewandowski julgaram procedente ação direta. Os Ministros Dias Toffoli, Alexandre de Moraes, Rosa Weber e Cármen Lúcia julgaram improcedente a ação. O Ministro Nunes Marques julgou parcialmente procedente o pedido, nos termos de seu voto. Plenário, 09/12/2020 (Sessão realizada inteiramente por videoconferência – Resolução 672/2020/STF)". (ADI 5886, Relator: Marco Aurélio, Relator p/ Acórdão: Roberto Barroso, Tribunal Pleno, julgado em 09/12/2020, Processo Eletrônico DJe-061. Divulg. 30/03/2021. Public. 05/04/2021). Disponível em: https://portal.stf.jus.br/processos/downloadPeca.asp?id=15346060955&ext=.pdf. Acesso em: 25 de setembro de 2022.

aos diversos processos institucionais, vencendo a fase legislativa, no cenário atual brasileiro, as experiências recentes têm demonstrado que somente se consolidam juridicamente temas sobre os quais há forte divergência entre as instituições atingidas – se é que o fazem – com a submissão ao Supremo Tribunal Federal do ato normativo resultante do processo legislativo.

Sobre esse ponto, verifica-se que o voto do relator, vencido, apresentava os seguintes fundamentos pela inconstitucionalidade material[261] do artigo 25 da Lei Federal nº 13.606/2018, que inseriu os artigos 20-B, §3º, inciso II, e 20-E na Lei nº 10.522, de 19 de julho de 2002, para permitir a averbação da certidão de dívida ativa nos órgãos de registro de bens e direitos sujeitos a arresto e penhora:

i. Inconstitucionalidade material "chapada", em razão do "desvirtuamento do sistema de cobrança da dívida ativa da União, ante a previsão de espécie de execução administrativa dos débitos", que importaria em excesso inconstitucional à autotutela administrativa e, por isso, "incompatível com os princípios constitucionais do contraditório e da ampla defesa – artigo 5º, inciso LV, da Constituição Federal", pois estaria dispensada a presença do Estado-Juiz e do devido processo legal judicial;

ii. Inconstitucionalidade material em razão da violação do art. 170, parágrafo único, da Constituição Federal, por configurar, a averbação pré-executória, sanção política destinada a obrigar o contribuinte a realizar o pagamento do débito, mediante a constrição unilateral do seu patrimônio, equiparável – segundo o voto – a práticas como "a interdição do estabelecimento, a apreensão de mercadorias e o regime especial de fiscalização", por configurar "abuso dos meios, com a consequente corrupção dos fins [...] por falta de sintonia com as garantias constitucionais do Estado Democrático de Direito", de forma que a previsão impugnada configura "abuso do poder de legislar", por

---

[261] Além desses, há também argumentos pela inconstitucionalidade formal, que não serão discutidos aqui por não afetarem o ponto central da análise, que é a viabilidade da sobrevivência dessas alternativas legislativas nas arenas de discussão. Esses vícios formais apontados no voto seriam os seguintes: a) inconstitucionalidade formal por ofensa ao devido processo legislativo por inserção de temas estranhos ao projeto de lei, a configurar contrabando legislativo por falta de "correlação mínima, sob o ângulo da pertinência temática, entre o conteúdo da medida provisória e o da lei de conversão"; b) inconstitucionalidade formal, por veicular em lei ordinária norma reservada a lei complementar (artigo 146, inciso III, alínea *b*, da Constituição Federal), sobre a "fixação de normas gerais sobre o grande todo que é o crédito tributário, no qual se insere a disciplina das prerrogativas e garantias".

ofensa aos princípios da proporcionalidade e da razoabilidade, em decorrência do excesso normativo;[262]

iii. Inconstitucionalidade material, por afronta ao Estado Democrático de Direito, diante da desproporcionalidade entre os meios (dispensa do devido processo legal judicial) e o fim pretendido (satisfação do crédito fazendário), ainda mais em relação à determinação da indisponibilidade de bens unicamente em razão da averbação da CDA nos órgãos responsáveis pelo registro público de bens dos contribuintes.

Por sua vez, o ministro redator para o acórdão, Luís Roberto Barroso, contrapôs a argumentação do relator, da forma seguinte:

i. Constitucionalidade formal dos dispositivos impugnados, que não veiculam normas gerais atinentes ao crédito tributário, "pois não interferem na regulamentação uniforme acerca dos elementos essenciais para a definição de crédito", apenas estabelecem normas procedimentais sobre o modo como a Fazenda Pública federal tratará o crédito tributário após a sua constituição definitiva;

ii. Constitucionalidade material da averbação da certidão de dívida ativa em registros de bens e direitos em fase anterior ao ajuizamento da execução fiscal, por veicular norma de publicização da existência de dívida ativa, para evitar fraudes e proteger terceiros de boa-fé, em cumprimento ao art. 185, *caput*, do CTN, razão pela qual "não viola o devido processo legal, o contraditório e a ampla defesa, a reserva de jurisdição e o direito de propriedade";

iii. Inconstitucionalidade material da indisponibilidade de bens do devedor na via administrativa, porquanto não atendido o princípio da proporcionalidade, "pois há meios menos gravosos a direitos

---

[262] No ponto, o voto faz referência ao exame da Medida Cautelar da Ação Direta de Inconstitucionalidade 2551, julgada em 2 de abril de 2003, da qual o Ministro Marco Aurélio transcreve o trecho seguinte, que aqui se reproduz pela relevância de seus fundamentos: "O poder público, especialmente em sede de tributação, não pode agir imoderadamente, pois a atividade estatal acha-se essencialmente condicionada pelo princípio da razoabilidade, que traduz limitação material à ação normativa do Poder Legislativo. O Estado não pode legislar abusivamente. A atividade legislativa está necessariamente sujeita à rígida observância da diretriz fundamental, que, encontrando suporte teórico no princípio da proporcionalidade, veda excessos normativos e prescrições irrazoáveis do poder público. O princípio da proporcionalidade, nesse contexto, acha-se vocacionado a inibir e a neutralizar os abusos do poder público no exercício de suas funções, qualificando-se como parâmetro de aferição da própria constitucionalidade material dos atos estatais. A prerrogativa institucional de tributar, que o ordenamento positivo reconhece ao Estado, não lhe outorga o poder de suprimir (ou de inviabilizar) direito de caráter fundamental constitucionalmente assegurado ao contribuinte. É que este dispõe, nos termos da própria Carta Política, de um sistema de proteção destinado a ampará-lo contra eventuais excessos cometidos pelo poder tributante ou, ainda, contra exigências irrazoáveis veiculadas em diplomas normativos editados pelo Estado".

fundamentais do contribuinte que podem ser utilizados para atingir a mesma finalidade, como, por exemplo, o ajuizamento de cautelar fiscal", de forma que a indisponibilidade estaria sujeita à reserva de jurisdição, com garantias ao contraditório e à ampla defesa, por se tratar de forte intervenção no direito de propriedade.

Portanto, as questões relativas à separação dos poderes e à inafastabilidade da jurisdição devem centralizar o debate em torno dessa medida. Anote-se, sobre esse ponto, o histórico do STF em refutar inovações legislativas que restrinjam, de algum modo, o alcance da jurisdição, destacando-se, pela afinidade com o tema da execução fiscal, a Súmula Vinculante 28 e a Súmula 667.

A Súmula Vinculante 28[263] afastou a exigência de depósito prévio para acesso ao Poder Judiciário mediante ação que discuta crédito tributário, tendo por julgamento de referência o acórdão na ADI 1.704-3,[264] do Distrito Federal, que declarou inconstitucional o art. 19, *caput*, da Lei Federal nº 8.870/1994, que exigia depósito judicial prévio para discussão do débito com o Instituto Nacional do Seguro Social (INSS). Nessa ação, as informações prestadas pelo Senado Federal, segundo registra o voto do relator, davam conta de que "o preceito atacado veio para inibir uma prática, comum entre grandes e médios contribuintes, de fazer uso de ações judiciais para protelar, com o objetivo de financiar seus próprios negócios, a cobrança de tributos". Esse argumento, contudo, não convenceu os ministros à época, que acolheram unanimemente o voto do ministro relator Eros Grau, que considerou o dispositivo uma injustificável barreira ao acesso ao Poder Judiciário. Esse fundamento interessa porque aponta um caminho possível para o controle de constitucionalidade das propostas de lei após sua aprovação, que tenham por objetivo afastar o controle prévio ou concomitante pelo Poder Judiciário tanto do processo administrativo tributário quanto da execução fiscal administrativa. No caso concreto, esse entendimento não levou à declaração de inconstitucionalidade da averbação pré-executória, mas afetou a parte final do dispositivo

---

[263] "Súmula Vinculante 28: É inconstitucional a exigência de depósito prévio como requisito de admissibilidade de ação judicial na qual se pretenda discutir a exigibilidade de crédito tributário".

[264] Art. 19, *caput*, da Lei Federal 8.870/1994. Discussão judicial de débito para com o INSS. Depósito prévio do valor monetariamente corrigido e acrescido de multa e juros. Violação do disposto no art. 5º, XXXV e LV, da CF. O art. 19 da Lei 8.870/1994 impõe condição à propositura das ações cujo objeto seja a discussão de créditos tributários. Consubstancia barreira ao acesso ao Poder Judiciário. Ação direta de inconstitucionalidade julgada procedente (ADI 1.074, rel. min. Eros Grau, j. 28/03/2007, DJ de 25/05/2007).

impugnado, que considera indisponível o bem em cujo registro houver a averbação, pois o art. 185-A do CTN exige decisão judicial para essa finalidade.[265]

Por sua vez, a Súmula 667 do STF, segundo a qual "viola a garantia constitucional de acesso à jurisdição a taxa judiciária calculada sem limite sobre o valor da causa", foi aprovada a partir dos julgamentos, entre outras, da ADI 1.772-7/Minas Gerais[266] e da ADI 948-6/Goiás,

---

[265] A decisão do STF no julgamento da ADI 5886 se deu exatamente nesse sentido, de constitucionalidade da averbação, contudo, de inconstitucionalidade material da indisponibilidade de bens do devedor na via administrativa, conforme a seguinte ementa: Direito Constitucional, tributário e processual civil. Ações diretas de inconstitucionalidade. Averbação da Certidão de Dívida Ativa (CDA) em órgãos de registro e indisponibilidade de bens do devedor em fase pré-executória. 1. Ações diretas contra os arts. 20-B, §3º, II, e 20-E da Lei nº 10.522/2002, com a redação dada pela Lei nº Lei nº 13.606/2018, que (i) possibilitam a averbação da certidão de dívida ativa em órgãos de registros de bens e direitos, tornando-os indisponíveis, após a conclusão do processo administrativo fiscal, mas em momento anterior ao ajuizamento da execução fiscal; e (ii) conferem à Procuradoria-Geral da Fazenda Nacional o poder de editar atos regulamentares. 2. Ausência de inconstitucionalidade formal. Matéria não reservada à lei complementar. Os dispositivos impugnados não cuidam de normas gerais atinentes ao crédito tributário, pois não interferem na regulamentação uniforme acerca dos elementos essenciais para a definição de crédito. Trata-se de normas procedimentais, que determinam o modo como a Fazenda Pública federal tratará o crédito tributário após a sua constituição definitiva. 3. Constitucionalidade da averbação da certidão de dívida ativa em registros de bens e direitos em fase anterior ao ajuizamento da execução fiscal. A mera averbação da CDA não viola o devido processo legal, o contraditório e a ampla defesa, a reserva de jurisdição e o direito de propriedade. É medida proporcional que visa à proteção da boa-fé de terceiros adquirentes de bens do devedor, ao dar publicidade à existência da dívida. Além disso, concretiza o comando contido no art. 185, *caput*, do Código Tributário Nacional, que presume "fraudulenta a alienação ou oneração de bens ou rendas, ou seu começo, por sujeito passivo em débito para com a Fazenda Pública, por crédito tributário regularmente inscrito como dívida ativa". Tal presunção legal é absoluta, podendo ser afastada apenas "na hipótese de terem sido reservados, pelo devedor, bens ou rendas suficientes ao total pagamento da dívida inscrita". 4. Inconstitucionalidade material da indisponibilidade de bens do devedor na via administrativa. A indisponibilidade tem por objetivo impedir a dilapidação patrimonial pelo devedor. Todavia, tal como prevista, não passa no teste de proporcionalidade, pois há meios menos gravosos a direitos fundamentais do contribuinte que podem ser utilizados para atingir a mesma finalidade, como, por exemplo, o ajuizamento de cautelar fiscal. A indisponibilidade deve respeitar a reserva de jurisdição, o contraditório e a ampla defesa, por se tratar de forte intervenção no direito de propriedade. 5. Procedência parcial dos pedidos, para considerar inconstitucional a parte final do inciso II do §3º do art. 20-B, onde se lê "tornando-os indisponíveis", e constitucional o art. 20-E da Lei nº 10.522/2002, ambos na redação dada pela Lei nº 13.606/2018 (ADI 5886, Relator: Marco Aurélio, Relator p/ acórdão: Roberto Barroso, Tribunal Pleno, julgado em 09/12/2020, Processo Eletrônico DJe-061. Divulg. 30/03/2021. Public. 05/04/2021).

[266] "Taxa judiciária e custas (...) Necessidade da existência de limite que estabeleça a equivalência entre o valor da taxa e o custo real dos serviços, ou do proveito do contribuinte. Valores excessivos: possibilidade de inviabilização do acesso de muitos às Justiça, com ofensa ao princípio da inafastabilidade do controle judicial de lesão ou ameaça a direito (ADI 1.772 MC, rel. min. Carlos Velloso, j. 15/04/1998, DJ de 08/09/2000; ADI 3.826, rel. min. Eros Grau, j. 12/05/2010, DJE de 20/08/2010; e AI 564.642 AgR, rel. min. Ricardo Lewandowski, j. 30/06/2009, 1ª T, DJe de 21/08/2009).

cujos fundamentos incluem, entre outros pontos, a inafastabilidade da jurisdição, ao entender que deve haver correlação entre a taxa judiciária e o custo do serviço jurisdicional, afastando-se, por via indireta, a utilização de medidas de desincentivo ao ajuizamento que representem acréscimo do custo da demanda.[267] O STF, contudo, deu encaminhamento diverso à questão do depósito exigido na ação rescisória, por exemplo, como medida, justamente, de desincentivo à propositura de demanda – e aqui reside a diferença – que intencione discutir a atividade jurisdicional, conforme o acórdão na ADI 3.995, rel. min. Roberto Barroso, julgada em 18 de dezembro de 2018.[268] Isto é, o desincentivo ao questionamento da atuação do Poder Executivo e do Poder Judiciário recebem tratamento diverso no âmbito do processo judicial e apontam para uma resistência institucional à fixação de competência que resulte em restrição à revisão judicial dos atos do Executivo pelo Judiciário.

Além desses, há outros precedentes que apresentam a estabilização, no STF, da jurisprudência sobre a "desnecessidade de prévio cumprimento de requisitos desproporcionais ou inviabilizadores da submissão de pleito ao Poder Judiciário", como é caso das ADI 2.139 e 2.160, rel. min. Cármen Lúcia, j. 01/08/2018, DJE de 19/02/2019, julgada parcialmente procedente para dar interpretação conforme a Constituição aos §§1º a 4º do art. 625-D da Consolidação das Leis do Trabalho e permitir o ajuizamento de demanda diretamente no Poder Judiciário, sem necessidade de prévia submissão do caso à Comissão de Conciliação Prévia.[269] Igualmente, o STF já fixou que "não há previsão

---

[267] O baixo custo do acesso ao Judiciário brasileiro é apontado em diversos estudos como um incentivo à litigância, tal qual afirmam Salama, Carlotti e Yeung sobre o fator relativo ao (baixo) custo do processo, impactado, primeiro, pelo financiamento prevalentemente público (orçamentário) do sistema de justiça, com reduzido valor de custas e despesas pagas pelas partes e, segundo, pelo grande número de advogados, que reduziria o preço do serviço jurídico, já que o Brasil oferece 1.174 cursos de Direito, o maior número do mundo, várias vezes maior que nos Estados Unidos (280) e no Reino Unido (95), por exemplo, além de ter, também, a maior densidade de advogados em relação à população (cf. SALAMA, Bruno Meyerhof; CARLOTTI, Danilo; YEUNG, Luciana. Quando litigar vale mais a pena do que fazer acordo: os grandes litigantes na Justiça Trabalhista. *FGV Working Paper* – Série: O Judiciário destrinchado pelo *big data*. [S.l.]: FGV, 2019. p. 5-6. Disponível em: http://works.bepress.com/bruno_meyerhof_salama/143/. Acesso em 13 jun. 2020).

[268] "(...) é constitucional o depósito prévio no ajuizamento de ação rescisória como mecanismo legítimo de desincentivo ao ajuizamento de demandas ou de pedidos rescisórios aventureiros. Não há violação a direitos fundamentais, mas simples acomodação com outros valores constitucionalmente relevantes, como a tutela judicial efetiva, célere e de qualidade. O depósito no percentual de 20% sobre o valor da causa não representa uma medida demasiadamente onerosa, guardando razoabilidade e proporcionalidade" (ADI 3.995, Rel. Min. Roberto Barroso, j. 18/12/2018, DJe de 01/03/2019).

[269] "O Supremo Tribunal Federal tem reconhecido, em obediência ao inc. XXXV do art. 5º da Constituição da República, a desnecessidade de prévio cumprimento de

constitucional de esgotamento da via administrativa como condição da ação que objetiva o reconhecimento de direito previdenciário".[270] Esses precedentes, entre tantos outros, da atual e de anteriores composições após a Constituição de 1988, apontam um histórico jurisprudencial que afasta medidas indiretas de redução da litigância mediante alteração legislativa que retire, por via direta ou indireta, o acesso do contribuinte à atividade jurisdicional. Isso em grande parte em reação garantista a um período, ainda recente na experiência constitucional brasileira, no qual o Poder Executivo ocupou posição central em regimes de contenção do Poder Judiciário.[271]

Não está no escopo deste trabalho o enfrentamento da consistência desses argumentos que sustentam as decisões do STF, de forma que a sua exposição tem finalidade de apontar situações reais de movimentação dos processos de formação do Direito em geral – incluído o processo legislativo e o controle da juridicidade de normas – para "identificação das forças políticas em disputa e como seus movimentos se traduzem em normas jurídicas", uma das vertentes que a abordagem DPP

---

requisitos desproporcionais ou inviabilizadores da submissão de pleito ao Poder Judiciário. Contraria a Constituição interpretação do previsto no art. 625-D e parágrafos da Consolidação das Leis do Trabalho pelo qual se reconhecesse a submissão da pretensão à Comissão de Conciliação Prévia como requisito para ajuizamento de reclamação trabalhista. Interpretação conforme a Constituição da norma. Art. 625-D e parágrafos da Consolidação das Leis do Trabalho: a legitimidade desse meio alternativo de resolução de conflitos baseia-se na consensualidade, sendo importante instrumento para o acesso à ordem jurídica justa, devendo ser estimulada, não consubstanciando, todavia, requisito essencial para o ajuizamento de reclamações trabalhistas. Ação direta de inconstitucionalidade julgada parcialmente procedente para dar interpretação conforme a Constituição aos §§1º e 4º do art. 625-D da Consolidação das Leis do Trabalho, no sentido de assentar que a Comissão de Conciliação Prévia constitui meio legítimo, mas não obrigatório de solução de conflitos, permanecendo o acesso à Justiça resguardado para todos os que venham a ajuizar demanda diretamente ao órgão judiciário competente" (ADI 2.139 e ADI 2.160, Rel. Min. Cármen Lúcia, j. 01/08/2018, DJE de 19/02/2019).

[270] Nesse sentido: RE 549.238 AgR, rel. min. Ricardo Lewandowski, j. 05/05/2009, 1ª T, DJE de 05/06/2009; RE 549.055 AgR, Rel. Min. Ayres Britto, j. 05/10/2010, 2ª T, DJe de 10/12/2010.

[271] Juliana de Palmas relembra-nos, por exemplo, que a Constituição do Estado Novo (1937) estabelecia uma concentração do Poder Executivo e do Poder Legislativo no Presidente da República e, sobre a relação com o Poder Judiciário, "(...) a declaração de inconstitucionalidade de lei poderia ser suspensa pelo Presidente da República e submetida novamente à apreciação do Parlamento. (...) e se a lei declarada inconstitucional pelo Judiciário fosse confirmada por dois terços de uma das Câmaras, a decisão judicial perderia seus efeitos" (cf. DE PALMA, Juliana Bonacorsi. *Atividade normativa da Administração Pública*. Estudo do processo administrativo normativo. 2014. Tese (Doutorado) – Faculdade de Direito, Universidade de São Paulo, São Paulo, 2014. p. 34-105).

apresenta quanto ao direito material, com apoio na legística ou ciência da legislação.²⁷²

Por outro lado, por meio das referidas Leis Federais nº 13.606, de 9 de janeiro de 2018, e 13.874, de 2019, foram aprovadas alterações voltadas à racionalidade da atuação dos órgãos fazendários e de representação jurídica da Fazenda Pública federal que não implicam na revisão das competências do Poder Judiciário e do Poder Executivo e podem ser também adotadas nos demais entes federativos, tais como:

a) Dispensa da prática pelos órgãos de representação jurídica de atos processuais, inclusive a desistência de recursos interpostos, quando o benefício patrimonial almejado com o ato não atender aos critérios de racionalidade, economicidade e eficiência;

b) Autorização para arquivamento de execuções fiscais relativas a débitos inscritos em dívida ativa da União pela Procuradoria-Geral da Fazenda Nacional ou por ela cobrados, de valor consolidado igual ou inferior àquele estabelecido em ato do Procurador-Geral da Fazenda Nacional;

c) Dispensa de oferecimento de defesa em ações cujo valor seja inferior ao fixado pelo Ministro da Fazenda;

d) Autorização para que a PGFN condicione o ajuizamento de execuções fiscais à verificação de indícios de bens, direitos ou atividade econômica dos devedores ou corresponsáveis, desde que úteis à satisfação integral ou parcial dos débitos a serem executados, segundo limites, critérios e parâmetros definidos pelo seu Procurador-Geral;

e) Instauração de procedimento administrativo incidental ou anterior à execução fiscal, com o objetivo de investigar a prática de ato ilícito previsto nas legislações tributária, civil e empresarial como causa de responsabilidade de terceiros por parte do contribuinte, sócios, administradores, pessoas relacionadas e demais responsáveis.

Essas propostas estão mais próximas das sugestões apresentadas pelo estudo da FGV e estão voltadas à racionalização do processo de execução, incluídos nesse contexto não só sugestões de alteração do procedimento como propostas de modificação da gestão dos créditos pelos órgãos fazendários e de representação jurídica. Como

---

[272] Trata-se da vertente do direito material que compõe a matriz metodológica da abordagem DPP, que releva, segundo Bucci, a "importância conferida na abordagem DPP ao processo legislativo e aos processos de formação do Direito, em geral". Com apoio em Felipe de Paula, a autora afirma que "sem descuidar da autonomia do Direito em face da política, procura-se "compreender e aceitar as contingências que cercam o ciclo de vida normativo (...) atribuindo relevância e dignidade às vicissitudes de sua formulação e implementação" (BUCCI, 2019, p. 821).

já transcrevemos anteriormente, essas propostas da FGV foram as seguintes:

a) Utilização dos Juizados Especiais para a cobrança de débitos dos Conselhos de Fiscalização de Profissões Liberais, limitando o rito da LEF aos créditos de natureza tributária;

b) Aplicação de ofício pelo procurador atuante no processo das súmulas vinculantes e teses fixadas em repercussão geral e recursos repetitivos, e reconhecimento das causas extintivas do crédito, como decadência ou prescrição;[273]

c) Reunião dos processos incidentes no mesmo juízo da execução fiscal;

d) Utilização da alienação por iniciativa particular e adjudicação como formas prioritárias em caso de bens penhorados;[274]

e) Aplicação de rito processual mais célere para os tributos declarados pelo sujeito passivo;[275]

f) Possibilidade de oposição de embargos à execução sem exigência de prévia garantia;

g) Instituição de critério legal de viabilidade econômica e de limite mínimo para a propositura de execução fiscal, levando em consideração o custo do processo;[276]

---

[273] O controle de legalidade da CDA, portanto, em lugar de ser exercido apenas como medida prévia ao ato de inscrição do crédito, passaria a ser um dever permanente de aferição da juridicidade dos elementos da relação jurídica que deu origem à dívida.

[274] A proposta é de alinhamento da LEF ao art. 835 do CPC, que prevê tais modalidades como preferenciais na fase de alienação dos bens penhorados. Não há resistência, contudo, na jurisprudência para aplicar esse dispositivo aos processos de execução fiscal, diante da inexistência de regra incompatível na LEF e da aplicação subsidiária do CPC a todos os procedimentos previstos em leis especiais. A proposta de alteração, por isso, não geraria maior impacto.

[275] Em termos simples, essa alteração permitiria a realização de ato de constrição antes da citação quando o crédito da dívida ativa cobrado na execução fiscal tem origem em tributo declarado pelo contribuinte, bem como exigiria garantia do juízo para concessão de efeitos suspensivos aos embargos.

[276] Essa alteração levaria à inserção de art. 4º-A e §§1º e 2º, com a seguinte redação: "Art. 4º-A – A União, os estados, o Distrito Federal e os municípios podem dispensar o ajuizamento de execuções fiscais quando o montante do débito consolidado do devedor estiver abaixo de valor mínimo fixado pelo Poder Executivo, ou enquanto não localizados bens ou direitos em nome do sujeito passivo, ou indícios de sua existência, desde que úteis para a satisfação integral ou parcial do débito, observados os critérios de racionalidade, economicidade e eficiência. §1º. Em relação à Dívida Ativa da União, caberá ao Ministro da Fazenda definir os limites, critérios e parâmetros para dispensa do ajuizamento de que trata o *caput*, podendo delegar tais atribuições ao Procurador-Geral da Fazenda Nacional. §2º. O Procurador-Geral da Fazenda Nacional e as respectivas autoridades das Fazendas Estaduais e Municipais requererão o arquivamento, sem baixa na distribuição, das execuções fiscais cujos débitos estiverem abaixo do limite previsto no *caput*, bem como daquelas em que não conste dos autos informações de bens ou direitos úteis à satisfação do crédito, integral ou parcialmente, observados os critérios ou parâmetros definidos nos termos do §1º".

h) Criação de um banco nacional de informações sobre contribuintes e seu patrimônio;

i) Alteração do CTN para incluir a inscrição em dívida ativa como causa de interrupção da prescrição;

Isso não serve para dizer que tais propostas do grupo da FGV devam ser admitidas sem uma crítica prévia ao seu alcance como resposta jurídico-institucional à situação-problema da execução fiscal. Na verdade, algumas considerações importantes podem ser feitas em relação a essas sugestões. A primeira diz respeito a permitir a utilização dos juizados especiais pela Fazenda Pública como autora, o que o sistema dos juizados especiais atualmente não permite. A vantagem dessa alteração legislativa, segundo os autores, seria a oralidade e celeridade próprias do rito especial previsto para as causas de pequena complexidade.

Há, contudo, três pontos que precisam ser contextualizados quanto a essa sugestão. Primeiro, o volume de processos dos juizados especiais federais e estaduais atualmente é expressivo e, provavelmente, o tempo de tramitação, apesar do rito simplificado, seria consideravelmente acrescido pelo volume de processos aportado em razão da modificação de competência sugerida, de forma que a situação muito provavelmente resultaria em mera transferência de sobrecarga entre órgãos judiciais.

Segundo, o sucesso da demanda depende do perfil econômico do devedor e, segundo o Ipea, tem sido significativamente maior quanto maior é o valor da causa, por isso, é provável que o ajuizamento não seletivo de créditos da dívida ativa no juizado especial, independentemente do rito, não produza o recebimento do crédito, especialmente porque a maior parte do tempo do processo decorre nas fases de citação e de penhora de bens, segundo o Ipea, em relação às quais não há diferença importante entre o rito da execução nos juizados e o da LEF.

O terceiro diz respeito à necessidade de as Fazendas Públicas continuarem a aplicar recursos humanos, técnicos e financeiros na persecução desses processos de pequeno valor, apesar de representarem apenas um reduzido volume do total da dívida ativa da União, dos estados e dos maiores municípios.

Portanto, no âmbito federal, a proposta faz mais sentido para a persecução dos créditos de pequeno valor executados pelos conselhos profissionais, predominantemente contra pessoas físicas, como demonstrou o Ipea. Ainda, pode ser interessante para os pequenos municípios, cujo perfil da dívida indicará um grande número de devedores de pequenos créditos. No caso dos estados, contudo, não há utilização da execução fiscal fora da Administração Pública formal, e, por isso, há espaço para a seleção de créditos a serem ajuizados, dispensando-se os créditos de pequeno valor, sem grande impacto no valor total da dívida ativa. O valor de piso para a execução, obviamente, vai variar de acordo com as características da dívida ativa de cada unidade federativa, pois são conhecidas as desigualdades regionais do nosso país.

Isso leva à discussão de outra sugestão do NEF/FGV – Direito SP (2016): tornar possível a defesa do executado por meio de embargos à execução antes da garantia do juízo, cuja finalidade seria abreviar a discussão do crédito e permitir o acertamento do direito. Essa, aliás, é uma proposta comum aos diversos projetos, como é o caso, além daqueles já citados, do PL 1.575, de 18 de maio de 2015. É também um ponto que conta com a adesão do grupo técnico da PGFN, conforme o projeto de lei apresentado pelo governo.

Uma primeira questão que pode ser levantada em relação a isso diz respeito ao risco sucumbencial da Fazenda em processos sem viabilidade de recuperação do crédito. Assim, a providência se mostra acertada sob a ótica da juridicidade do crédito e da microlitigância, permitindo-se ao devedor que a cobrança seja limitada ao valor devido, após a sua discussão judicial. Sob o ponto de vista da arrecadação e da macrolitigância, por outro lado, a eventual redução do crédito ou sua confirmação por decisão judicial pouco tem a acrescentar se não forem localizados bens suficientes à satisfação do remanescente desse crédito juridicamente acertado pela prestação jurisdicional, isto é, se o processo continuar a tramitar, mesmo sem a viabilidade de sua recuperação, haverá possível acréscimo de tempo de tramitação com a discussão do crédito.

Trata-se, portanto, de medidas que, para atingir os resultados de redução do tempo de tramitação e aumento da arrecadação, demandam, também, um tratamento seletivo da dívida, com ajuizamento apenas de execuções de créditos viáveis, cuja discussão de fato seja medida necessária para a garantia da juridicidade da cobrança judicial. Nos demais casos, a extinção de processos que perseguem créditos irrecuperáveis, acompanhada de controle administrativo posterior ou concomitante de juridicidade, poderia surtir efeitos mais amplos que o controle jurisdicional, via ação de embargos à execução.

De todo modo, com a possibilidade de ampla discussão do crédito em ações ordinárias, a não-apresentação de defesa pode estar mais significativamente associada ao não-conhecimento da ação pelo devedor – devido à utilização de formas fictas de citação – ou, quando a ação é conhecida por este, à decisão de não aplicar recursos com a contratação de defensor, se o devedor não percebe risco de ser atingido pela execução por não ter bens sobre os quais possam recair os atos de responsabilidade patrimonial.

Essa observação também pode ser feita quanto à proposta de controle de juridicidade das CDAs a partir de precedentes vinculantes dos Tribunais Superiores. Registra-se que essa medida é uma contribuição muito importante para o saneamento jurídico dos créditos da dívida ativa e para reduzir os riscos de sucumbência quando o crédito for ajuizado. Por isso, esse controle é especialmente importante como medida prévia ao ajuizamento, para aproximar a decisão administrativa acerca da sua legalidade da orientação jurisdicional prevalente e vinculante no âmbito da própria Administração ou do Poder Judiciário.

Por outro lado, a sua relevância para a redução do tempo de tramitação do processo já ajuizado e também para a ocorrência do recebimento do crédito dependem de uma premissa anterior, isto é, de que o crédito seja recuperável, pois a dificuldade em localizar devedores e seus bens representa a maior parte da duração do processo, segundo o Ipea. Por isso, a extinção parcial do processo pela extinção total ou parcial de créditos tidos por indevidos após seu concomitante controle de juridicidade só teria o condão de impactar no tempo do processo quando o crédito fosse objeto de impugnação judicial sobre a matéria. Ou seja, excluiria ou reduziria a discussão do crédito decorrente do processamento da exceção de pré-executividade, dos embargos à execução ou das ações autônomas que versassem sobre os mesmos pontos objeto de reconhecimento administrativo. Caso haja crédito remanescente na execução fiscal, o tempo de tramitação do processo executivo dependerá, também, da localização de bens do devedor.

Sem olvidar-nos da importância desses ajustes, a hipótese central deste trabalho é a de que as mudanças jurídico-institucionais de boas práticas administrativas e processuais pressupõem uma providência necessária e anterior para que possam produzir o esperado resultado de celeridade e de acréscimo de arrecadação. Essa providência é a adoção da **seletividade** como regra jurídica a orientar o ajuizamento dos créditos da dívida ativa, tema de tópico específico deste estudo, que encontra ressonância em outras propostas do próprio NEF/FGV – Direito SP de instituição de critério normativo de viabilidade econômica, bem como de instituição de um limite mínimo para a propositura de execução fiscal.

Foi nesse sentido que ocorreram, no âmbito da União, as alterações promovidas pela Lei Federal nº 13.606/2018 e Lei Federal nº 13.874/2019, especialmente: a) a dispensa da prática pelos órgãos de representação jurídica de atos processuais quando o benefício patrimonial almejado com o ato não atender aos critérios de racionalidade, de economicidade e de eficiência; b) autorização para arquivamento de processos de execuções de valor consolidado igual ou inferior àquele estabelecido em ato do Procurador-Geral da Fazenda Nacional; e c) o ajuizamento de execuções fiscais condicionado à verificação de indícios de bens, direitos ou atividade econômica dos devedores ou corresponsáveis.

No estado de Goiás, o anteprojeto de lei atualmente em discussão no âmbito da Secretaria de Estado da Economia[277] propõe a instituição de um regime de ajuizamento seletivo de execuções fiscais, além fixar os requisitos e as condições para a realização de transação resolutiva de litígios em matéria tributária. Os objetivos indicados nesse anteprojeto são: promover a eficiência na cobrança da dívida ativa tributária do estado de Goiás e a adequação dos mecanismos de cobrança à capacidade de pagamento dos sujeitos passivos das obrigações tributárias (art. 1º). A seu turno, os princípios orientadores da atuação administrativa para a realização desses objetivos (art. 2º) são: presunção de boa-fé do contribuinte; concorrência leal entre os contribuintes; estímulo à autorregularização e conformidade fiscal; redução de litigiosidade; menor onerosidade dos instrumentos de cobrança tributária; adequação dos meios de cobrança à capacidade de pagamento dos devedores inscritos em dívida ativa; autonomia da vontade das partes na celebração do acordo de transação; atendimento ao interesse público; isonomia, capacidade contributiva, moralidade, razoável duração dos processos e eficiência; publicidade e transparência ativa.

Segundo o anteprojeto, o regime de ajuizamento seletivo utilizaria o critério quantitativo de corte de R$ 500 mil proposto ainda no de 2018 no relatório interno PGEGO, que serviu de referência para o *Relatório descritivo da distribuição de processos de execução fiscal no estado de Goiás*, exposto em tópico anterior deste estudo. Assim, o art. 4º condiciona o ajuizamento de novos processos à "localização de indícios de bens ou atividade econômica do devedor e/ou respectivos responsáveis por meio da investigação patrimonial (...) desde que úteis à satisfação integral ou parcial do débito a ser executado".

A conclusão acerca dessa viabilidade econômica seria informada por um banco de dados eletrônico, "com informações cadastrais, patrimoniais ou econômico-fiscais prestadas pelo devedor ou por terceiros, capaz de estimar a capacidade de pagamento dos débitos

---

[277] Essa minuta está disponível no processo eletrônico SEI 201900003004841 e os comentários apresentados neste trabalho consideram a versão disponível em 31 de julho de 2020.

inscritos em dívida ativa pelos sujeitos passivos" (art. 5º). A partir desses dados, assim como ocorre na União, os créditos seriam classificados em quatro grupos: I – créditos tipo A: com alta perspectiva de recuperação; II – créditos tipo B: com média perspectiva de recuperação; III – crédito tipo C: considerados de difícil recuperação; IV – créditos tipo D: considerados irrecuperáveis.

Ainda com inspiração no modelo federal, a classificação como irrecuperáveis também utiliza critérios qualitativos relativos à situação fática e jurídica do devedor e inclui as seguintes situações:

> Art. 6º. Para os fins do disposto nesta Lei, são considerados irrecuperáveis os créditos tributários inscritos em dívida ativa do Estado de Goiás, quando:
> I – inscritos há mais de 15 (quinze) anos e sem anotação de garantia ou suspensão de exigibilidade;
> II – suspensos por decisão judicial há mais de 10 (dez) anos;
> III – de titularidade de devedores:
> a) com falência decretada;
> b) em processo de recuperação judicial ou extrajudicial;
> c) em liquidação judicial;
> d) em intervenção ou liquidação extrajudicial.
> IV – de titularidade de devedores pessoa jurídica cuja situação cadastral no CNPJ seja:
> a) baixada por inaptidão;
> b) baixada por inexistência de fato;
> c) baixada por omissão contumaz;
> d) baixada por encerramento da falência;
> e) baixada pelo encerramento da liquidação judicial;
> f) baixada pelo encerramento da liquidação;
> g) inapta por localização desconhecida;
> h) inapta por inexistência de fato;
> i) inapta por omissão e não localização;
> j) inapta por omissão contumaz;
> k) inapta por omissão de declarações;
> l) suspensa por inexistência de fato.
> V – de titularidade de devedores pessoa física com indicativo de óbito.
> VI – os respectivos processos de execução fiscal estiverem arquivados com fundamento no art. 40 da Lei nº 6.830, de 22 de setembro de 1980, há mais de 3 (três) anos.
> Parágrafo único. As situações descritas nos incisos III, IV e V do *caput* deste artigo devem constar, respectivamente, nas bases do CNPJ e do CPF perante a Secretaria de Estado da Economia até a data da proposta

de transação, cabendo ao devedor as medidas necessárias à efetivação dos registros.

Como visto, essa redação também incorpora parcialmente um ponto importante da proposta de seletividade debatida no tópico anterior deste trabalho, a não-persecução de empresas inativas sem bens identificados. Esse ajuste normativo tem a potencialidade de impactar significativamente no tempo de duração dos processos de execução fiscal e na recuperação de créditos, pois a maior parte do tempo da tramitação, como já apontado pelo Ipea, refere-se a atos de localização dos devedores e de seus bens, que é especialmente dilatada em relação à persecução de créditos de pessoas jurídicas inativas.

Assim, seguindo as premissas lançadas no início do capítulo anterior, o anteprojeto pode reduzir consideravelmente o número de processos novos e, com isso, contribuir para a redução do tempo de duração dos processos pendentes (premissas 1 e 7) e impactar tanto no custo médio do processo (premissa 2) como no aumento da probabilidade média desses processos novos alcançarem fases de constrição e de alienação de bens (premissa 3). Além disso, serão ajuizados os créditos de maior valor (premissa 4), que estão estatisticamente associados ao recebimento do crédito e apresentam melhor custo-benefício (premissa 5). Na mesma linha, o ajuizamento seletivo, restrito às hipóteses de empresas ativas ou com patrimônio suficiente para garantir a recuperação total ou parcial do crédito, reduz o risco de prescrição intercorrente pela não-localização do devedor ou dos seus bens (premissa 6) e deixa a cobrança nas faixas de crédito de menor valor ou de baixa viabilidade aos meios alternativos de recuperação do crédito, que possuem menor custo (premissas 9 e 10).

É imediatamente perceptível, nessa proposta, a inspiração no modelo federal, do qual a proposta replica diversos dispositivos. Contudo, há uma diferença considerável entre os modelos quanto ao âmbito normativo de definição dos critérios de seletividade. Na União, a autorização legal é uma lei-quadro,[278] à qual o Poder Executivo, em sua

---

[278] Segundo Carlos Ari Sundfeld, as leis-quadro consideram um modelo de **genérica dependência da lei**, isto é, inexistência de competências administrativas autoatribuídas, consideradas três vinculações principais do agir da administração: *i.* não há âmbito material excluído do poder da lei; *ii.* a ação administrativa deve ter uma base legal – ainda que geral; *iii.* a repartição legal de competências **historicamente** (comparativos dos textos constitucionais no tempo). Segundo o autor, há uma tendência da CF em limitar a atuação normativa do Executivo e dar prevalência à lei; mas a **realidade jurídica**, no contexto histórico das diversas constituições brasileiras, sempre apresentou leis-quadro e intensa produção normativa do executivo (SUNDFELD, Carlos Ari. *Direito Administrativo para céticos*.

atividade normativa,[279] acrescenta o tratamento infralegal.[280] Por outro lado, no estado de Goiás, a proposta de lei tratou com detalhamento os critérios e hipóteses, num movimento de maior vinculação da atuação administrativa.[281] Portanto, há uma limitação da atividade normativa do Poder Executivo em âmbito estadual, apesar da dificuldade de estabilizar em lei um aspecto dinâmico, que são os critérios do que seja um crédito recuperável.

Por outro lado, a função normativa regulamentar (não legislativa) de estatuir normas destinadas à regulação dinâmica e flexível dos estados econômicos em flutuação, por meio de padrões operacionais, negociais, entre outros, é uma vocação própria do Executivo, não uma excepcionalidade decorrente de delegação pelo Legislativo.[282] Isso porque a regulamentação infralegal é mais adequada para captar o dinamismo das situações econômicas que constituem o objeto dessas normas. Além disso, a opção pela via legislativa leva a uma dificuldade normalmente

---

São Paulo: Malheiros, 2012. p. 231-280). No mesmo sentido, quanto à realidade jurídica, cf. DE PALMA, op. cit., p. 34-105.

[279] Segundo Juliana de Palmas "(...) há uma tradição em torno da atividade normativa da Administração Pública que tem direcionado o modo de analisá-la e, principalmente, de lidar com o exercício do poder normativo pela Administração Pública", de forma que, em regimes anteriores, como é o caso, e no movimento doutrinário de resistência a esses modelos, "**foram consolidados os dogmas doutrinários sobre a atividade normativa da Administração Pública que ainda hoje se apresentam nos debates doutrinários**", como a divisão entre decreto regulamentar e autônomo, este excepcional, e a desconfiança recorrente em relação à atividade normativa do Poder Executivo, alimentada por experiências constitucionais com a Constituição do Estado Novo (1937), que levou à concentração do poder executivo e legislativo no Presidente da República, um modelo no qual "[a lei] corresponde apenas às linhas gerais e ao conteúdo normativo. As minúcias normativas seriam objeto de reserva de administração [e ... além disso, segundo] o art. 64, caput, da Constituição de 1937, a "iniciativa dos projetos de lei cabe, em princípio, ao Governo [... e ainda houve] introdução do decreto-lei" (DE PALMA, op. cit., p. 34-105). Carlos Ari Sundfeld, no mesmo sentido, afirma que "no decorrer dos anos nossa história administrativa foi ficando muito vinculada a período de ditadura [... por isso] vários publicistas adotaram a estratégia de tentar cortar as asas do executivo" (SUNDFELD, op. cit., p. 238).

[280] A regulamentação desse dispositivo foi feita pela Portaria PGN nº 293, de 12 de junho de 2017, do então Ministério da Fazenda, que atribui uma nota de "A" a "D" ao devedor ou grupo de devedores que representa o grau de recuperabilidade do débito – Índice Geral de Recuperabilidade (IGR).

[281] É o modelo de a) **primazia da lei**, baseado na suposta "capacidade que tem o legislador de, segundo sua política, definir a dimensão do espaço de ação administrativa" (SUNDFELD, op. cit., p. 231-280).

[282] GRAU, Eros Roberto. *O Direito posto e o Direito pressuposto*. 8. ed. São Paulo: Malheiros, 2011. p. 167-190. Contudo, como afirma Juliana de Palma, a Constituição de 1988, originalmente, prestigiou a primazia da lei, embora como temperamentos, ao prever delegação condicionada da lei, a possibilidade de medida provisória e atividade normativa no Poder Executivo na ordem econômica, entre outros, e ainda em razão da abertura para regulação direta pela Constituição, seguindo o constitucionalismo do final do século XX (DE PALMA, op. cit., p. 34-105).

maior de alteração do modelo para aprendizado institucional, tornando necessária a rediscussão na arena legislativa. Nesse sentido, a inflexibilidade legislativa pode criar "uma realidade fossilizada, puramente normativa e meramente ideativa, infensa a valores, a considerações políticas, sociológicas, econômicas".[283]

Ademais, o projeto deixa de abordar questões relevantes: a) a situação dos processos em curso, que não possuem viabilidade de recuperação ou com alto risco jurídico de sucumbência da Fazenda Pública; b) os créditos de valor superior a 500 mil reais, constituídos em face de devedores inativos ou sem bens identificados, cujo ajuizamento, segundo o anteprojeto, permanece sendo obrigatório.

Em relação ao primeiro caso, as hipóteses atualmente existentes de extinção de processos são taxativas e insuficientes, considerando-se o grande volume de processos existentes no estado de Goiás e a baixa recuperação média, já apontados neste trabalho. Quanto ao segundo, a obrigação de ajuizamento de créditos de devedores economicamente inativos e sem patrimônio identificado é a repetição da atual conjuntura de utilização da execução fiscal apenas para evitar prescrição da pretensão executória, antevendo-se, contudo, a futura ocorrência da prescrição da pretensão executória intercorrente, resultando na aplicação de escassos recursos públicos na promoção de demandas com baixa probabilidade de êxito.

Assim, a proposta deste trabalho para o estado de Goiás é a manutenção de todos os créditos de devedores inativos ou sem patrimônio identificado como não prioritários para ajuizamento, acompanhada da análise administrativa de fraudes estruturadas e monitoramentos por grupos interinstitucionais estratégicos (PGE e Fisco, especialmente), que permitam o início da cobrança judicial, quando alteradas as características da recuperabilidade desses créditos, por exemplo, em decorrência da identificação de grupos econômicos com devedores ativos relacionados aos inativos ou de patrimônio ocultado e de transferências fraudulentas. Isto é, o ajuizamento seletivo aplicado em ampla medida, e não apenas em relação ao valor da demanda.

---

[283] GUERRA, Sérgio. *Discricionariedade e reflexividade*: uma nova teoria sobre as escolhas administrativas. 5. ed. Belo Horizonte: Fórum, 2019. p. 167.

3.3 Ajustes administrativos e sugestões de boas práticas

Nos subtítulos anteriores deste capítulo, apresentamos o relatório descritivo da distribuição de processos de execução fiscal no estado de Goiás, construído a partir das premissas metodológicas extraídas da revisão de literatura de estudos aplicados, e realizamos uma análise crítica das propostas legislativas de alteração do arranjo normativo base da execução fiscal, de âmbito nacional, e no arranjo normativo estadual, descrevendo a potencialidade das diversas correntes de soluções encontrarem a janela de oportunidades para serem escolhidas como alternativas de políticas e, finalmente, de sobreviverem, também, ao embate institucional pós-legislado. Além disso, discorremos sobre os potenciais impactos dessas alterações no cenário pré-legislado no estado de Goiás, em relação a ganhos de eficiência quanto à redução do tempo de tramitação dos processos judiciais e ao aumento do valor total da recuperação de créditos por meio da execução fiscal.

Neste tópico, seguindo o caminho metodológico do *Quadro de problemas de políticas públicas*, apresentam-se, a seguir, as diretrizes iniciais para uma **abordagem da execução fiscal** como um **instrumento** de política pública, oferecendo soluções prováveis para a situação-problema de ineficiência da execução fiscal em âmbito administrativo, que se ligam, em determinados pontos, com as alterações legislativas analisadas, mas também se referem ao uso articulado e estratégico dos diversos meios de recuperação de crédito.

Essas diretrizes são as seguintes: a) ação racional em escala, com a lente voltada para a macrolitigância, mediante tratamento seletivo de ajuizamento e extinção de processos de créditos econômica ou juridicamente inviáveis; b) planejamento conjunto e harmônico dos meios de recuperação de crédito da dívida ativa, consideradas as influências recíprocas entre eles, em busca da identificação do grau de eficiência de cada uma nas diversas situações de créditos; c) abertura para o sistema multiportas como alternativa à litigância. Essas propostas serão analisadas nos tópicos seguintes.

3.3.1 A ação racional e em escala como resposta à macrolitigância na execução fiscal

No cenário nacional e no estadual, a ineficiência da execução fiscal, sob o duplo aspecto da baixa arrecadação e da alta taxa de congestionamento dos processos de execução fiscal, tem demonstrado que a existência de um procedimento especial para processamento dessas ações não é uma resposta suficiente.[284] Há uma crise de efetividade do Direito, que faz com que processos judiciais tenham tramitação mais longa em fase de execução do que em fase de conhecimento.[285]

Os números observados no estado de Goiás[286] atestaram a necessidade de uma atuação seletiva, que considere o valor dos créditos perseguidos e a viabilidade de serem recuperados por meio do processo judicial. O primeiro critério de viabilidade que tem sido reiterado nos âmbitos dos estudos técnicos é a existência de atividade econômica ou de bens passíveis de constrição e alienação judicial.[287] Esse corte

---

[284] É nesse sentido a crítica de João Aurino de Melo Filho, ao afirmar que, "entre os diversos fatores que levam ao pagamento espontâneo, o medo de uma execução forçada é um dos menos significativos" (MELO FILHO, João Aurino de. *Racionalidade legislativa do processo tributário*. Salvador: Juspodivm, 2018. p. 168).

[285] Como já anotado no decorrer deste trabalho, segundo o relatório analítico de 2019, a taxa de congestionamento da execução fiscal é de 90%; os casos novos de ações de conhecimento totalizaram 14,6 milhões e os baixados totalizaram 18,5 milhões. Contudo, em relação à fase de execução – fiscal ou comum, as curvas de processos novos (7,6 milhões) e finalizados (7,5 milhões) permaneceram paralelas, com sutil redução em 2018. Por sua vez, os casos pendentes na fase de conhecimento eram 29,6 milhões em 2019, contra 26,5 milhões em 2009, ao passo que os de execução eram de 42,6 milhões em 2019, contra 30,2 milhões em 2009, ou seja, um acréscimo de pouco mais de 41% na última década nessa fase. Assim, embora os processos da fase de conhecimento ingressem em número duas vezes maior, tiveram menor aumento do estoque no mesmo período (CNJ, 2019, p. 127).

[286] Como apontado anteriormente, 96,59% dos processos em curso no ano de 2018 perseguiam créditos inferiores a R$ 500 mil que, somados, atingiam apenas 10,8% da dívida total ajuizada e 5,53% da dívida total de empresas ativas executadas, sendo que, do total de 222.316 créditos tributários, apenas 3,41% eram superiores ou iguais a R$ 500.000,00. Por outro lado, um número de apenas 7.205 PEFs, ou 3,24%, referem-se a créditos compreendidos entre R$ 500.000,00 e R$ 15 milhões, totalizando R$ 16.459.339.403,33. Por sua vez, a maior parte da dívida ativa, que totaliza R$ 20.841.311.672,22, se refere a apenas 0,17% dos devedores e 387 créditos.

[287] Uma referência a esse respeito pode ser extraída da Portaria PGN, Portaria nº 293, de 12 de junho de 2017, do então Ministério da Fazenda, que atribui uma nota de "A" a "D" ao devedor ou grupo de devedores que representa o grau de recuperabilidade do débito – Índice Geral de Recuperabilidade (IGR), sendo: "A", para créditos com alta perspectiva de recuperação; "B", para média, "C", para baixa, e "D", para créditos irrecuperáveis. Segundo essa portaria, a inatividade é um critério para classificação no *rating* "D", portanto, dos créditos irrecuperáveis, conforme os seguintes créditos: I – os créditos dos devedores pessoa jurídica cuja situação cadastral do CNPJ seja: a) baixada por inaptidão; b) baixada por inexistência de fato; c) baixada por omissão contumaz; d) baixada por encerramento da falência; e) inapta por localização desconhecida; f) inapta por inexistência de fato; g) inapta por omissão e não-localização; h) inapta por omissão contumaz; i) inapta por omissão de declarações; j) suspensa por inexistência de fato. II – os créditos inscritos há mais de 15 (quinze) anos, sem anotação atual de parcelamento ou garantia; III – os créditos dos devedores pessoa jurídica com indicativo de falência decretada ou recuperação judicial deferida; IV – os créditos dos devedores pessoa física com indicativo de óbito; V – os créditos com anotação de suspensão de exigibilidade por decisão judicial.

leva à constatação de que a maior parte da dívida ativa ajuizada é irrecuperável.[288] Os números da arrecadação do estado de Goiás já não permitem que essa realidade seja omitida: a arrecadação total somada dos anos de 2014 a 2019 não atinge 1% da dívida ativa.[289]

Isso se explica, em boa medida, pela constituição e pelo ajuizamento de créditos que antecipadamente já poderiam ser considerados irrecuperáveis, por apresentarem características repetidamente associadas ao não-recebimento do crédito. Após isso, os órgãos responsáveis ficam obrigados a impulsionar as fases de cobrança, para atender a mecanismos formais de controle e evitar a imposição de penalidades pelos órgãos controladores.[290]

O primeiro ponto de ajuste, como já se mencionou, é a revisão do arranjo normativo estadual, que está ao alcance da competência exclusiva do estado de Goiás, para autorizar a seletividade da cobrança judicial a partir de critérios de viabilidade econômica da recuperação do crédito, como, aliás, já foi promovido no âmbito dos créditos da União. O anteprojeto de lei analisado no tópico anterior – em discussão no âmbito da Secretaria de Estado da Economia – segue esse modelo federal e traz a possibilidade de ajuizamento seletivo da execução fiscal, embora pudesse também ter avançado na extinção de processos

---

[288] Não se trata de uma exclusividade do estado de Goiás, pois a classificação proposta pela PGFN para os créditos da União indicou que a maior parte da dívida é considerada de baixa perspectiva de recuperação ou irrecuperável: o grupo "A" (alta probabilidade) representa R$ 4.109.288.046,25, ou 0,17%; o "B" (média probabilidade), R$ 558.552.893.918,44, ou 22,93%; o "C" (baixa probabilidade), R$ 339.965.678.297,01, ou 13,96%; e, o "D" (irrecuperáveis), R$ 1.296.802.157.259,62, ou 53,23% (PGFN – Procuradoria-Geral da Fazenda Nacional. *PGFN em números 2020b*. Disponível em: http://www.pgfn.fazenda.gov.br/acesso-a-informacao/institucional/pgfn-em-numeros-2014/pgfn-em-numeros-2020/view. Acesso em: 27 maio 2020).

[289] Novamente, essa é uma questão observada também no cenário nacional: a arrecadação total foi de menos de 1% da dívida nos anos de 2015 e 2016, ocorrendo os aumentos nos anos de programas de parcelamentos de créditos, sendo que, em 2015, 60,7% do arrecadado, ou R$ 9.009.763.677,75, vieram desses parcelamentos. Nos anos seguintes, o crescimento da arrecadação esteve sempre acompanhado de um percentual considerável de recebimentos em razão desses programas especiais: anos de 2017 e 2018, houve significativo crescimento da arrecadação: R$ 26,1 bilhões e R$ 23,88 bilhões, respectivamente, montante que também teve o impacto do Programa Especial de Regularização Tributária (PERT), de R$ 14.445.353.405,76 ou 55,38%, em 2017, e de R$ 11.228.862.711,71 ou 47%, em 2018. A execução fiscal foi responsável, respectivamente, por R$ 5.280.422.724,42, ou 20,23%, e R$ 5.868.767.641,82, ou 25% (PGFN – Procuradoria-Geral da Fazenda Nacional. *PGFN em números 2016*. Disponível em: https://www.gov.br/pgfn/pt-br/acesso-a-informacao/institucional/pgfn-em-numeros/PGFN%20em%20Numeros%202016.pdf. Acesso em: 18 jul. 2020; PGFN, 2018; PGFN, 2019; PGFN, 2020b, p. 4).

[290] ROCHA, Dartanhan Vercingetórix de Araújo. Análise econômica de execuções de fiscais de reduzido valor e os efeitos da Lei 12.514/11. *Revista CEJ*, Brasília, ano XVI, n. 56, p. 104, jan./abr. 2012.

em curso, ponto de omissão relevante da proposta, bem como poderia conferir melhor tratamento à situação dos grandes devedores inativos. Além disso, uma atuação seletiva demanda uma estratégia de seleção amparada em estudos cientificamente organizados e que possam ser objeto de controle de resultados e de ajustes de aprendizado.[291] Com isso, a lei demandará ajustes incrementais ao longo da sua execução, em busca de definir os critérios adequados para a compreensão do que seja um crédito recuperável.

No tópico seguinte, apresentamos uma proposta inicial de seletividade, considerando o estoque da dívida ativa executada no estado de Goiás, cujos dados estão posicionados para o ano de 2018. Em seguida, são tratadas questões jurídicas cuja abordagem estratégica pode produzir efeitos em escala e, por isso, devem integrar a proposta de seletividade.

3.3.1.1 Seletividade da cobrança pela viabilidade de recuperação do crédito: a necessidade de classificação dos créditos no estado de Goiás

De acordo com os objetivos lançados para organizar a realização deste trabalho, pretendia-se propor medidas de atuação seletiva e prioritária na execução fiscal, a partir dos critérios de perfil econômico do crédito e do devedor, segundo variáveis estatisticamente testadas. Primeiro, é necessário registrar que essa proposta não contempla a totalidade das informações úteis para estabelecimento de critérios de seleção do crédito. É um passo inicial nesse tratamento seletivo, pois, como concluiu o grupo de trabalho instituído pelo CNJ, a otimização dos processos de execução fiscal, tanto em relação à celeridade quanto à efetividade da arrecadação, depende de muitos ajustes sobrepostos,

---

[291] Esse foi o caminho seguido pela União ao promover a classificação prévia de seus créditos, de acordo com os critérios da PGFN nº 293, de 12 de junho de 2017, na qual foram utilizadas, justamente, as variáveis repetidamente associadas ao recebimento dos créditos para atribuição de uma nota de classificação, extraída de um sistema de *rating* bidimensional, a partir da análise de duas variáveis distintas e independentes entre si, uma para o perfil da dívida (V-Deb) e outra para o perfil do devedor (V-Dev). Na primeira, são considerados: a) suficiência e liquidez das garantias; b) parcelamentos ativos; na segunda: a) capacidade de pagamento; b) endividamento total; c) histórico de adimplemento. Essa é apenas uma entre as várias métricas possíveis para uma atuação estratégica e baseada em estudos científicos que, se não são capazes de apresentar a certeza sobre o fenômeno, aumentam as chances de acerto na persecução judicial de créditos.

tais como padronização e automação de procedimentos, a formação de bases de dados atualizadas, confiáveis e compartilhadas, a realocação de recursos para desenvolvimento de tecnologia da informação e a classificação prévia dos créditos, bem como a antecipada localização de bens e direitos a serem alcançados no processo.

A proposta aqui apresentada diz respeito apenas a um desses elementos, a classificação prévia dos créditos, e, ainda assim, a partir de um universo limitado de informações, seja por sigilo fiscal, como é o caso das informações sobre faturamento e sobre negócios dos devedores, seja por inexistência de bases estruturas de informações compartilhadas e acessíveis ao pesquisador sobre a situação dos devedores e de seus bens. Falta integração entre os diversos cadastros de bens e valores perante órgãos governamentais e não governamentais. Um bom exemplo da dificuldade enfrentada para essa integração de dados é a incapacidade de implantação do documento único de identificação da pessoa física, prevista há mais de 20 anos e que ainda não se tornou realidade no país.

A par disso, o tratamento de informações relativas a devedores das fazendas públicas ainda traz componentes específicos que aumentam a dificuldade de integrar e conferir confiabilidade a esses dados. Por exemplo, parte dos dados a serem considerados, como o faturamento das empresas, sua composição societária, seus bens e direitos e os negócios praticados para a transferência destes a terceiros são de conteúdo declaratório e o controle sobre a veracidade dessas declarações ocorre pontualmente, no curso de fiscalizações. Além disso, muitas dessas informações são omitidas, especialmente no caso de devedores contumazes. Desse modo, a inexistência, no estado de Goiás, de um banco de dados permanente e atualizado com essas informações, faz com que a decisão sobre o ajuizamento da cobrança judicial de determinado crédito ocorra num momento em que as informações mínimas disponíveis já não retratam a realidade.

E se essas limitações já constituem um desafio à decisão pública, representam um obstáculo maior à pesquisa científica não governamental, primeiro, pelo desconhecimento da completa formatação da base de dados disponível, segundo, pela impossibilidade de acesso à totalidade desses dados, mesmo quando conhecida essa formatação. Por isso, a investigação sempre dirá respeito a apenas recorte dessa realidade.

Assumidas essas limitações, mas com a perspectiva de que alguns passos possam ser dados no caminho para a construção de estratégias de seletividade da execução fiscal, a presente pesquisa apresenta como resultado parcial um **protocolo de pesquisa**. Espera-se que esse produto possa ser aproveitado tanto no âmbito acadêmico como governamental – pelos órgãos de representação jurídica e judiciários –, e permita que se avance no estudo sobre diversos dos pontos que não foram abordados neste trabalho em razão das limitações esperadas do alcance de um produto monográfico e da dificuldade já explicitada de acesso às informações necessárias, que os órgãos públicos detêm e podem utilizar nos estudos eventualmente por ele desenvolvidos.

Esse protocolo de pesquisa foi elaborado para duas linhas de investigação. A primeira investiga o perfil do crédito e do devedor e procura identificar as características de um crédito com probabilidade de recuperação durante o processo judicial. A segunda analisa o comportamento do processo judicial, seu custo total e a influência das suas fases internas nesse custo e na ocorrência ou não do recebimento do crédito ao final do seu curso.

Assim, seguindo-se essa primeira linha de investigação, encaminhou-se à Secretaria de Estado da Economia, solicitação de informações sobre o perfil dos créditos inscritos em dívida ativa,[292] para testar a associação de variáveis indicadas pela literatura revisada e pelo modelo federal de classificação dos créditos que estivessem disponíveis no sistema de controle da dívida ativa estadual.

Para identificar algumas das características dos créditos e dos devedores que indiquem perfil com maior probabilidade de recuperação e sirvam de orientação para a decisão de ajuizar ou não um crédito e persistir na persecução de créditos já ajuizados, adotou-se, como referência, a Portaria nº 293, de 12 de junho de 2017, do então Ministério da Fazenda, que atribui uma nota de "A" a "D" ao devedor ou grupo de devedores, representando o grau de recuperabilidade do débito – Índice Geral de Recuperabilidade (IGR), sendo: "A", para créditos com alta perspectiva de recuperação; "B", para média, "C", para baixa; e "D", para créditos irrecuperáveis. Essa nota é extraída de um sistema de rating bidimensional, a partir da análise de duas variáveis distintas e independentes entre si, uma para o perfil da dívida (V-Deb) e outra para o do devedor (V-Dev). Na primeira, são considerados: a) suficiência e liquidez das garantias; b) parcelamentos ativos; na segunda, a) capacidade de pagamento; b) endividamento total; c) histórico de adimplemento.

Limitou-se, contudo, as variáveis a serem analisadas em razão tanto da inexistência, no sistema estadual de gestão da dívida, de todos

---

[292] Essa solicitação foi veiculada no processo eletrônico SEI 202000003007901.

os dados utilizados pela PGFN. Além disso, o protocolo de pesquisa, para permitir a sua utilização também em âmbito acadêmico, precisou observar a limitação decorrente do sigilo fiscal.[293]

Assim, as variáveis escolhidas para serem objeto da análise foram as seguintes: tipo de contribuinte (pessoa física ou jurídica); situação cadastral (ativo, inativo, suspenso, cassado); município do estabelecimento; classificação da atividade econômica segundo o Cadastro Nacional de Atividades Econômicas (CNAE); número da CDA; origem da dívida (tipo de tributo, multa etc.); tipo de garantia; data do fato gerador; data da constituição provisória; data da constituição definitiva; data da inscrição em dívida ativa; tempo, em dias, que durou a fase administrativa; número da petição judicial; número do protocolo judicial; data da emissão da petição inicial; data do protocolo judicial; tempo, em dias, da fase judicial na data da extração dos dados; tempo, em dias, desde o PAT, na data da extração dos dados; valor original do crédito; valor pago de tributo; valor pago de correção monetária; valor pago de juros; valor original da multa; valor pago por processo; faturamento total declarado nos últimos 12 meses; valor pago com anistia; valor pago sem anistia; data da extinção do crédito; causa da extinção: prescrição; remissão; quitação; cancelamento (ou termo

---

[293] O art. 198 do CTN veda a "a divulgação, por parte da Fazenda Pública ou de seus servidores, de informação obtida em razão do ofício sobre a situação econômica ou financeira do sujeito passivo ou de terceiros e sobre a natureza e o estado de seus negócios ou atividades", mas como garantia individual dos contribuintes, o que serve a dizer que estes não poderão ter sua situação econômica ou financeira exposta de forma a permitir sua identificação. A regulamentação desse dispositivo no âmbito da Secretaria de Estado da Economia, por meio da Instrução Normativa GSE nº 1455, de 09/03/2020, foi ainda mais restritiva, ao vedar, em seu art. 4º, o acesso a: I – as notas fiscais, o Documento Auxiliar da Nota Fiscal Eletrônica (Danfe), o XML da nota fiscal ou ainda qualquer documento que revele dados da nota fiscal; II – as informações relativas a operações, rendas, rendimentos, patrimônio, débitos, créditos, dívidas e movimentação financeira ou patrimonial, ainda que obtidas de acordo com o art. 6º da Lei Complementar nº 105, de 10 de janeiro de 2001; III – as informações que revelem negócios, contratos, relacionamentos comerciais, fornecedores, clientes e volumes ou valores de compra e venda; IV – as informações relativas a projetos, inclusive de ampliação, expansão, modernização, processos industriais, composição e fatores de produção; V – as informações dos processos decorrentes do lançamento de ofício, salvo o teor das notificações dos órgãos atuantes e das intimações dos órgãos de julgamento publicadas na imprensa oficial ou em portal eletrônico próprio, bem como o conteúdo de suas decisões disponibilizadas na rede mundial de computadores ou no sistema eletrônico de processos administrativos tributários da Secretaria de Estado da Economia; VI – os trabalhos fiscais executados; VII – os dados obtidos junto a órgãos externos por meio de convênios ou termos de cooperação, na forma disposta nos artigos 198 e 199 do CTN; VIII – as consultas tributárias, salvo as respostas de interesse irrestrito publicadas na imprensa oficial ou disponibilizadas na rede mundial de computadores ou sistema eletrônico de processos administrativos tributários da Secretaria de Estado da Economia, desde que não identifiquem os interessados.

similar), decisão ou ordem judicial (anulação ou extinção similar) e ordem/decisão administrativa (anulação ou extinção similar).

Além de identificar quais variáveis estariam significativamente associadas ao recebimento dos créditos em casos passados para orientar a decisão e o ajuizamento e extinção de processos nos casos pendentes e futuros, a estruturação desses dados permitiria, por exemplo, verificar a viabilidade de parcelamento de créditos, com e sem desconto, a partir do perfil histórico e da capacidade de pagamento do devedor. Essa organização indicaria, também, os grupos de devedores cujos faturamentos anuais declarados permitiriam a adoção de providências administrativas como a estruturação de grupos interinstitucionais de gestão das penhoras incidentes sobre o faturamento dos devedores, medida que se mostrou eficaz nos anos de 2017 e 2018, no GEEF da Procuradoria Tributária da PGEGO.[294]

Contudo, o não-fornecimento desses dados impossibilitou a aplicação de testes estatísticos.[295] Não obstante isso, expôs-se a metodologia proposta como forma de permitir o avanço da pesquisa, a ser relatada em outras publicações subsequentes deste autor, bem como para servirem, numa perspectiva de avanço institucional de estudo, para a aproximação crítica de outros projetos que porventura venham a ser admitidos com temática similar à presente no PPGDP-UFG.

---

[294] Nos anos de 2017 e 2018, os valores dos processos em que houve deferimento e implementação das medidas de penhora de faturamento somavam, juntos, a quantia de R$ 163.220.311,60. Nesses casos, o juiz deferiu penhora de até 10% do faturamento mensal das empresas, que representava valores significativos frente aos créditos executados, na medida em que se tratavam de grandes devedores, com faturamentos mensais que atingiam a casa das dezenas de milhões de reais. Essa providência se mostrava mais efetiva quando se tratava de devedor de área econômica vinculada ao varejo, pois permitia que o bloqueio percentual dos recebíveis ocorresse diretamente nas empresas responsáveis por operar sistemas eletrônicos de pagamento, especialmente operadoras de cartões de crédito e débito admitidos pelos estabelecimentos comerciais.

[295] No processo eletrônico SEI 202000003007901, houve resposta negativa quanto à viabilidade do fornecimento das informações, conforme Despacho nº 418/2020 – GCRED, da Gerência de Gestão de Créditos de Órgãos e Entidades Estaduais da Secretaria de Estado da Economia, em 28 de agosto de 2020, sob a justificativa de que: "[a] solicitação em questão envolve a produção de cinco relatórios que deverão ser condensados em duas planilhas (...) informações estas que na Secretaria da Economia são armazenadas em sistemas e bancos de dados diferentes (...). As principais informações que devem compor as planilhas solicitadas estão armazenadas em sistemas de banco de dados antigos, cuja tecnologia embora seja eficiente na persistência dos dados não nos atende em quesitos como o fornecimento de relatórios com maior complexidade ou maior integralidade das informações em virtude de suas concepções iniciais (...). As inter-relações solicitadas nas planilhas para junção de determinados dados necessitam do desenvolvimento de novos softwares, os quais a Secretaria da Economia atualmente não possui, bem como os consultas nas plataformas atuais não geram relatórios da maneira como os dados são dispostos nas planilhas solicitadas.

Na segunda linha de investigação, foram apresentadas solicitações de dados ao Tribunal de Justiça do estado de Goiás[296] sobre as movimentações dos processos de execução fiscal, a fim de aplicar uma métrica de apuração do tempo de tramitação das suas fases internas, realizando uma aproximação com o modelo proposto pelo Ipea. Relembra-se, nesse ponto, que o Ipea[297] considerou duas métricas de cálculo do tempo do processo.

O tempo total da execução fiscal (úteis ou mortos) resultou de análise do Processo de Execução Fiscal Médio (PEFM), que representa "uma equação matemática simples, que expressa a relação entre as etapas observadas e sua duração e frequência médias que visa a identificar a tramitação provável, consideradas a frequência com que cada um desses atos é praticado e o tempo decorrido desde sua determinação até o final da sua execução, através da inserção do tempo médio no modelo representado pela equação seguinte: PEFM = $\Delta twz(a) + \Delta twz (b) + \Delta twz(c) + \Delta twz(d) + \Delta twz(e) + \Delta twz(f) + \Delta twz(g) + \Delta twz(h) + \Delta twz(i) + \Delta twz(j) + \Delta twz(k) + \Delta twz(l) + \Delta twz(m) + \Delta twz(n) + \Delta twz(o)$, onde: Δt = intervalo de tempo médio medido em minutos; w = frequência média de determinada etapa; z = valor médio por minuto da remuneração dos servidores envolvidos na etapa (a) = autuação; (b) = despacho inicial; (c) = citação pelo correio (AR); (d) = citação por oficial de justiça; (e) = citação por edital; (f) = mandado de penhora e avaliação; (g) = leilão; (h) = vista ao exequente; (i) = objeção de pré-executividade; (j) = embargo do devedor ou de terceiros; (k) = agravo; (l) = apelação; (m) = recurso especial ou extraordinário; (n) = sentença; (o) = baixa definitiva (IPEA, 2011a, p. 14). Esse modelo, quando aplicado no volume de processos finalizados no ano, resultou na seguinte: PEFMf = $a + b + 0{,}65c + 0{,}7d + 0{,}13e + 0{,}67f + 0{,}07g + 4{,}88h + 0{,}04i + 0{,}07j + 0{,}03k + 0{,}13l + 0{,}02m + n + o$.

A segunda diz respeito ao tempo da atividade, que foi calculado pelo acompanhamento da execução das tarefas dos servidores e magistrados, cronometrando-se os respectivos tempos envolvidos em cada uma, para, depois, considerada a frequência já extraída da amostra, calcular o tempo de mão-de-obra. Considera-se, neste estudo, que os tempos já apontados pelo estudo do Ipea são suficientes para o cálculo do tempo de mão-de-obra do Poder Judiciário. O avanço na

---

[296] Essa solicitação foi feita por meio do Proad 202007000231203 e recebida em 15 de setembro de 2020, na fase de revisão da dissertação a partir da qual foi produzido este livro, sendo utilizada em estudos e publicações futuras, cujas bases teóricas estão lançadas neste trabalho.

[297] IPEA, 2011.

pesquisa reside, portanto, em obter o mesmo cálculo de tempo, mas considerando-se as tarefas dos servidores dos órgãos de representação jurídica da fazenda pública responsáveis pelo impulsionamento dos processos judiciais.

Após obter os tempos médios para os casos, aplica-se, assim como fez o Ipea, o valor diário do orçamento do TJGO e do PGE, subdividindo-o, a seguir, pelo número de processos que tramitaram no ano. Assim, será possível indicar uma métrica de custo unitário do processo da justiça estadual.

Para identificar os movimentos processuais lançados no sistema do TJGO que descreviam fatos processuais de interesse para cálculos dessas fases internas, partiu-se da Tabela Unificada do CNJ, utilizada para registro da tramitação no tribunal dos processos eletrônicos (Projudi/PJD), da qual foram extraídos os movimentos que poderiam ocorrer na tramitação de um processo de execução, seguindo a denominação apresentada na tabela do CNJ.[298] Em seguida, para facilitar a coleta

---

[298] Seguindo a denominação utilizada pelo CNJ, foram selecionados os seguintes movimentos: Decisão ou Despacho, Decisão ou Despacho Acolhimento ou rejeição de exceção, Decisão ou Despacho Admissão de Embargos, Recurso, Decisão Interlocutória de Mérito, Decretada a revelia, Deferido pedido de bloqueio/penhora *online*, Decretada a indisponibilidade de bens, Decisão ou Despacho Homologação, Homologada a Desistência do Recurso, Decisão ou Despacho Não Admissão, Recurso Extraordinário não admitido, Decisão ou Despacho Não Concessão, Não Concedida a Antecipação de tutela, Assistência Judiciária Gratuita não concedida a #{nome_da_parte}, Decisão ou Despacho Não-Recebimento, Não recebido o recurso de #{nome_da_parte}, Nomeado(a) Nomeado advogado voluntário, Nomeado curador, Nomeado defensor dativo, Decisão ou Despacho Recebimento, Recebida a emenda à inicial, Recebido o recurso, Recebido o recurso Com efeito suspensivo, Recebido o recurso Sem efeito suspensivo, Reformada decisão anterior datada de #{data}, Decisão ou Despacho Rejeição, Rejeitada exceção de impedimento ou de suspeição, Rejeitada a exceção de incompetência, Rejeitada a exceção de pré-executividade, Decisão ou Despacho Revogação, Revogada a Antecipação de Tutela Jurisdicional, Revogada a Assistência Judiciária Gratuita, Revogada decisão anterior datada de #{data}, Suscitado Conflito de Competência, Processo Suspenso ou Sobrestado por Processo Suspenso por depender do julgamento de outra causa, de outro juízo ou declaração incidente, Processo Suspenso por Execução Frustrada, Processo Suspenso por Incidente de Resolução de Demandas Repetitivas (#{tipo_tema_controversia} #{numero_tema_controversia_tribunal}), Suspensão por Decisão do Presidente do STF – IRDR, Suspensão por Decisão do STJ – IRDR, Processo Suspenso ou Sobrestado por decisão judicial, Determinação de suspensão ou sobrestamento dos autos em razão de prescrição intercorrente, Processo Suspenso ou Sobrestado por Recebimento de Embargos de Execução, Processo suspenso por Recurso Especial Repetitivo (#{tribunal} - #{tipo_tema_controversia} #{numero_tema_controversia}), Processo Suspenso por Recurso Extraordinário com repercussão geral (#{tipo_tema_controversia} #{numero_tema_controversia_STF}), Processo Suspenso por Réu revel citado por edital, Concedida a Assistência Judiciária Gratuita a parte, Convertido(a) o(a) Julgamento em Diligência, Expedido alvará de levantamento, Proferido despacho de mero expediente, Determinada a expedição de alvará de levantamento, Determinada Requisição de Informações, Processo Suspenso ou Sobrestado por Conflito de Competência, Processo Suspenso por Convenção das Partes, Processo

dos dados, foram escolhidas as seguintes palavras: despacho; decisão; citação; edital; bloqueio; penhora online; ativo; arquivado; suspenso; petição; julgamento; intimação; indisponibilidade; leilão, praça; depósito; suspensão; sobrestamento; arquivamento; pré-executividade; recurso;

> Suspenso ou Sobrestado por Convenção das Partes para Cumprimento Voluntário da obrigação, Processo Suspenso ou Sobrestado por Exceção da Verdade, Processo Suspenso por Exceção de Incompetência, suspeição ou Impedimento, Processo Suspenso ou Sobrestado por Recebimento de Embargos de Execução, Julgamento, Embargos de Declaração Acolhidos, Embargos de Declaração Acolhidos em Parte, Realizada a Composição Civil, Concedido(a), Concedida a recuperação judicial, Concedida Remissão a Adolescente Infrator, Concedida a Segurança a #{nome_da_parte}, Julgado o conflito de competência, Decretada a falência, Extinta a execução ou o cumprimento da sentença, Homologada a Transação, Julgado improcedente o pedido, Embargos de Declaração Não-acolhidos, Falência não decretada, Julgado procedente o pedido, Julgado procedente o pedido – reconhecimento pelo réu, Julgado procedente em parte do pedido, Declarada decadência ou prescrição, Homologada renúncia pelo autor, Anulada a(o) sentença/acórdão, Extinto o processo sem resolução do mérito, Extinto o processo por abandono da causa pelo autor, Extinto o processo por ausência das condições da ação, Extinto o processo por ausência de pressupostos processuais, Extinto o processo pelo cancelamento da dívida ativa, Extinto o processo por confusão entre autor e réu, Extinto o processo sem resolução de mérito por continência, Extinto o processo por desistência, Indeferida a petição inicial, Extinto o processo por negligência das partes, Extinto o processo por Perempção, litispendência ou coisa julgada, Não conhecido o recurso de #{nome_da_parte}, Autos Eliminados, Entrega Definitiva dos Autos a #{nome_da_parte}, Arquivo em Guarda Intermediária, Arquivo em Guarda permanente, Recebimento pelo Arquivo, Remessa do Arquivo para #{destino}, Conciliação frutífera, Conciliação infrutífera, realizado cálculo de, Conta Atualizada, Realizado cálculo de custas, Realizado Cálculo de Tributos, Recebidos os Autos pela Contadoria, Remetidos os autos da Contadoria ao #{destino}, Atribuição de competência temporária, Baixa Definitiva, Cancelada a Distribuição, Distribuído por #{tipo_de_distribuicao_redistribuicao}, Recebido pelo Distribuidor, Distribuído por #{tipo_de_distribuicao_redistribuicao} em razão de #{motivo_da_redistribuicao}, Registrado para #{motivos_de_registro}, Remetidos os Autos (#{motivo_da_remessa}) da Distribuição ao #{destino}, Apensado ao processo #{numero_do_processo}, Processo Arquivado, Arquivado Definitivamente, Arquivado Provisoriamente, Ato cumprido pela parte ou interessado, Ato cumprido pela parte ou interessado - depósito de bens/dinheiro, Ato probatório praticado, Audiência #{tipo_de_audiencia} #conduzida por {dirigida_por} #{situacao_da_audiencia} para #{data_hora} #{local}, Cancelamento, Cancelado o documento, Cancelada a movimentação processual, Cancelada a Distribuição, Citação, Citação eletrônica, Confirmada a citação eletrônica, Expedida/certificada a citação eletrônica, Citado em Secretaria/Comparecimento Espontâneo, Comunicação eletrônica, Confirmada a comunicação eletrônica, Expedida/certificada a comunicação eletrônica, Conclusos #{tipo_de_conclusao}, Processo Desarquivado, Expedição de #{tipo_de_documento}, Intimação, Intimação eletrônica, Confirmada a intimação eletrônica, Expedida/ certificada a intimação eletrônica, Intimado em audiência, Intimado em Secretaria, juntada de Juntada de #{tipo_de_documento}, Juntada de Petição de #{tipo_de_peticao}, Leilão ou Praça #{situacao_da_audiencia} em/para #{data_hora} #{local}, Alterada a parte, Adiamento do Julgamento (Art. 935 do CPC), Inclusão em Pauta, Inclusão em pauta para julgamento de mérito, Retirada de pauta, Protocolizada Petição, Publicado #{ato_publicado} em #{data}, Processo Reativado, Recebidos os autos, Remetidos os Autos (#{motivo_da_remessa}) para #{destino}, Transitado em Julgado em #{data}, devolvido o Mandado devolvido #{resultado}, Ofício Devolvido #{resultado}, recebido o mandado, Recebido o Mandado para Cumprimento, Recebido o Ofício para Entrega.

conciliação; baixa definitiva; recebimento; distribuição; audiência; cancelamento; comunicação eletrônica; Bacen; mudança de parte; devolução.

Os dados devem retornar com a data de lançamento de cada um dos movimentos com ao menos uma das palavras indicadas. O objetivo é identificar os seguintes marcos temporais: data do despacho que determina citação (DPC); data de cada petição com identificação da parte: data de petição do polo passivo (DPP) ou do polo ativo (DPA); data de cada despacho ou decisão (DD1; DD2... se existente mais de um evento); data da expedição de carta de citação (DCC1, DCC2... se existente mais de um evento); data do mandado de citação (DMC1, DMC2... se existente mais de um evento); data do edital de citação (DEC1, DEC2... se existente mais de um evento); data da citação efetivada (DCE1, DC2... se existente mais de um evento); data da expedição de termo/mandado de penhora (DEP1. DEP2... se existente mais de um evento); data de expedição edital de leilão (DEL1, DEL2... se existente mais de um evento); data da movimentação citação realizada (DCR1, DCR2... se existente mais de um evento); data da expedição de pesquisa BacenJud (DBJ1; DBJ2... se existente mais de um evento); data de depósito judicial vinculado ao processo (DDJ1. DDJ2... se existente mais de um evento); número do processo incidente, se existente (NPI1, NPI2... se existente mais de um evento); status do processo incidente, se existente (ativo, arquivo, extinto) (SPI1; SPI2... se existente mais de um evento); tipo do processo incidente, se existente (TPI1;TPI2... se existente mais de um evento); data de ajuizamento do processo incidente (DAI1, DAI2... se existente mais de um evento); data de início da suspensão do processo (DIS1, DIS2... se existente mais de um evento); data de fim da suspensão do processo (DFS1, DFS2... se existente mais de um evento); data de início do arquivamento do processo (DIA1, DIA2... se existente mais de um evento); data de fim do arquivamento do processo (DFA1, DFA2... se existente mais de um evento); data da inclusão de sujeito no polo passivo após ajuizamento (DISP1, DISP2... se existente mais de um evento); data da extinção do processo (DEP); data da intimação eletrônico polo ativo (DIPA1, DIPA2... se existente mais de um evento).

Além de extrair as médias e medianas de duração dos processos de execução fiscal e, com isso, aplicar uma métrica similar à do Ipea para calcular os custos orçamentários médios do PEF tanto para o Poder Judiciário quanto para o órgão de representação jurídica, a estruturação desses marcos possibilitaria uma série de testes. Por exemplo, é possível medir os tempos de duração das fases internas da execução, tais como os decorridos entre:

a) o protocolo e o despacho inicial que determina a citação e interrompe a prescrição executória;

b) a primeira intimação subsequente à tentativa de citação frustrada – a partir da qual é contado o prazo anual de suspensão do processo – e a efetiva realização da citação posterior, para aferir se houve ou não decurso do prazo da prescrição intercorrente;

c) a efetiva citação e a efetiva constrição de bens, para verificar se realizadas antes do prazo quinquenal da prescrição intercorrente;

d) o fim de um prazo das partes e a prática do ato processual subsequente pelo juiz ou servidores, para estimar o tempo de espera (tempos mortos).

Ademais, possibilitaria a identificação em massa das características importantes dos processos, que a literatura aponta como significativamente associados ao recebimento ou não do crédito, tais como a ocorrência da citação pessoal ou por edital; a apresentação ou não de defesa; a existência de garantia total ou parcial do crédito; tentativas frustradas de penhora de ativos financeiros em instituições bancárias e a existência de depósitos judiciais vinculados ao processo. Assim, essa parametrização permitiria uma macrovisão dos processos judiciais em curso, propiciando a ação estratégica em escala, ainda que fosse necessário apurar situações individuais, a depender de faixas de valores dos créditos ou mesmo de questões mais complexas que determinar a sucessão dos atos processuais, cuja compreensão a movimentação processual não pudesse fornecer com a segurança necessária para permitir a decisão para o caso concreto. Ainda assim, a estruturação de um cenário amplo do estoque processual poderia permitir um ganho de compreensão da situação-problema e a formulação de alternativas para o seu enfrentamento em escala.

3.3.1.2 Seletividade da cobrança pela viabilidade jurídica do crédito: alguns exemplos

Além da seletividade baseada no perfil do crédito e do devedor, segundo variáveis associadas à ocorrência de recebimento do crédito, a gestão da dívida ativa objeto de execução fiscal também demanda a atuação estratégica na filtragem jurídica dos casos, para identificar o risco envolvido na persecução desses créditos quanto a matérias com efeito em escala. É certo que a multiplicidade de questões a envolver as diversas relações jurídicas de formação dos créditos, especialmente diante da variedade de origens dessas relações, como já se apontou, é uma dificuldade real no estabelecimento de uma ação racional em escala, mas o mapeamento gradual de temas com maior potencial de impacto no estoque da dívida ativa é possível. Neste estudo, dois exemplos são apontados em que esse monitoramento é possível e atinge uma parcela significativa de créditos, embora não seja realizado no estado de Goiás: o primeiro é o caso das multas excedentes ao máximo fixado pelo STF, o segundo, o do risco de prescrição intercorrente da pretensão executória dos créditos em execução. Esses dois pontos serão abordados a seguir.

3.3.1.3 Viabilidade jurídica do crédito: o caso das multas pecuniárias inconstitucionais no estado de Goiás

As multas pecuniárias operam sob os desígnios punitivo e preventivo do descumprimento das obrigações estabelecidas na ordem jurídica tributária, isto é, visam a produzir tanto efeito psicológico preventivo à ocorrência da infração quanto repressão da conduta consumada, por meio do agravamento do débito tributário.[299] Esse efeito preventivo é comumente dividido entre a **prevenção geral**, voltada aos possíveis infratores, e a **prevenção especial**, voltada a prevenir a reincidência.[300] Essas multas tanto podem ter como fundamento o atraso no cumprimento da obrigação principal, sendo, por isso, designadas **multas moratórias**, quanto podem ser aplicadas em caso de prática de atos comissivos ou omissivos considerados, pela legislação tributária, como infração administrativa, nesse caso, normalmente designadas como **multas punitivas**.[301]

Essas multas moratórias são do tipo **formal** ou **objetiva**, ou seja, não dependem da análise de culpabilidade e se satisfazem com a não-realização (conduta omissa) do pagamento do tributo no prazo previsto ou a não-realização de obrigação de assessoria legalmente imposta ao contribuinte.[302] Por sua vez, as multas punitivas podem ser de

---

[299] CARVALHO, Paulo de Barros. *Curso de Direito Tributário*. 23. ed. São Paulo: Saraiva, 2011, p. 617.
[300] AMARO, Luciano. *Direito Tributário brasileiro*. 17. ed. São Paulo: Saraiva, 2011. p. 465-466.
[301] CARVALHO, op. cit., p. 619.
[302] AMARO, op. cit., p. 470.

natureza **formal/objetiva**[303] e/ou prever condutas a serem sancionadas de modo gradualmente mais severo, a depender da gravidade da conduta do infrator. A aplicação dessas multas pode se dar conjuntamente ou não com o lançamento do tributo ou em correspondência ao valor deste. Quando não são acompanhadas do lançamento desse tributo, denominam-se **multa punitiva isolada**.[304] Em certos casos, em razão da gravidade da conduta, praticada com dolo, fraude ou simulação, pode ser imposta uma **multa punitiva agravada**,[305] sendo também comum a denominação **multa punitiva qualificada**. A gravidade da conduta é resultado da escolha do legislador e a severidade da multa mantém relação de proporcionalidade, de graduação em função dessa "gravidade do dano ou da ameaça que a infração representa para a arrecadação de tributos".[306]

Portanto, em qualquer dos casos da aplicação de penalidade, a efetiva ocorrência da arrecadação do tributo é o objeto jurídico tutelado pela norma. Embora a imposição de sanção, por possuir natureza pecuniária, possa resultar em arrecadação, a sua natureza permanece sancionatória, isto é, precipuamente não arrecadatória.[307] Esse é ponto central do debate acerca da constitucionalidade das multas tributárias.

No Supremo Tribunal Federal, sob a relatoria do Ministro Luís Roberto Barroso, no ARE 938538 AgR, julgado em 30 de setembro de 2016, a Primeira Turma entendeu que a multa pecuniária é "sanção prevista para coibir a burla à atuação da Administração Tributária (...) conferindo especial destaque ao caráter pedagógico da sanção (... e) o valor da obrigação principal deve funcionar como limitador da norma sancionatória", de forma que o máximo da multa não poderá exceder

---

[303] Para Luciano Amaro, a inexistência de exigência de demonstração de culpa para a ocorrência da infração e incidência da sanção não significa que não haja análise da conduta do sujeito, ou seja, a discussão de culpa em sentido estrito, como forma de integração da legislação tributária pela equidade, apontando, como exemplo, o sujeito que deixa de cumprir a obrigação em razão de caso fortuito de conhecimento do Fisco ocorrido anteriormente à imposição da sanção. O exemplo citado é o seguinte: "(...) comerciante que escriturou corretamente suas operações, mandou seu preposto ao banco, no dia do vencimento de sua obrigação, para fazer o pagamento, que só não foi realizado porque o preposto sofreu um acidente e foi recolhido ao hospital; o destino quis que um agente do Fisco tomasse conhecimento do fato e, no dia seguinte, amanhecesse no estabelecimento do comerciante para autuá-lo" (Cf. AMARO, op. cit., p. 471).
[304] CARVALHO, op. cit., p. 620.
[305] CARVALHO, op. cit., p. 621.
[306] AMARO, op. cit., p. 466.
[307] Ibidem.

a 100% do valor do tributo.³⁰⁸ Em tais casos, o STF admitiu a remoção do excesso, reduzindo o valor da multa fixada a esse patamar máximo, sendo que, para as multas moratórias, o máximo é de 20%.³⁰⁹

Após esse julgamento, o Ministro Luís Fux, no Recurso Extraordinário nº 736.090/RG, assentou a necessidade de analisar, em separado, a questão das multas punitivas qualificadas, para as quais poderiam ser fixadas balizas diferentes, considerada a especial gravidade dessas condutas, que exigem culpa, fraude ou dolo para a sua ocorrência.³¹⁰ Apesar de o juízo positivo de repercussão-geral ter sido realizado em 29 de outubro de 2015, ainda não houve julgamento do referido recurso.

No estado de Goiás, diversos dispositivos do Código Tributário Estadual (CTE) já foram objeto de controle difuso de constitucionalidade estadual, com manifestação da Corte Especial do TJGO. Isso traz cenário provável das decisões futuras sobre o mesmo tema e pode informar

---

[308] "Ementa: DIREITO TRIBUTÁRIO. AGRAVO INTERNO EM RECURSO EXTRAORDINÁRIO COM AGRAVO. MULTA PUNITIVA DE 120% REDUZIDA AO PATAMAR DE 100% DO VALOR DO TRIBUTO. ADEQUAÇÃO AOS PARÂMETROS DA CORTE. 1. A multa punitiva é aplicada em situações nas quais se verifica o descumprimento voluntário da obrigação tributária prevista na legislação pertinente. É a sanção prevista para coibir a burla à atuação da administração tributária. Nessas circunstâncias, conferindo especial destaque ao caráter pedagógico da sanção, deve ser reconhecida a possibilidade de aplicação da multa em percentuais mais rigorosos, respeitados os princípios constitucionais relativos à matéria. 2. A Corte tem firmado entendimento no sentido de que o valor da obrigação principal deve funcionar como limitador da norma sancionatória, de modo que a abusividade revela-se nas multas arbitradas acima do montante de 100%. Entendimento que não se aplica às multas moratórias, que devem ficar circunscritas ao valor de 20%. Precedentes. 3. Agravo interno a que se nega provimento, com aplicação da multa prevista no art. 557, §2º, do CPC/1973" (ARE 938538 AgR, Relator Min. Roberto Barroso, Primeira Turma, julgado em 30/09/2016, Processo Eletrônico DJe-225. Divulg. 20/10/2016. Public. 21/10/2016).

[309] "AGRAVO REGIMENTAL EM RECURSO EXTRAORDINÁRIO COM AGRAVO. DIREITO TRIBUTÁRIO. MULTA CONFISCATÓRIA. REDUÇÃO. PERCENTUAL INFERIOR AO VALOR DO TRIBUTO. POSSIBILIDADE. 1. É admissível a redução da multa tributária para mantê-la abaixo do valor do tributo, à luz do princípio do não-confisco. Precedentes. 2. Agravo regimental a que se nega provimento" (ARE 776273 AgR, Relator Min. Edson Fachin, Primeira Turma, julgado em 15/09/2015, Processo Eletrônico DJe-195. Divulg. 29/09/2015. Public. 30/09/2015).

[310] (...) "Destaco que a discussão posta nos autos, razoabilidade da multa fiscal qualificada, não se confunde com aquela travada no RE 640.452, Rel. Min. Roberto Barroso, Tema nº 487, em que se controverte acerca do eventual caráter confiscatório de multa fiscal isolada aplicada em razão do descumprimento de obrigação acessória decorrente de dever instrumental, nem com aquela veiculada no RE 882.461, Rel. Min. Luiz Fux, Tema nº 816, que recai sobre a razoabilidade da multa fiscal moratória (...) Cabe a esta Corte, portanto, em atenção ao princípio da segurança jurídica e tendo em vista a necessidade de concretização da norma constitucional que veda o confisco na seara tributária, fixar, no regime da repercussão geral, as balizas para a aferição da existência de efeito confiscatório na aplicação de multas fiscais qualificadas (...) (RE 736.090 RG, Relator Min. Luiz Fux, julgado em 29/10/2015, Processo Eletrônico DJe-240. Divulg. 26/11/2015. Public. 27/11/2015).

as decisões de gestão dos créditos sobre a viabilidade jurídica da sua persecução judicial e, ainda, sobre o risco de sucumbência nos referidos temas. Além disso, o tratamento do estoque da dívida ativa com exclusão das parcelas inconstitucionais das multas aplicadas pode apresentar um cenário mais realista desse estoque. Por isso, destaca-se o alcance das decisões do TJGO.[311]

Para facilitar a exposição dos julgamentos, os casos serão reunidos nos seguintes grupos: a) multas punitivas isoladas; b) multas punitivas conjuntas com o lançamento de ofício; c) multas punitivas qualificadas. As multas punitivas isoladas, para os fins deste estudo, correspondem aos autos de infração lavrados em relação a fatos que não implicaram em omissão do pagamento de tributo ou cujo valor não tenha sido apurado e declarado pelo sujeito passivo e tampouco lançado pelo órgão competente. Por sua vez, as multas punitivas conjuntas com o lançamento de ofício se referem aos autos de infração lavrados em relação a fatos que implicaram em omissão do pagamento de tributo cujo valor tenha sido apurado e declarado pelo sujeito passivo ou lançado pelo órgão competente. Por fim, as multas punitivas qualificadas correspondem aos autos de infração lavrados em relação a condutas para as quais a lei estadual expressamente exija a demonstração de culpa, dolo ou fraude.

O art. 71, III, *a* a *d*, do CTE, previa multa de 120% do valor do tributo, sendo que as alíneas *a* e *d*, foram, respectivamente, objeto de arguição de inconstitucionalidade junto ao TJGO, Corte Especial, Arguição de Inconstitucionalidade nº 447689-37.2009.8.09.0000, Rel. Des. Floriano Gomes, DJ 602 de 21/06/2010,[312] e Corte Especial, Arguição de Inconstitucionalidade de Lei 392-9/199 – Processo 200903822304, Rel. Des. João Ubaldo Ferreira, DJe 541 de 18/03/2010.[313] Além desses, o

---

[311] O quadro de decisões apresentado neste tópico partiu do trabalho interno da Procuradora do Estado de Goiás Fabiana Baptista de Bastos Lopes.

[312] "ARGUIÇÃO DE INCONSTITUCIONALIDADE EM SEDE DE AGRAVO DE INSTRUMENTO. CONTROLE *INCIDENTER TANTUM*. ARTIGO 71, INCISO III, ALÍNEA "A", DO CÓDIGO TRIBUTÁRIO ESTADUAL. MULTA SUPERIOR À OBRIGAÇÃO PRINCIPAL. CARÁTER CONFISCATÓRIO. OFENSA À PROPORCIONALIDADE. PRECEDENTES DO STF. Em atenção aos princípios, ainda que implícitos, consagrados nas constituições federal e estadual, tais como a proporcionalidade e a vedação ao confisco, deve ser afastada a incidência do art. 71, inciso III, alínea "a", do Código Tributário Estadual, porquanto encontra-se em manifesto confronto a referidos postulados ao determinar a incidência de multa em patamar superior à obrigação principal. Arguição de Inconstitucionalidade procedente". (TJGO, Corte Especial, Arguição de Inconstitucionalidade nº 447689-37.2009.8.09.0000, Rel. Des. Floriano Gomes, DJ 602 de 21/06/2010).

[313] "ARGUIÇÃO DE INCONSTITUCIONALIDADE. CONTROLE *INCIDENTER TANTUM*. ARTIGO 71 E INCISOS, DO CODIGO TRIBUTÁRIO ESTADUAL. MULTA.

inciso IV, *a*, do art. 71 previa multa de 140% sobre o valor do tributo,[314] considerada, por isso, inconstitucional pelo TJGO na Arguição de Inconstitucionalidade nos Embargos de Declaração 177185-82.2012.8.09.0000, Rel. Des. Leandro Crispim, DJe 1.143 de 12/09/2012.[315]

Em todos esses casos, a multa prevista era do tipo **punitiva conjunta objetiva**, isto é, sem previsão de culpa, dolo ou fraude na conduta do infrator. Essa situação se amolda, portanto, ao patamar máximo de 100% do valor do tributo, fixado nos acórdãos do STF.

Esses dispositivos foram alterados pela Lei Estadual nº 17.917/2012, com vigência a partir de 1º de janeiro de 2013, que reduziu o valor da multa a 100% do valor do tributo. Contudo, o TJGO tem determinado a exclusão integral das multas, por entender que a revogação não traz situação mais favorável ao devedor, na medida em que a inconstitucionalidade da multa representaria um vício de origem e, por isso, invalidaria por completo a autuação em relação a essa penalidade, devendo ser totalmente excluída.

O TJGO ainda considerou inconstitucional a multa fixada no inciso XII, *a*, do art. 71 do CTE, no valor de 50% do valor da operação, por resultar em valor superior ao do tributo, pois esse percentual é superior ao da alíquota máxima do ICMS, conforme a Arguição de Inconstitucionalidade nº 64753-86.2013, Corte Especial, relatora Des.

CARÁTER CONFISCATÓRIO. (...) 2 – A MULTA PREVISTA NO INCISO II, ALÍNEA 'D', DO ARTIGO 71, DO CÓDIGO TRIBUTÁRIO ESTADUAL, NO IMPORTE DE 120% (CENTO E VINTE POR CENTO) SOBRE O VALOR DO IMPOSTO, POSSUI NÍTIDO CARÁTER CONFISCATÓRIO, UMA VEZ QUE ULTRAPASSA O VALOR DA OBRIGAÇÃO PRINCIPAL, RAZÃO PELA QUAL DEVE SER RECONHECIDA A SUA INCONSTITUCIONALIDADE. ARGUIÇÃO DE INCONSTITUCIONALIDADE PARCIALMENTE PROCEDENTE" (TJGO, Corte Especial, Arguição de Inconstitucionalidade de lei 392-9/199 – 200903822304, Rel. Des. João Ubaldo Ferreira, DJe 541 de 18/03/2010).

[314] "Art. 71. (...): a) 140% (cento e quarenta por cento) do valor do imposto, pela omissão do seu pagamento; (...)."

[315] "ARGUIÇÃO *INCIDENTER TANTUM* DE INCONSTITUCIONALIDADE DE LEI. MULTA TRIBUTÁRIA (140% DO VALOR DO IMPOSTO) (ART. 71, IV, "A", DA LEI 11.651/1991 – CÓDIGO TRIBUTÁRIO ESTADUAL). CARÁTER PUNITIVO. AFRONTA AOS PRINCÍPIOS DA RAZOABILIDADE E DA PROPORCIONALIDADE.CARÁTER CONFISCATÓRIO. A multa tributária prevista no art. 71, IV, "a", do Código Tributário do Estado de Goiás, constitui uma penalidade. Não obstante, a cobrança da multa em patamar superior a 100 (cem por cento) do valor do tributo é desarrazoada e desproporcional, por constituir confisco e afrontar o princípio da capacidade retributiva. Incidência afastada por inconstitucional. Precedentes do Supremo Tribunal Federal e desta Corte Especial. ARGUIÇÃO DE INCONSTITUCIONALIDADE ACOLHIDA" (TJGO, Corte Especial, Arguição de Inconstitucionalidade de Lei nº 177.185 – Edcl 177185-82.2012.8.09.0000, Rel. Des. Leandro Crispim, DJe 1.143 de 12/09/2012).

Beatriz Figueiredo Franco, DJ 1.396, de 27/09/2013.³¹⁶ Essa multa, contudo, pode ser considerada do tipo qualificada quanto às condutas dos itens "1", "2" e "4", de acordo com os critérios expostos, diante das condutas de: a) utilização de documentos fiscais adulterados, viciados ou falsificados; b) emissão de documento fiscal para acobertar operação ou prestação, em que se consignem valor, quantidade, qualidade, espécie, origem ou destino diferentes em suas vias; c) emissão de documento fiscal no qual se consigne valor diverso ao que efetivamente corresponder ao da operação ou da prestação, ou declaração falsa quanto à origem ou destino da mercadoria ou serviço. O mesmo não se pode afirmar em relação ao item "3", que se refere a aquisição, importação, recebimento, posse, transporte, estocagem, depósito, venda, exportação, remessa ou entrega de mercadorias desacompanhadas de documentação fiscal.³¹⁷ Na mesma linha, o TJGO considerou inconstitucional a alínea *c* do mesmo

---

[316] "CONTROLE DIFUSO DE CONSTITUCIONALIDADE. ARTIGO 71, XII, "A", ITEM 3 E §9º, INCISO I, CÓDIGO TRIBUTÁRIO DO ESTADO DE GOIÁS. PRONUNCIAMENTO ANTERIOR DA CORTE – INOCORRÊNCIA. MULTA INCIDENTE SOBRE O VALOR DA OPERAÇÃO OU DA PRESTAÇÃO: VIOLAÇÃO AO PRINCÍPIO DO NÃO CONFISCO – ART. 150, IV, CF. PENALIDADE CALCULADA SOBRE O VALOR DA OBRIGAÇÃO TRIBUTÁRIA – CONSTITUCIONALIDADE. 1. Em observância à cláusula de reserva de plenário, pronunciando-se a Corte Especial anteriormente ao acolhimento da arguição sobre inciso diverso, embora integrante do mesmo dispositivo legal, é de ser admitido o incidente. 2. Do cotejo entre a redação dada à letra "a", inciso XII do artigo 71, Código Tributário do Estado de Goiás, e o entendimento pacificado no âmbito do Supremo Tribunal Federal, no sentido de que viola o princípio do não confisco (art. 150, IV, CF) multa fiscal que ultrapasse o valor da obrigação tributária, deflui manifesta a inconstitucionalidade da referida letra "a" por implicar, a multa ali prevista, no percentual de 50% (cinquenta por cento) sobre "o valor da operação ou prestação" (na espécie mercadoria), em penalidade superior a 100% (cem por cento) do tributo. (...)." (TJGO, Arguição de Inconstitucionalidade nº 64753-86.2013, Corte Especial, relatora Des. Beatriz Figueiredo Franco, DJ 1.396, de 27/09/2013).

[317] Interessante notar que foi justamente essa hipótese anteriormente considerada constitucional: "ARGUIÇÃO *INCIDENTER TANTUM* DE INCONSTITUCIONALIDADE DE LEI. ICMS. ART. 71, XII, 'A', ITEM 3, PARÁGRAFO 9º, II, DO CÓDIGO TRIBUTÁRIO ESTADUAL. MULTAS TRIBUTÁRIAS (50 POR CENTO DO VALOR DA OPERAÇÃO OU PRESTAÇÃO PELA NÃO EMISSÃO DE DOCUMENTO FISCAL E 80 POR CENTO, PELO IMPOSTO NAO PAGO). CARÁTER PUNITIVO. ADOÇÃO DOS PRINCÍPIOS DA RAZOABILIDADE E DA PROPORCIONALIDADE. AS MULTAS DECORRENTES DA NÃO OMISSÃO DE DOCUMENTO FISCAL E DO NÃO PAGAMENTO DO IMPOSTO DEVIDO (ICMS), AS QUAIS ESTÃO PREVISTAS NO ART. 71, XII, 'A', ITEM 3, PARÁGRAFO 9º, II, DO CÓDIGO TRIBUTÁRIO DO ESTADO DE GOIÁS, CONSTITUEM PENALIDADE, A UMA, DADO SEU CARÁTER PUNITIVO, A DUAS, PORQUE NÃO TEM CARÁTER DE CONFISCO E SEQUER PODEM SER CONSIDERADAS DESARRAZOADAS OU DESPROPORCIONAIS, POIS TAMPOUCO ATINGEM O VALOR DA OBRIGAÇÃO PRINCIPAL, A TRÊS, POR NÃO AFRONTAREM O PRINCÍPIO DA CAPACIDADE RETRIBUTIVA. ARGUIÇÃO DE INCONSTITUCIONALIDADE REJEITADA. 390-2/199 (ARGUIÇÃO DE INCONSTITUCIONALIDADE DE LEI, Des. Leandro Crispim, DJ 411 de 02/09/2009).

inciso XII, que previa multa de 140% (cento e quarenta por cento) do valor do crédito,[318] que também foi posteriormente reduzida a 100% em decorrência da Lei Estadual nº 17.917/2012.

Considerando-se o estoque da dívida em relação às pessoas jurídicas ativas, nota-se que um percentual relevante dos créditos se refere a multas de alto valor, ora desacompanhadas do lançamento do tributo, ora em valor superior a este, portanto, com alto risco de serem anuladas, gerando redução do crédito perseguido e, ainda, ônus sucumbenciais. A questão se mostra mais preocupante nos processos em que os créditos são irrecuperáveis ou de difícil recuperação, pois nesses casos há o risco de sucumbência sem o correspondente benefício, sequer potencial, de recebimento do crédito.

Por isso, a aferição da viabilidade da recuperação de créditos envolve, também, o saneamento das situações de alto risco jurídico. Algumas posturas podem ser adotadas em tais casos: a) extinção parcial ou total dos processos em que se executam créditos decorrentes de multas inconstitucionais, quando ausente advogado constituído nos autos, diante da inexistência de sucumbência decorrente dessa extinção; b) extinção total ou parcial dos processos em que se executam multas inconstitucionais nos quais o devedor esteja representado pela Defensoria Pública, com acordo de não-impugnação de honorários de sucumbência; c) abertura de acordo por adesão para extinção parcial ou total do processo que executa multas inconstitucionais, sem imposição de honorários de sucumbência, nos processos em que o devedor esteja representado por advogado.

Considerando-se o grande volume de processos sem localização do devedor e, ainda, aqueles em que ocorre a citação por edital, com nomeação da Defensoria Pública, essas providências têm a potencialidade de reduzir consideravelmente o risco jurídico da persecução dos

---

[318] "ARGUIÇÃO DE INCONSTITUCIONALIDADE EM APELAÇÃO CÍVEL EM PROCESSO DE EXECUÇÃO FISCAL. ART. 71, XII, "c", E §9º, II, AMBOS DO CÓDIGO TRIBUTÁRIO ESTADUAL. MULTA TRIBUTÁRIA. CARÁTER PUNITIVO. AFRONTA AOS PRINCÍPIOS DA RAZOABILIDADE E DA PROPORCIONALIDADE. 1. Tendo em vista que já houve pronunciamento da Corte Especial deste Tribunal de Justiça sobre a constitucionalidade da norma inserta no artigo 71, §9º, II, do Código Tributário Estadual, mostra-se inadmissível a arguição neste ponto, a vista do disposto no parágrafo único do artigo 481 do Código de Processo Civil. 2. A multa prevista no inciso XII, alínea 'c', do artigo 71, do Código Tributário Estadual, com a redação dada pela Lei nº 14.058/01, no importe de 140% (cento e quarenta por cento) sobre o valor do imposto, denota nítido caráter confiscatório, uma vez que ultrapassa o valor da obrigação principal, razão pela qual deve ser reconhecida a sua inconstitucionalidade. Incidente Julgado Parcialmente Procedente. 469350-96.2014.8.09.0000 – Arguição de Inconstitucionalidade de Lei, Des. Jeova Sardinha de Moraes, DJ 1838 de 31/07/2015".

créditos, mesmo que o acordo por adesão sem imposição de honorários de sucumbência não gere alta atratividade dos devedores representados por advogado em processos de execução fiscal.

3.3.1.4 Viabilidade jurídica do crédito: o caso do risco de ocorrência da prescrição intercorrente no estado de Goiás

No início deste trabalho, realizamos a revisão de literatura da situação-problema da ineficiência da execução fiscal e lançamos as premissas de trabalho baseadas nos resultados alcançados em cada estudo e corroboradas ou complementadas pelos demais. Entre essas premissas, assumimos que: (6) a prescrição e a decadência se apresentam como causa tão provável de ocorrência quanto o recebimento do crédito, mas seus parâmetros de risco são aferíveis e controláveis.

Esse controle depende do monitoramento em escala dos processos de execução fiscal e isso, por sua vez, depende da disponibilidade de informações confiáveis e dinâmicas nos sistemas de gestão desses processos judiciais, em comunicação permanente com os sistemas de gestão da dívida, a fim de que as causas impeditivas da ocorrência de decadência – assim como as impeditivas, suspensivas e interruptivas da prescrição – possam ter sua ocorrência registrada e atualizada sempre que os órgãos fazendários tenham ciência do fato processual que materializa essas causas.

Como se anotou na seção sobre a viabilidade da recuperação do crédito, é possível medir, para todo o estoque da dívida cujos créditos têm sido executados em processo judicial eletrônico, os tempos de duração das fases internas da execução, tais como os decorridos entre: a) o protocolo e o despacho inicial que determina a citação e interrompe a prescrição executória; b) a primeira intimação subsequente à tentativa de citação frustrada – a partir da qual é contado o prazo anual de suspensão do processo – e a efetiva realização da citação posterior, para aferir se houve ou não decurso do prazo da prescrição intercorrente; c) a efetiva citação e a efetiva constrição de bens, para verificar se realizadas antes do prazo quinquenal da prescrição intercorrente.[319]

---

[319] Contudo, as informações necessárias para a realização desse levantamento no presente trabalho não foram recebidas em tempo hábil para permitir a conclusão dos estudos e a apresentação dos resultados. Assim, servirão para a continuidade da pesquisa sobre o

Neste trabalho, a análise será limitada ao caso da prescrição intercorrente, considerando-se que, embora seja possível a extinção do crédito por decadência, trata-se de um fato extintivo do direito que ocorre por inércia anterior à formação do crédito. O recorte temático proposto neste estudo compreende a execução fiscal, portanto, a ação de cobrança que materializa a pretensão executória da dívida e, por isso, está sujeita, em razão da ineficiência do processo judicial, à ocorrência de prescrição da pretensão executória. Mais precisamente, analisamos um tipo específico, a prescrição da pretensão executória intercorrente, que pode ocorrer após o ajuizamento da execução fiscal, no caso de não-localização do devedor ou dos seus bens.

A previsão dessa modalidade extintiva da pretensão (nos casos das obrigações não tributárias) ou do próprio crédito (no caso das obrigações tributárias), decorre do previsto no art. 40 e de seus parágrafos da LEF, que determinam que: i. o juiz suspenderá o curso da execução, enquanto não for localizado o devedor ou encontrados bens sobre os quais possa recair a penhora, e, nesses casos, não correrá o prazo de prescrição; ii. suspenso o curso da execução, será aberta vista dos autos ao representante judicial da Fazenda Pública; iii. decorrido o prazo máximo de 1 (um) ano, sem que seja localizado o devedor ou encontrados bens penhoráveis, o juiz ordenará o arquivamento dos autos; iv. encontrados que sejam, a qualquer tempo, o devedor ou os bens, serão desarquivados os autos para prosseguimento da execução; v. se da decisão que ordenar o arquivamento tiver decorrido o prazo prescricional, o juiz, depois de ouvida a Fazenda Pública, poderá, de ofício, reconhecer a prescrição intercorrente e decretá-la de imediato.

Esses dispositivos foram incluídos na LEF pela Lei Federal nº 11.051, de 29 de dezembro de 2004,[320] e a sua aplicação gerou, desde então, diversas controvérsias em âmbito doutrinário e jurisprudencial. De um lado, argumentava-se que: i. a suspensão do curso do processo dependeria de prévia intimação da Fazenda Pública, dando-lhe a oportunidade de adotar as providências necessárias ao seu prosseguimento. ii. a decisão de arquivamento do processo dependeria de prévia intimação da Fazenda Pública, dando-lhe a oportunidade de adotar

---

tema e a publicação de estudos futuros, bem como para permitir a realização de outras pesquisas dentro do programa de pós-graduação.

[320] BRASIL. *Lei nº 11.051, de 2004*. Dispõe sobre o desconto de crédito na apuração da Contribuição Social sobre o Lucro Líquido – CSLL e da Contribuição para o PIS/Pasep e Cofins não cumulativas e dá outras providências. Disponível em: http://www.planalto.gov.br/ccivil_03/_ato2004-2006/2004/lei/L11051.htm. Acesso em: 26 out. 2020.

as providências necessárias ao seu prosseguimento; iii. as diligências requeridas pela procuradoria – para a localização de devedores e/ou de seus bens – seriam suficientes para obstar a suspensão do processo e o seu subsequente arquivamento; iv. antes de se pronunciar a respeito da prescrição, o juízo deveria ouvir a Fazenda Pública.

De outro lado, sustentava-se que: i. a suspensão do curso do processo é providência automática à qual está obrigado o juiz por força do *caput* do art. 40; ii. é desnecessária oitiva prévia da Fazenda porquanto poderia, ciente da decisão de suspensão, adotar as providências necessárias ao prosseguimento do processo no prazo de um ano, obstando, assim, o seu arquivamento; iii. as diligências requeridas pela Procuradoria – para a localização de devedores e/ou de seus bens – não importariam interrupção do prazo de suspensão ou prescrição, mas apenas o ato delas decorrente – a citação ou a efetiva penhora – e somente se resultasse útil ao seguimento do processo; iv. o juiz poderia conhecer de ofício a prescrição.

A discussão prolongou-se até o julgamento, pelo STJ, de recurso especial sob o rito dos recursos repetitivos. Enquanto isso, muitas das Fazendas Públicas, a exemplo do estado de Goiás, deixaram de adotar providências preventivas e saneadoras capazes de minimizar os efeitos de eventual decisão desfavorável, quando o tema foi apreciado pela Corte Superior. Portanto, a inércia da Administração resultou na transferência do espaço de decisão de **política fiscal** para o de decisão de **política judiciária**, que naturalmente possui menos aptidão para avaliar todos os elementos que permeiam a gestão de créditos.

A primeira decisão relevante foi tomada na análise do tema 444 de Recursos Repetitivos (REsp 1.201.993/SP, relator ministro Herman Benjamin) e teve como assunto a prescrição para o redirecionamento da execução fiscal aos sócios (ou corresponsáveis). Na ocasião, foram fixadas três teses: a) o prazo de redirecionamento da execução fiscal, fixado em cinco anos, contado da diligência de citação da pessoa jurídica, é aplicável quando o ato ilícito, previsto no art. 135, III, do CTN, for precedente a esse ato processual; b) quando a dissolução irregular da pessoa jurídica for posterior à citação, o termo inicial do prazo prescricional para a cobrança do crédito em relação aos sócios responsáveis é a data da prática de ato inequívoco indicador do intuito de inviabilizar a satisfação do crédito, que deve ser demonstrado pelo Fisco; e c) a decisão judicial que reconhecer a prescrição para o redirecionamento deve demonstrar a inércia da Fazenda Pública em adotar atos concretos na direção da cobrança do crédito tributário no decurso do prazo prescricional.

A primeira observação a ser feita é que a frustação da execução fiscal, como já apontou o estudo do Ipea, decorre da não-localização do devedor e/ou dos bens para garantir a execução. No caso das execuções contra pessoas jurídicas – a maior parte dos devedores – o redirecionamento ao sócio acontece mais comumente em razão da dissolução irregular, que representa, justamente, a não-localização da pessoa jurídica no endereço declarado às receitas estadual e federal e nos atos constituídos registrados nos órgãos cadastrais. Em parte, isso decorre do lapso temporal desde a ocorrência do fato econômico que deu ensejo à obrigação perseguida, especialmente a tributária, que representa a maior parte dos créditos da dívida ativa. Assim, no ajuizamento da execução, muitas das pessoas jurídicas devedoras já não estarão em funcionamento, levando a duas providências quase automáticas por parte das fazendas públicas: pedido de citação por edital do devedor e redirecionamento ao responsável legal. Isso ocorre predominantemente, contudo, sem proveito ao resultado do processo, de um lado, porque o tempo decorrido desde a constituição do crédito permite ao devedor contumaz adotar estratégias de ocultação de patrimônio, quando existente, e, de outro, porque o encerramento das atividades econômicas ocorre, em muitos dos casos, realmente por inviabilidade da empresa, especialmente nos pequenos negócios, que resultará na mesma consequência de inexistência de bens e inviabilidade de recuperação do crédito.

Parte-se, portanto, de uma falsa percepção de que o prolongamento da situação litigiosa levará à sua satisfação. Na verdade, exceto quanto ao afastamento do eventual risco de sucumbência em processos nos quais já tenha requerido o redirecionamento, não haveria razão para a Fazenda Pública celebrar a tese de que o termo inicial para contagem do prazo prescricional para redirecionamento da execução fiscal seja a data da prática de ato inequívoco indicador do intuito de inviabilizar a satisfação do crédito tributário, quando praticado após o início do curso da execução contra a empresa contribuinte. Isso porque, se o tempo entre a constituição e o ajuizamento do crédito for longo, a concessão de mais tempo para ampliação do polo passivo da execução fiscal não produzirá o esperado acréscimo de viabilidade de recuperação do crédito.

Outra questão, também relacionada ao prazo prescricional, foi decidida pelo mesmo Superior Tribunal de Justiça no julgamento dos Temas 566 a 571 de Recursos Repetitivos (REsp 1.340.553/RS, relator ministro Mauro Campbell Marques), tendo como objeto central a prescrição intercorrente prevista no art. 40 e parágrafos da LEF. No julgamento, foram fixadas as seguintes teses: a) o prazo de 1 (um) ano de suspensão do processo de execução tem início automático na data da ciência da Fazenda Pública acerca da frustração da tentativa de citação ou da inexistência de bens; b) o prazo da prescrição intercorrente tem início automático após o prazo de suspensão; c) para interrupção da prescrição, será necessário haver efetiva citação ou efetiva constrição patrimonial; d) a ausência da intimação da Fazenda Pública para ciência dos atos do processo deve ser alegada na primeira oportunidade e com demonstração de prejuízo, que é presumido no caso de ato que constitui termo inicial da prescrição (frustração da citação ou da tentativa de constrição de bens).

Pelo que restou decidido pelo STJ, os prazos de suspensão e prescrição passam a fluir automaticamente, a exigir que as diligências requeridas pela Fazenda Pública para localização do devedor e de bens para a garantia da execução produzam resultado útil à continuidade do processo para constituírem causa de interrupção da prescrição.

Considerando-se o já exposto, pode-se afirmar que o transcurso de 6 (seis) anos desde o ajuizamento da execução fiscal sem localização do devedor já é um indicativo de que a execução será futuramente frustrada. Assim, em boa parte dos casos, não será a ocorrência da prescrição o fato processual a impedir o êxito do processo. Observação similar pode ser feita em relação ao lapso de prescrição intercorrente, compreendido entre a citação e a prática de atos de constrição de bens, pois é muito baixa a frequência com que esses atos de constrição produzem o resultado esperado na execução.[321]

Além disso, quando se consideram os marcos temporais estabelecidos pela decisão do STJ, o tempo total de duração possível de um

---

[321] Sobre o primeiro ponto, anota-se que a pesquisa realizada pelo Ipea registrava, em relação aos processos da amostra analisada, que somente em 15,7% dos casos o processo chegava a um ato de constrição. Entre esses casos, o ato de alienação judicial ocorria em 2,8% dos processos e, finalmente, o valor recuperado em tais situações só levava à extinção do crédito nas ocasiões ou à adjudicação dos bens em 0,4%. Em 2016, o NEF/FGV – Direito SP verificou que apenas 6,3% dos processos estavam garantidos nas maiores capitais do país (IPEA, 2012). Por sua vez, os números da PGFN indicam que os depósitos judiciais representaram R$ 7,01 bilhões do arrecadamento em 2019, um valor quase correspondente a todo o valor obtido com a execução forçada, que foi de R$ 7,10 bilhões. Assim, ainda persiste o problema da penhora de bens diversos de dinheiro. Ademais, é preciso considerar que esses depósitos decorrem, mais comumente, da garantia oferecida por grandes devedores economicamente ativos, com a finalidade de suspensão da exigibilidade do crédito e manutenção da regularidade fiscal, de forma que o deslinde da discussão dos créditos, nos embargos à execução e demais ações de defesa do contribuinte, tem mais impacto na recuperabilidade do crédito que a movimentação da execução fiscal em si (PGFN, 2020b, p. 10-11).

processo de execução fiscal ainda pode variar de 6 a 11 anos, sem atingir a completa garantia do crédito. Por isso, se a Fazenda Pública não adotar tratamento seletivo na entrada dos processos de execução fiscal, a prescrição pode, efetivamente, se tornar a principal causa de extinção de processos. Entretanto, os dados atuais não apontam para efeitos tão significativos dessa decisão em relação ao descongestionamento do Judiciário.

3.3.2 Planejamento voltado à integração dos meios de recuperação de créditos

A segunda diretriz deste estudo diz respeito ao planejamento da utilização da execução fiscal em conjunto com os demais instrumentos de recuperação de crédito da dívida ativa, consideradas as influências recíprocas entre eles, na busca da identificação do grau de eficiência de cada uma nas diversas faixas e tipos de créditos e de acordo com os perfis de devedores.[322] Essa perspectiva decorre do fato de que há meios alternativos para alcançar os fins de uma política pública, a demandarem constantes adaptações, ajustes e avaliações, razão da necessidade de um "arcabouço jurídico minimamente flexível, que permita experimentações, revisões e a incorporação de aprendizados (...) uma 'tecnologia' de implementação das políticas públicas".[323]

---

[322] Sobre a multiplicidade de meios de recuperação de crédito, o relatório PGFN sobre os dados da arrecadação de 2019 em âmbito federal apresenta dados ilustrativos dessa característica de multiplicidade de meios, destacando-se os seguintes pontos: a) dos 24,4 bilhões recuperados em 2019, apenas R$ 7,1 bilhões, ou 29,15%, decorreram de execução, mas os programas de Refis totalizaram R$ 9 bilhões ou 36,99%; b) arrecadação significativa em decorrência de inscrição dos devedores no Cadastro Informativo de Créditos não Quitados do Setor Público Federal (Cadin) (5,03%) e do Protesto Extrajudicial (5,29%); c) negócios jurídicos processuais na cobrança da dívida ativa permitiram a regularização de débitos com a União e com o FGTS na ordem de R$ 2,7 bilhões em 2019. É relevante também perceber que a inscrição no Cadin e o protesto extrajudicial tenham produzido, conjuntamente, mais de 35% do arrecadado por execução forçada. Trata-se de meios alternativos de cobrança, que envolvem custos ínfimos se comparados aos da execução fiscal, por não demandarem rotinas complexas ou demoradas (realizadas por meio da inserção de dados da dívida e dos devedores em cadastros eletrônicos). Isso conduz a uma observação importante sobre os créditos levados à execução fiscal: o resultado do procedimento forçado de cobrança judicial tem relação direta com a qualidade do crédito e, posicionada no fim de uma sequência de etapas diretas e indiretas de cobrança, a execução fiscal lida com uma grande quantidade de créditos irrecuperáveis (PGFN, 2020b).

[323] COUTINHO, Diogo R. O Direito nas políticas públicas. *In*: MARQUES, Eduardo; FARIA, Carlos Aurélio Pimenta de (orgs.). *A política pública como campo multidisciplinar*. São Paulo: Editora Unesp: Editora Fiocruz, 2013.

Outro ponto importante reside na influência recíproca entre os meios, pois a escolha, por exemplo, por um benefício fiscal como incentivo ao pagamento do crédito, mediante redução do montante devido e o parcelamento em condições especiais e temporárias, adotado como prática recorrente e indiscriminada, pode servir de encorajamento a condutas de postergação do processo, por parte do devedor, a fim de planejar o momento mais favorável de aderir ao programa de facilitação de pagamento oferecido pela fazenda credora.

Outra questão relevante diz respeito à influência dos grupos de interesse na formatação das leis de benefícios fiscais para favorecimento de grupos determinados. Os benefícios geralmente conhecidos, aliás, são normalmente denominados programas de regularização fiscal, mas, para adotarem a configuração de um programa de política pública, isto é, de "dimensão material [*policy*], que se refere aos conteúdos concretos que envolvem a configuração dos programas políticos, aos problemas técnicos e ao conteúdo material das decisões políticas",[324] devem ter seus impactos avaliados em relação à implementação da política fiscal como um todo. Assim, por exemplo, devem ser mensurados seus efeitos no recolhimento corrente de tributos e na livre concorrência, em busca da modelagem ideal, que reduza impactos indesejados.

Além disso, a escolha desse meio não pode estar alheia aos controles democráticos do processo decisório [*politics*], já que "o processo político, frequentemente conflituoso, no que diz respeito à imposição de objetivos, aos conteúdos e às decisões de distribuição dos custos e benefícios de uma dada política pública"[325] não se resolve na dimensão processual apenas, pois importa à política fiscal saber quem paga pelas prestações sociais, quem delas é beneficiário e quais os motivos que fundamentam essas escolhas.[326] Assim, embora a multiplicidade de meios seja uma medida aconselhável, diante da complexidade de fatos que devem ser considerados na gestão de créditos da dívida ativa, a utilização precisa ser planejada e harmônica. Os subtítulos seguintes discutem essas questões.

---

[324] PINTO, Isabela Cardoso de Matos. Mudanças nas políticas públicas: a perspectiva do ciclo de política. *Revista de Políticas Públicas de São Luís*, v. 12, n. 1, p. 27-36, jan./jun. 2008. p. 28.
[325] Ibidem.
[326] SCAFF, Fernando Facury. *Orçamento republicano e liberdade igual*. Belo Horizonte: Fórum, 2018.

3.3.2.1 Influência dos programas de parcelamentos especiais sobre o comportamento dos devedores

A inter-relação entre os programas de parcelamentos especiais e a arrecadação corrente é apontada há bastante tempo. A esse respeito, a Receita Federal do Brasil (RFB) divulgou, no final ano de 2017,[327] a análise feita a partir de 40 programas de parcelamentos especiais, instituídos por leis de vigência temporária, editadas nos 18 anos anteriores, que concederam descontos nos valores das multas, dos juros e dos encargos legais da cobrança dos créditos da dívida ativa.[328] O valor arrecadado por um cada um dos principais programas é indicado na tabela abaixo:[329]

TABELA 9
Renúncia fiscal dos maiores programas de pagamento à vista e parcelamentos especiais concedidos a partir de 2008

R$ milhões

Programa	Pag. à vista (*)	Parc. Previd. (**)	Parc. não Previd. (**)	Total
Refis Crise I - MP nº 449/08 e Lei nº 11.941/09	3.080,54	12.993,02	44.824,46	60.898,02
Refis Crise II - Lei nº 12.865/13 e Lei nº 12.973/14	151,15	637,50	2.199,29	2.987,93
Refis Crise III - MP nº 12.996/14 e Lei nº 11.941/09	604,58	2.549,98	8.797,16	11.951,72
PIS/Cofins Inst. Financeiras - Lei nº 12.865/13	8.030,13		24,12	8.054,25
Tributação Bases Universais - Lei nº 12.865/13	5.691,64		11.248,42	16.940,05
PERT - Programa Especial de Regularização Tributária (***)		7.700,65	30.802,60	38.503,25
PREM - Progr. Regularização dos Estados e Municípios (***)		12.661,42		12.661,42
PRR - Programa de Regularização Rural (***)		7.603,30		7.603,30
Simples Nacional Especial - PLP Dezembro/17 (****)			16.400,00	16.400,00
Totais:	17.558,03	44.145,86	114.296,04	175.999,94

Observações:
Fonte: Sistemas de cobrança RFB e PGFN
(*) Renúncia efetivamente incorrida por conta do pagamento à vista no respectivo prazo do Programa
(**) Renúncia no momento da consolidação do parcelamento especial
(***) Parcelamento especial ainda não consolidado - estimativa com base optantes
(****) Parcelamento em discussão legislativa - renúncia projetada

Fonte: reproduzido do Estudo sobre Impactos dos Parcelamentos Especiais, da Receita Federal do Brasil.

As principais questões envolvidas no debate dizem respeito: a) ao comportamento dos contribuintes durante o parcelamento, isto é, se há ou não pagamento integral do valor negociado; e b) se há pagamento do tributo corrente – isto é, das obrigações tributárias vencidas após o parcelamento – ou se há um comportamento de postergação desses pagamentos, para inclusão em parcelamento especial futuro e esperado.

---

[327] BRASIL. Ministério da Fazenda (MF). *Estudo sobre impactos dos parcelamentos especiais*. Dez. 2017a. Disponível em: http://receita.economia.gov.br/dados/20171229-estudo-parcelamentos-especiais.pdf. Acesso em: 10 jul. 2020.
[328] BRASIL, 2007, p. 6.
[329] BRASIL, 2007, p. 6.

Sobre esses pontos, o estudo apresenta os seguintes cenários: a) baixa liquidação dos parcelamentos – consideradas as quantidades de acordos celebrados (primeira planilha abaixo); e b) baixo valor de arrecadação – considerados os valores totais negociados (segunda planilha abaixo):[330]

TABELA 10
Situação atual dos parcelamentos especiais (quantidades)

Parcelamento Especial	Lei Instituidora	Quantidades						
		Adesões	Ativos	%	Exclusões	%	Liquidações	%
REFIS	9.964, de 2000	129.181	2.853	2,21%	117.446	90,92%	8.791	6,81%
PAES	10.864, de 2003	374.719	4.311	1,15%	248.504	66,32%	121.849	32,52%
PAEX	MP 303, de 2006	244.722	3.517	1,44%	146.792	59,98%	94.021	38,42%
REFIS DA CRISE	11.941, de 2009	536.697	105.581	19,67%	177.515	33,08%	253.601	47,25%

Fonte: Reproduzido do *Estudo sobre Impactos dos Parcelamentos Especiais*, da Receita Federal do Brasil

TABELA 11
Situação atual dos parcelamentos especiais (valores)

Valores na data da consolidação de acordo com a situação atual dos parcelamentos - R$ milhão							
Parcelamento	Ativos	%	Liquidados	%	Excluídos	%	Total
REFIS	7.581	8,1%	3.192	3,4%	83.138	88,5%	93.911
PAES	2.841	4,2%	4.472	6,5%	61.055	89,3%	68.368
PAEX	1.044	2,8%	887	2,4%	35.691	94,9%	37.622
REFIS DA CRISE	51.415	37,0%	33.227	23,9%	54.360	39,1%	139.002

Fonte: Reproduzido do *Estudo sobre Impactos dos Parcelamentos Especiais*, da Receita Federal do Brasil

Isso quer dizer que há dois comportamentos recorrentes dos devedores após a adesão a um parcelamento especial: a) deixar de realizar o pagamento das parcelas, rompendo a execução do acordo, que acontece, historicamente, em 80% dos casos;[331] ou, b) migração

---

[330] BRASIL, 2007, p. 6.
[331] Segundo a RFB, "Nem mesmo o alto valor das reduções concedidas pelos programas de parcelamento, que montou R$ 21,7 bilhão, foi capaz de convencer os contribuintes a regularizarem suas dívidas para com a Fazenda Nacional. A certeza do próximo programa

para novo parcelamento, mais favorável, disponibilizado pela Fisco nos anos seguintes.[332] Sobre esse segundo ponto, o texto destaca o comportamento dos grandes devedores da RFB: dos 9.427 contribuintes com faturamento anual superior a 150% milhões no ano de 2016, 2.023 aderiram a três ou mais parcelamentos especiais, conforme a tabela abaixo, representando a dívida total desses contribuintes 68,6% da dívida total de R$ 160 milhões, que inclui todos os contribuintes que tiveram comportamento similar de adesão, conforme tabela abaixo:[333]

Tabela 12
Pedidos de parcelamentos e dívidas de contribuintes contumazes

Qtde. Parc. Espec.	Qtde. CNPJ	Total geral de débitos (1)	Contribuintes diferenciados	Dívida dos contrib. diferenciados (2)	Participação (2/1)
3	38.967	118.741.885.489,73	1.448	87.907.698.214,71	74,03%
4	8.400	33.208.302.218,86	493	15.383.117.944,16	46,32%
5	815	8.325.312.687,23	82	6.673.803.567,97	80,16%
Total	47.182	160.275.500.395,82	2.023	109.964.619.727,10	68,61%

Fonte: Reproduzido do *Estudo sobre Impactos dos Parcelamentos Especiais*, da Receita Federal do Brasil.

Além disso, a RFB já havia divulgado, no ano de 2016, os impactos negativos em decorrência de parcelamentos especiais sobre a arrecadação de receitas tributárias correntes, estimados em R$ 18,6 bilhões por ano.[334] Nesse cenário, a decisão recorrente da União – replicada pelas demais unidades federativas – em conceder tais parcelamentos não conta com paradigmas em outros países, segundo apontou a RFB no estudo de 2019, que destacou que: a) na maioria dos países, o parcelamento não ultrapassa 24 (vinte e quatro) meses; b) em muitos países, a concessão desse benefício exigia demonstração de baixo risco de inadimplência

---

e a consequente possibilidade de rolar a dívida é mais atrativa do que qualquer redução oferecida" (BRASIL, 2007, p. 6).

[332] "18. Cabe frisar ainda que a concessão reiterada de parcelamentos sob condições especiais criou uma certa acomodação nos contribuintes, que não se preocupam mais em liquidar suas dívidas. Em relação às opções pelas modalidades de parcelamentos especiais (...) verifica-se que um grupo importante de contribuintes participou de 3 ou mais modalidades, o que caracteriza utilização contumaz deste tipo de parcelamento" (BRASIL, 2007, p. 10).

[333] BRASIL, 2007, p. 6.

[334] FABER, Frederico Igor Leite et al. *Parcelamentos tributários* – análise de comportamento e impactos. Disponível em: http://www.revistadareceitafederal.receita.fazenda.gov.br/index.php/revistadareceitafederal. Acesso em: 14 jul. 2020.

das parcelas, baseada em critérios como: maior valor maior de entrada; análise do histórico de pagamento do devedor; apresentação de garantia; demonstração da capacidade de pagamento; e exigência de débito direto online; c) alguns países vedam a concessão a devedores contumazes; d) alguns países concedem parcelamentos apenas em situações excepcionais.[335] Nenhum desses critérios, contudo, está presente nas leis brasileiras indicadas.

Se os efeitos negativos sobre a arrecadação corrente são conhecidos, resta saber quais os possíveis motivos das sucessivas aprovações de leis que instituem programas de parcelamentos e anistias pela União. Essa pergunta foi objeto de investigação de Joaquim Albuquerque, Clesia Pereira e Moisés da Cunha,[336] em trabalho que analisou o impacto dos pagamentos feitos por meio desses programas na meta fiscal de **superávit primário**, que utiliza como indicador o resultado primário, isto é, a diferença entre receitas primárias e despesas primárias. De outro lado, esse estudo analisou os ganhos tributários das empresas aderentes aos parcelamentos e anistias. Os autores concluíram que:

a) houve incremento de arrecadação extraordinária em razão dos pagamentos feitos em decorrência desses programas, que impactaram significativamente no resultado primário da política fiscal: R$ 21.785,5 milhões (2013), R$ 2.800 milhões (2012), R$ 17.890 (2011) e R$ 3.466 milhões (2010);[337]

b) esses pagamentos representaram percentual significativo do resultado primário no ano em que ocorreram, sem o qual as metas não teriam sido alcançadas: 28,29% (2013), 3,16% (2012), 19,13% (2011) e 11,13% (2010);

c) cinco (5) dos maiores devedores que aderiram a esses programas (Companhia Vale do Rio Doce, Cielo, Bradesco, Companhia Siderúrgica Nacional e Petrobrás) tiveram ganhos com descontos que chegam a superar 50% dos débitos tributários;[338]

---

[335] BRASIL, 2007, p. 12.
[336] ALBUQUERQUE, Joaquim Ramalho de; PEREIRA, Clesia Camilo; CUNHA, Moisés Ferreira da. Mensuração da renúncia fiscal nos mecanismos de repactuação de passivos tributários com a União no período 2010-2013. *Revista Eletrônica do Programa de Mestrado em Direitos Humanos, Cidadania e Violência/Ciência Política do Centro Universitário Unieuro*, Brasília, n. 23, p. 55-77, jan./jun. 2018.
[337] ALBUQUERQUE; PEREIRA; CUNHA, 2018.
[338] A Companhia Vale do Rio Doce teve desconto de 22.778 milhões; a Cielo, de R$ 4.821 milhões; o Bradesco, de R$ 1.950 milhões; a Companhia Siderúrgica Nacional, de R$ 1.267 milhões; e a Petrobrás, R$ 983 milhões.

d) foi dispensado, pela União, um tratamento diferenciado entre as empresas que aderiram a esses programas e as que realizaram os pagamentos dos tributos no prazo, permitindo que as primeiras tivessem melhor resultado operacional, pela postergação do pagamento do tributo para o momento dos sucessivos e previsíveis programas de parcelamento reiteradamente editados.

Assim, para o Fisco, esses programas importam em arrecadação extraordinária e acréscimo imediato de receita, para atender a metas fixadas para o exercício, de forma que a decisão de aprovação das leis segue juízos imediatistas sobre a melhor escolha pública. Mas os efeitos a médio prazo são a queda da arrecadação corrente e a queda da arrecadação extraordinária, pelo descumprimento do acordo.

Por sua vez, para os devedores, a percepção de que os débitos poderão ser parcelados e reparcelados permite a programação financeira e a busca por melhores opções de aplicação dos recursos disponíveis em razão do não-pagamento dos tributos, seja em investimentos em sua atividade econômica, seja em opções do mercado financeiro, que resultem em ganho operacional/financeiro ao final de cada exercício, além de posicionar tais devedores em situação favorável frente aos contribuintes que cumpriram as obrigações no prazo. Vários estudos citados apontam como uma situação de impacto negativo na realização dos objetivos de promoção da livre e leal concorrência no mercado.

Essa situação cria ambiente favorável à penetração dos grupos do interesse na formação da escolha pública institucionalizada nas sucessivas leis de parcelamentos e anistias, na medida em que seus interesses parecem coincidentes, à primeira vista, com as metas de arrecadação do credor. Uma parte do debate, contudo, que diz respeito à concorrência desleal e ao incentivo à inadimplência resultante dessa alternativa de política, deixa de ser objeto do processo decisório e, com isso, a política fiscal perde em planejamento e participação política.

Como explicam os professores da Universidade de Montreal, Ejan Mackaay e Stéphane Rousseau, "os grupos de interesse funcionam tanto melhor quanto menor for o número de seus membros", pois será mais fácil reservar, especialmente a seus membros, bens ou serviços privados, ao lado de bens e serviços coletivos que perseguem sob a fundamentação do bem coletivo, embora o custo dessa influência seja maior. Desse modo, se esses grupos têm os recursos necessários para obter essa influência – por meio de diversos mecanismos de barganhas, como financiamento de campanhas, colaboração em ações de interesse do político ou partido –, "as políticas adotadas nas democracias representativas divergirão, sistematicamente, do interesse geral", pois esses grupos têm representação desproporcional em relação ao seu número na definição de quais bens, coletivos ou privados, prevalecerão na política definida.[339]

O exemplo dado pelos professores é ilustrativo: "nos países em que a agricultura interessa a um pequeno grupo da população, ela é pesadamente subvencionada; nos países que interessa a grande parte da população, é, ao contrário, pesadamente tributada". Isso resultaria em uma corrida aos grupos políticos, traduzida na expressa *rent seeking* (busca por renda), onde o sucesso de um grupo em obter condições mais favoráveis que as encontradas no mercado, em razão de intervenções do Estado, mediante subvenções e incentivos fiscais, obriga outros grupos a recorrerem ao mesmo mecanismo, refletindo nas regras normais de concorrência.[340]

O institucionalismo da escolha racional também oferece ganho de compressão desse fenômeno, ao afirmar que os atores se comportam de forma estratégica, segundo uma ordem de preferências, de maneira a que a escolha estaria voltada a maximizar seus benefícios. As instituições, nesse cenário, ofereceriam incentivos às escolhas, com maior ou menor certeza sobre o comportamento dos demais atores, inclusive das próprias instituições, e, com isso, elas se mantêm, porque "os indivíduos aderem a esses modelos de comportamento porque perderão mais ao evitá-los do que ao aderir a eles".[341]

Segundo essa linha teórica, ao atuarem de forma a maximizar seus objetivos, esses grupos "o fazem com o risco de produzir um resultado sub-ótimo para a coletividade (no sentido de que seria possível encontrar um outro resultado que satisfaria melhor um dos interessados sem que qualquer outro saísse lesado". Isso significa que o arranjo normativo deveria fornecer uma estrutura de incentivos a uma linha de ação que seja preferível no aspecto coletivo.[342]

Os programas de parcelamentos especiais materializam essa lógica, na medida em que, como se percebe pelos estudos expostos ao longo deste trabalho, a maior parte do valor total das anistias e descontos é limitada a um pequeno grupo de grandes e influentes devedores.

---

[339] MACKAAY, Ejan; ROUSSEAU, Stéphane. *Análise econômica do Direito*. Tradução de Rachael Sztajn. 2. ed. São Paulo: Atlas, 2015. p. 176-177.
[340] Ibidem, p. 177-178.
[341] HALL, Peter A.; TAYLOR, Rosemary C. R. As três versões do neo-institucionalismo. *Lua Nova* [online], n. 58, p. 157, 2003. Disponível em: https://doi.org/10.1590/S0102-64452003000100010. Acesso em: 24 out. 2020.
[342] Ibidem, p. 195-199.

Até se poderia se argumentar, em reforço discursivo de fundamentação dessas escolhas políticas, que há atendimento a outras políticas sociais, como o incentivo ao crescimento econômico e ao emprego – na medida em que essas empresas continuam no mercado e a oferecer postos de trabalhos –, mas os efeitos a longo prazo são suportados coletivamente, ao passo que os ganhos privados/específicos são experimentados por poucos e em condições favorecidas em relação aos demais contribuintes. Isso ocorre porque a maior parte dos valores recebidos e, por consequência, das contrapartidas de descontos concedidos, referem-se a um pequeno grupo de grandes devedores, em relação ao conjunto de contribuintes que suportam os efeitos desses programas.

O exemplo do estado de Goiás pode ilustrar outra questão sobre a influência recíproca dos meios alternativos de recuperação de ativos: a execução fiscal atingiu grandes devedores nos anos em que não houve lei de concessão de anistias e parcelamentos. As tabelas a seguir ilustram a variação da participação da execução e dos benefícios fiscais no recebimento de créditos nos anos de 2014 a 2020 – nos anos de 2018, 2019 e 2020 não houve programa de regularização fiscal. O gráfico seguinte traz os valores totais arrecadados em cada um desses anos, com e sem concessão de anistias e parcelamentos:

GRÁFICO 17
Valor total (milhões de R$) por ano da recuperação de créditos ajuizados com e sem anistias/parcelamentos

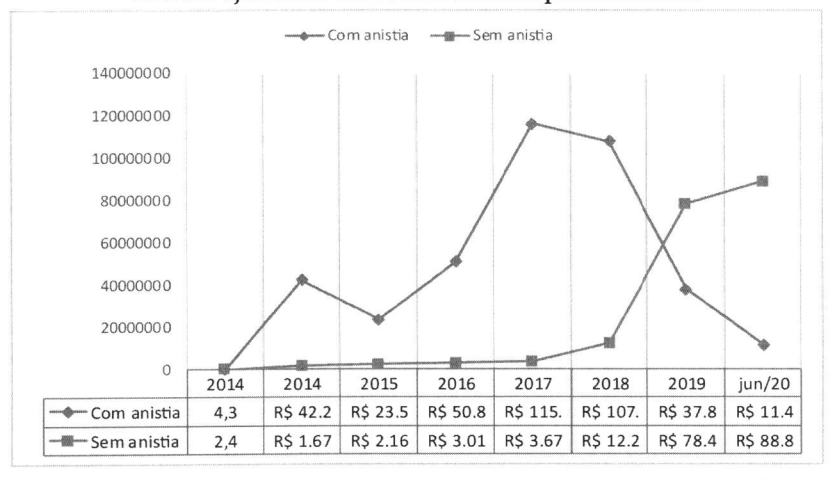

	2014	2014	2015	2016	2017	2018	2019	jun/20
Com anistia	4,3	R$ 42.2	R$ 23.5	R$ 50.8	R$ 115.	R$ 107.	R$ 37.8	R$ 11.4
Sem anistia	2,4	R$ 1.67	R$ 2.16	R$ 3.01	R$ 3.67	R$ 12.2	R$ 78.4	R$ 88.8

Fonte: Elaborado pelo autor a partir dos dados fornecidos pela Procuradoria Tributária (PGE-GO). Dados extraídos em junho de 2020.

Os números acima trazem observações importantes sobre a inter-relação entre os programas de parcelamentos especiais no estado de Goiás e a execução fiscal. O primeiro ponto a registrar é que nos anos de 2018, 2019 e 2020 não houve aprovação de leis que autorizassem esses programas. Isso retira dos devedores executados uma alternativa quanto aos modos de extinção de suas dívidas, já que não puderam se utilizar de parcelamentos especiais com descontos de multa e juros para extinguir créditos cujos processos de execução fiscal chegaram à fase de garantia. Além disso, no caso dos grandes devedores, que comumente prestam garantias por meio de seguro-garantia ou de carta de fiança, não foi possível o resgate dessas garantias pagando um valor com descontos sobre multa e juros, quando da prolação de decisão desfavorável no curso dos processos de impugnação do crédito, nem utilizar o valor de depósitos judiciais para pagamento com desconto dos débitos em execução fiscal.

Esse fato, relativo à influência da inexistência de aprovação de lei dessa natureza sobre a estratégia de grandes devedores nos anos de 2018-2020, é perceptível pela relação entre a quantidade de autos de infração que deu origem a esses créditos e o valor total arrecadado. Embora a medida média não seja suficiente para uma análise descritiva, é um dado relevante nesse caso, pois o valor médio arrecadado por auto de infração varia consideravelmente ao longo dos danos, conforme gráfico a seguir, demonstrando que a execução fiscal atingiu grandes devedores nos anos em que não houve lei de concessão de anistias e parcelamentos:[343]

---

[343] Há outros pontos a considerar como possíveis fatores que influenciaram esses dados e que merecem estudos específicos, como, por exemplo, medidas adotadas pela Procuradoria-Geral do Estado nos anos de 2017 e 2018, dentre as quais destacamos: a) suspensão de processos judiciais com valor de até R$ 500 mil; b) criação de núcleos internos responsáveis por grandes devedores; e c) atuação coordenada do órgão de representação jurídica fazendária com órgãos de repressão de infrações administrativas e criminais relacionadas à ordem tributária no âmbito do Comitê Interinstitucional de Recuperação de Ativos (Cira), que reúne membros do Ministério Público, da Polícia Civil, do Fisco Estadual e da Procuradoria-Geral do Estado, voltado à promoção de responsabilidade dos grandes e contumazes devedores. Essa análise demanda um estudo de caso específico, que não é viável realizar dentro do escopo definido para o presente trabalho, não obstante seja um ponto importante para verificar se as boas práticas aqui apontadas e parcialmente acolhidas nessas medidas já adotadas no estado de Goiás influenciaram no cenário atual para os dados de arrecadação apresentados.

GRÁFICO 18
Arrecadação média (R$) por PAT ajuizado, com e sem anistia/parcelamento, por ano da arrecadação

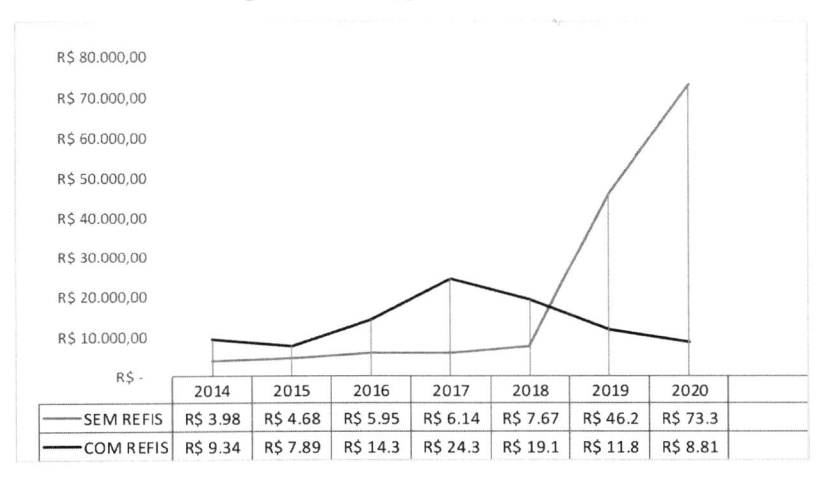

	2014	2015	2016	2017	2018	2019	2020
SEM REFIS	R$ 3.98	R$ 4.68	R$ 5.95	R$ 6.14	R$ 7.67	R$ 46.2	R$ 73.3
COM REFIS	R$ 9.34	R$ 7.89	R$ 14.3	R$ 24.3	R$ 19.1	R$ 11.8	R$ 8.81

Fonte: Elaborado pelo autor a partir dos dados fornecidos pela Procuradoria Tributária (PGE-GO). Dados extraídos em junho de 2020.

TABELA 13
Tabela de arrecadação de valores com e sem anistias e parcelamentos no Estado de Goiás

Ano	Arrecadação com anistia		Arrecadação sem anistia		Total arrecadado
	Valor em reais	(%)	Valor em reais	(%)	Valor em reais
2014	R$ 42.256.111,20	96,18	R$ 1.677.258,76	3,82	R$ 43.933.369,96
2015	R$ 23.547.304,23	91,58	R$ 2.165.055,41	8,42	R$ 25.712.359,64
2016	R$ 50.870.590,31	94,41	R$ 3.014.617,94	5,59	R$ 53.885.208,25
2017	R$ 115.974.669,25	96,93	R$ 3.675.082,89	3,07	R$ 119.649.752,14
2018	R$ 107.884.301,86	89,79	R$ 12.268.652,87	10,21	R$ 120.152.954,73
2019	R$ 37.870.431,34	32,56	R$ 78.455.687,72	67,44	R$ 116.326.119,06
2020	R$ 8.360.347,42	39,43	R$ 12.843.558,95	60,57	R$ 21.203.906,37
Total	R$ 386.763.755,61	77,22	R$ 114.099.914,54	22,78	R$ 500.863.670,15

*Dados atualizados até 04/2020.
Fonte: Elaborada pelo autor com base nos dados da Secretaria da Economia – Goiás (ECONOMIA-GO).

Na tabela acima, os recebimentos decorrentes de negociação de dívidas pelos devedores por meio de leis especiais de parcelamentos e anistias representaram, na série histórica até 2018, percentuais próximos a 90% do total recebido no ano. Esse cenário se modificou sensivelmente nos anos de 2019 e 2020, em razão da não-aprovação de leis dessa natureza nesse período. Nota-se, ainda, uma queda acentuada na arrecadação decorrente das parcelas contratadas de negociações anteriores, já que o valor recebido nos anos de 2019 e 2020 ainda deveriam ser impactados pelas parcelas das negociações contratadas em períodos de 60 a 84 meses, normalmente admitidos nessas leis específicas. Isso reafirma a tendência de inadimplência após os primeiros meses dos parcelamentos, tal como apontado nos estudos realizados no âmbito dos créditos da União.

3.3.2.2 O potencial impacto da autorização constitucional da compensação de créditos tributários com precatórios – EC 97/2019

Outro ponto que demanda análise diz respeito à possibilidade de pagamento dos débitos da dívida ativa por meio da compensação com precatório da Fazenda Pública credora. A questão impacta sobre os meios de recuperação de crédito, na medida em que a dívida com precatórios do estado de Goiás alcançava, no exercício de 2019, o valor de R$ 1,8 bilhão de reais, conforme tabela abaixo, disponibilizada pelo TJGO em seu site oficial:[344]

---

[344] TJGO – Tribunal de Justiça do Estado de Goiás. *Entidades devedoras*. Disponível em: https://www.tjgo.jus.br/index.php/gestao-orcamentaria/precatorios/entidades-devedoras-2. Acesso em: 15 jul. 2020.

TABELA 14
Valores totais por devedor de precatório da Fazenda Pública do Estado de Goiás

ESTADO DE GOIÁS (Regime Especial Adm. Direta e Indireta – Precatórios até exercício 2019)

Entidade Devedora	PASSIVO EM 01/01/2019	PRECATÓRIOS NATUREZA COMUM E ALIMENTAR		PASSIVO TOTAL EM 01/01/2019
		Dedução VALOR SOF (Relatório)	Acordos Parcelados Pendentes PG	
AGECOM (ABC)	R$ 22.530.747,39	R$ 3.253.797,63		R$ 19.276.949,76
AGETOP	R$ 188.007.574,82	R$ 32.682.679,42		R$ 155.324.895,40
AGC	R$ 131.514,19	R$ 46.452,35		R$ 85.061,84
AGEL	R$ 0,00	R$ 0,00		R$ 0,00
AGR	R$ 7.563.953,06	R$ 1.180.116,31		R$ 6.383.836,75
AGRODEFESA	R$ 113.058,87	R$ 5.378,62		R$ 107.680,25
GOIASPREV	R$ 12.258.236,01	R$ 658.979,05		R$ 11.599.256,96
IPASGO	R$ 20.669.870,68	R$ 3.979.721,23		R$ 16.690.149,45
DETRAN	R$ 13.255.133,92	R$ 697.800,40		R$ 12.557.333,52
PASSIVO ESTADO/GO (Adm. Direta)	R$ 1.547.887.153,64	R$ 54.118.973,52	R$ 5.345.299,19	R$ 1.499.113.479,31
SOMA				
TOTAL GERAL	**R$ 1.812.417.242,58**	**R$ 96.666.446,13**	**R$ 5.345.299,19**	**R$ 1.721.138.643,24**

Nota: Total Geral composto Alimentar e Comum (exercício 1999 a 2019);
Passivo Ente Devedor Estado de Goiás, a partir do Estoque de precatórios (Adm. Direta e Indireta), já inseridos os precatórios inscritos no exercício de 2019;
Precatórios coletivos calculados observando credores remanescentes, pendentes de pagamentos;
Passivo em 01/01/2019, já com as amortizações efetivadas (pagamentos), e atualização aplicando IPCA-e, a partir de 26/03/2015. Passivo TRT 2019, conforme relação encaminhada em 06/12/218.
Fonte: extraído do sítio eletrônico do TJGO.

O tema do pagamento dos precatórios levou a uma série de emendas constitucionais ao longo dos danos, sem atingir o esperado resultado de encurtar a fila de pagamentos. Entre as medidas da mais recente reforma constitucional do regime de precatórios, a Emenda Constitucional nº 99, de 2017, tivemos as seguintes alterações: a) os estados e municípios passaram a ser obrigados a realizar depósito mensal em conta especial do Tribunal de Justiça local, correspondente a 1/12 (um doze avos) do valor calculado percentualmente sobre suas receitas correntes líquidas (art. 101, *caput*);[345] b) permitiu-se a utilização

---

[345] "Art. 101. Os estados, o Distrito Federal e os municípios que, em 25 de março de 2015, se encontravam em mora no pagamento de seus precatórios quitarão, até 31 de dezembro de 2024, seus débitos vencidos e os que vencerão dentro desse período, atualizados pelo Índice Nacional de Preços ao Consumidor Amplo Especial (IPCA-E), ou por outro índice que venha a substituí-lo, depositando mensalmente em conta especial do Tribunal de Justiça local, sob única e exclusiva administração deste, 1/12 (um doze avos) do valor calculado percentualmente sobre suas receitas correntes líquidas apuradas no segundo mês anterior ao mês de pagamento, em percentual suficiente para a quitação de seus débitos e, ainda que variável, nunca inferior, em cada exercício, ao percentual praticado na data da entrada em vigor do regime especial a que se refere este artigo, em conformidade com plano de pagamento a ser anualmente apresentado ao Tribunal de Justiça local. §1º. Entende-se como receita corrente líquida, para os fins de que trata este artigo, o somatório das receitas tributárias, patrimoniais, industriais, agropecuárias, de contribuições e de serviços, de transferências correntes e outras receitas correntes, incluindo as

de depósitos judiciais para pagamento de precatório (art. 101, §2º);[346] c) previu-se a disponibilidade de linha de crédito especial aos estados e municípios, pela União e pelas instituições financeiras oficiais sob seu controle, para pagamento dos precatórios (art. 101, §4º);[347] e d)

---

oriundas do §1º do art. 20 da Constituição Federal, verificado no período compreendido pelo segundo mês imediatamente anterior ao de referência e os 11 (onze) meses precedentes, excluídas as duplicidades, e deduzidas: I – nos Estados, as parcelas entregues aos municípios por determinação constitucional; II – nos estados, no Distrito Federal e nos municípios, a contribuição dos servidores para custeio de seu sistema de previdência e assistência social e as receitas provenientes da compensação financeira referida no §9º do art. 201 da Constituição Federal." (BRASIL. *Emenda Constitucional nº 99, de 14 de dezembro de 2017b*. Altera o art. 101 do Ato das Disposições Constitucionais Transitórias, para instituir novo regime especial de pagamento de precatórios, e os arts. 102, 103 e 105 do Ato das Disposições Constitucionais Transitórias. Disponível em: http://www.planalto.gov.br/ccivil_03/constituicao/emendas/emc/emc99.htm. Acesso em: 26 out. 2020).

[346] "Art. 101 (...) §2º. O débito de precatórios será pago com recursos orçamentários próprios provenientes das fontes de receita corrente líquida referidas no §1º deste artigo e, adicionalmente, poderão ser utilizados recursos dos seguintes instrumentos: I – até 75% (setenta e cinco por cento) dos depósitos judiciais e dos depósitos administrativos em dinheiro referentes a processos judiciais ou administrativos, tributários ou não tributários, nos quais sejam parte os estados, o Distrito Federal ou os municípios, e as respectivas autarquias, fundações e empresas estatais dependentes, mediante a instituição de fundo garantidor em montante equivalente a 1/3 (um terço) dos recursos levantados, constituído pela parcela restante dos depósitos judiciais e remunerado pela taxa referencial do Sistema Especial de Liquidação e de Custódia (Selic) para títulos federais, nunca inferior aos índices e critérios aplicados aos depósitos levantados; II – até 30% (trinta por cento) dos demais depósitos judiciais da localidade sob jurisdição do respectivo Tribunal de Justiça, mediante a instituição de fundo garantidor em montante equivalente aos recursos levantados, constituído pela parcela restante dos depósitos judiciais e remunerado pela taxa referencial do Sistema Especial de Liquidação e de Custódia (Selic) para títulos federais, nunca inferior aos índices e critérios aplicados aos depósitos levantados, destinando-se: a) no caso do Distrito Federal, 100% (cem por cento) desses recursos ao próprio Distrito Federal; b) no caso dos estados, 50% (cinquenta por cento) desses recursos ao próprio estado e 50% (cinquenta por cento) aos respectivos municípios, conforme a circunscrição judiciária onde estão depositados os recursos, e, se houver mais de um município na mesma circunscrição judiciária, os recursos serão rateados entre os municípios concorrentes, proporcionalmente às respectivas populações, utilizado como referência o último levantamento censitário ou a mais recente estimativa populacional da Fundação Instituto Brasileiro de Geografia e Estatística (IBGE); (...)." (BRASIL, 2017b).

[347] "§4º. No prazo de até seis meses contados da entrada em vigor do regime especial a que se refere este artigo, a União, diretamente, ou por intermédio das instituições financeiras oficiais sob seu controle, disponibilizará aos estados, ao Distrito Federal e aos municípios, bem como às respectivas autarquias, fundações e empresas estatais dependentes, linha de crédito especial para pagamento dos precatórios submetidos ao regime especial de pagamento de que trata este artigo, observadas as seguintes condições: I – no financiamento dos saldos remanescentes de precatórios a pagar a que se refere este parágrafo serão adotados os índices e critérios de atualização que incidem sobre o pagamento de precatórios, nos termos do §12 do art. 100 da Constituição Federal; II – o financiamento dos saldos remanescentes de precatórios a pagar a que se refere este parágrafo será feito em parcelas mensais suficientes à satisfação da dívida assim constituída; III – o valor de cada parcela a que se refere o inciso II deste parágrafo será calculado percentualmente sobre a receita corrente líquida, respectivamente, do estado, do Distrito Federal e do município, no

facultou-se aos credores de precatórios a compensação com débitos de natureza tributária ou de outra natureza que até 25 de março de 2015 tivessem sido inscritos na dívida ativa dos estados, do Distrito Federal ou dos municípios, observados os requisitos definidos em lei própria do ente federado.[348]

Anteriormente, as fazendas públicas resistiam à admissão de precatórios para garantia da dívida ativa, exceto quando a posição da lista de pagamentos permitisse o recebimento do crédito em curto lapso temporal. Essa questão, inclusive, de tão recorrente nos processos de execução fiscal de impugnação aos créditos da dívida ativa, foi objeto de diversas decisões do Superior Tribunal de Justiça[349] e da Súmula 406/STJ

---

segundo mês anterior ao pagamento, em percentual equivalente à média do comprometimento percentual mensal de 2012 até o final do período referido no *caput* deste artigo, considerados para esse fim somente os recursos próprios de cada ente da Federação aplicados no pagamento de precatórios; IV – nos empréstimos a que se refere este parágrafo não se aplicam os limites de endividamento de que tratam os incisos VI e VII do *caput* do art. 52 da Constituição Federal e quaisquer outros limites de endividamento previstos em lei." (BRASIL, 2017b).

[348] "Art. 105. Enquanto viger o regime de pagamento de precatórios previsto no art. 101 deste Ato das Disposições Constitucionais Transitórias, é facultada aos credores de precatórios, próprios ou de terceiros, a compensação com débitos de natureza tributária ou de outra natureza que até 25 de março de 2015 tenham sido inscritos na dívida ativa dos estados, do Distrito Federal ou dos municípios, observados os requisitos definidos em lei própria do ente federado. §1º. Não se aplica às compensações referidas no *caput* deste artigo qualquer tipo de vinculação, como as transferências a outros entes e as destinadas à educação, à saúde e a outras finalidades. §2º. Os estados, o Distrito Federal e os municípios regulamentarão nas respectivas leis o disposto no *caput* deste artigo em até cento e vinte dias a partir de 1º de janeiro de 2018. §3º. Decorrido o prazo estabelecido no §2º deste artigo sem a regulamentação nele prevista, ficam os credores de precatórios autorizados a exercer a faculdade a que se refere o *caput* deste artigo" (BRASIL, 2017b).

[349] A esse respeito: "PROCESSUAL CIVIL E TRIBUTÁRIO. RECURSO ESPECIAL. MANDADO DE SEGURANÇA. PRECATÓRIO COMO GARANTIA. RECUSA DA FAZENDA PÚBLICA. POSSIBILIDADE. SÚMULA 406/STJ. NECESSIDADE DE ACEITAÇÃO. JURISPRUDÊNCIA SÓLIDA DO STJ. RECURSO PROVIDO. 1. A irresignação merece acolhida. 2. Vê-se que o Tribunal paulista reformou decisão de primeira instância que indeferiu o uso de crédito de precatório como garantia para suspender exigibilidade de débito de ICMS. Assim, a Corte estadual suspendeu a exigibilidade das CDAs que lastreiam a Execução Fiscal na origem e, tacitamente, deferiu o montante oriundo de precatório como caução (fls. 156-158, e-STJ). 3. A compreensão esposada pela Corte de origem está em desacordo com o enunciado da Súmula 406/STJ ('A Fazenda Pública pode recusar a substituição do bem penhorado por precatório') e com o entendimento firmado pela Primeira Seção no julgamento do Recurso Especial repetitivo 1.337.790/PR. 4. 'Se o precatório é oferecido, a título de caução, em Medida Cautelar, com o fito de viabilizar futura constrição em Execução Fiscal, deve ser adotado o entendimento de que a Fazenda Pública pode se opor ao pleito do contribuinte. Afinal, deve prevalecer o mesmo entendimento onde existe idêntica razão fundamental' (AgRg no AREsp 601.850/RS, Rel. Ministro Herman Benjamin, Segunda Turma, DJe 19/3/2015). 5. O oferecimento de precatório em garantia, portanto, deve ser aceito pela Fazenda segundo o mesmo regime de garantias apresentadas em execução fiscal, sobretudo quando a recorrente afirma a inexistência de norma estadual capaz de efetivar a compensação prevista no art. 100, §9º, da CF, que foi

("A Fazenda Pública pode recusar a substituição do bem penhorado por precatório"), com o entendimento firmado pela Primeira Seção no julgamento do Recurso Especial repetitivo 1.337.790/PR.

Apesar de a emenda constitucional ter determinado a regulamentação da compensação no prazo de até cento e vinte dias a partir de 1º de janeiro de 2018 (art. 105, §2º), sob pena de os credores de precatórios poderem exercer essa faculdade independentemente da regulamentação do instituto nos entes federados (art. 105, §3º), no estado de Goiás somente foi regulamentada a matéria pela Lei Estadual nº 20.732, de 17 de janeiro de 2020.[350] Essa lei autoriza a compensação de débito de natureza tributária ou não tributária, inscrito em dívida ativa, ajuizado ou não, com débito da Fazenda Pública do Estado de Goiás, inclusive de suas autarquias e fundações, decorrente de precatório judicial vencido, assim entendido aquele que já esteja fora do período de graça constitucional previsto no art. 100, §5º, da Constituição Federal (art. 1º).

Os créditos da dívida ativa atingidos pela compensação incluem tanto os valores remanescentes de créditos não pagos quanto os parcelados. No caso dos parcelamentos em curso, o devedor ainda pode quitar as parcelas pendentes sem perda dos benefícios no parcelamento, se estiver adimplente (art. 1º, III, *b*). Esse é um dos pontos mais atrativos para os grandes devedores que, consoante já visto em tópico anterior, representam a maior parte dos créditos negociados em parcelamentos e anistias.

Assim, tal qual ocorre nos sucessivos parcelamentos, é possível uma migração considerável de devedores que hoje realizam pagamentos das parcelas para o regime de compensação, especialmente porque os precatórios serão compensados por seu valor integral com os créditos dívida ativa da Fazenda Pública devedora do precatório, mas a aquisição desses precatórios no mercado é feita com deságio considerável. Contudo, isso depende do conjunto de incentivos que sejam direcionados aos devedores de tributos, como por exemplo, o custo de aquisição dos precatórios, que varia conforme o tempo médio de seu pagamento pelo ente devedor.

---

justamente o lastro de todo o acórdão combatido. 6. Prejudicada a análise do dissídio jurisprudencial. 7. Recurso Especial provido, para restabelecer a decisão de primeira instância" (REsp 1.805.360/SP, Rel. Ministro Herman Benjamin, Segunda Turma, julgado em 21/05/2019, DJe 17/06/2019).

[350] GOIÁS. *Lei nº 20.732, de 17 de janeiro de 2020*. Dispõe sobre a compensação de débito tributário ou não tributário inscrito em dívida ativa, ajuizado ou não, com débito do Estado de Goiás decorrente de precatório judicial vencido. Disponível em: https://legisla.casacivil.go.gov.br/pesquisa_legislacao/100955/lei-20732. Acesso em: 26 out. 2020.

Para que se tenha uma ideia inicial, em relação às vantagens possíveis para o devedor que queira utilizar precatórios para compensar seu débito com a Fazenda Pública, o caso da negociação direta com a Fazenda Pública devedora é bom exemplo. O Tribunal de Justiça do estado de Goiás publicou, em 28 de abril de 2020, o edital de convocação para acordo direto com a administração direita e indireta estaduais, que previa a disponibilidade de R$ 144.360.869,26 (cento e quarenta e quatro milhões, trezentos e sessenta mil, oitocentos e sessenta e nove reais e vinte e seis centavos) para os precatórios vencidos até a data prevista na EC 99/2017, o mesmo corte temporal, portanto, para a compensação com precatórios.

Na Lei Estadual nº 17.034, de 20 de junho de 2010, que regulamenta esses acordos diretos, o deságio é estabelecido em 40% para pagamento à vista e, no mínimo, de 35% para pagamento parcelado, com, ainda, um decréscimo correspondente a 0,5% (meio por cento) para cada ano de antecipação do precatório em decorrência do disposto neste artigo, comparando-se com o tempo em que deveria ser pago com base na ordem projetada para pagamentos pelo critério cronológico de apresentação.[351] Segundo essa lei, esses acordos podem levar a um deságio superior a 70%, sendo o maior desconto o primeiro critério para aferição da condição mais vantajosa para a Fazenda Pública devedora.[352]

Além disso, no caso da convocação para acordo direto, era necessária a obediência da ordem de preferência estabelecida pelo art. 2º-A

---

[351] "Art. 2º. No pagamento de precatórios, por acordo direto com os credores, na forma autorizada pelo art. 97, §8º, III, do ADCT, observar-se-á o seguinte: I – no pagamento à vista, será considerado um deságio de 40% (quarenta por cento) do valor atualizado do precatório; II – no pagamento a prazo, o deságio será de, no mínimo, 35% (trinta e cinco por cento), não podendo exceder o limite previsto no inciso I; III – será considerado, ainda, um decréscimo correspondente a 0,5% (meio por cento), para cada ano de antecipação do precatório em decorrência do disposto neste artigo, comparando-se com o tempo em que deveria ser pago com base na ordem projetada para pagamentos pelo critério cronológico de apresentação, observado o §6º do art. 97 do ADCT, da Constituição Federal, acrescentado pela Emenda Constitucional nº 62, de 9 de dezembro de 2009" (GOIÁS. *Lei nº 17.034, de 2 de junho de 2010*. Regulamenta o pagamento de precatórios, por intermédio de acordo direto com os credores, e fixa o limite para requisições de pequeno valor. Disponível em: https://legisla.casacivil.go.gov.br/pesquisa_legislacao/88867/lei-17034. Acesso em: 26 out. 2020).

[352] "Art. 2º-B. No pagamento de precatórios por acordo direto, para a aferição das condições mais vantajosas referidas nos incisos V e VI do art. 2º-A desta Lei, adotam-se os seguintes critérios, sucessivamente: I – percentual de deságio superior a 70% (setenta por cento); (...) Parágrafo único. Terá a preferência para acordo direto a que se refere o §1º do art. 2º-A desta Lei, dentro da mesma classe de precatórios pagos em condições mais vantajosas, o precatório que, além de ostentar essa condição, ainda encerre o maior número dentre os seguintes critérios, conjugadamente: I – maior percentual de deságio; (...)" (GOIÁS, 2010).

da Lei Estadual nº 17.034/ 2010,³⁵³ pelo art. 102, §1º, da ADCT, isto é, as preferências relativas à natureza alimentícia do crédito e à idade, estado de saúde ou deficiência do credor. No caso da compensação, essa ordem não será observada, de forma que o deságio para precatórios mais recentes pode ser ainda maior, pois as mesmas condições oferecidas pelo mercado não podem ser obtidas pelos credores interessados em antecipar o recebimento do crédito pela fazenda devedora.

Segundo as informações obtidas do TJGO,³⁵⁴ entre os anos de 2010 e agosto de 2020 foram negociados R$ 857.144.207,91, dos quais R$ 463.952.342,50 foram pagos e R$ 393.191.865,41 economizados na forma de descontos sobre o valor devido de precatórios, representando uma redução de 45,87%. Até o ano de 2012, os descontos ficavam próximos a 70%, mas, a partir do ano de 2015, estiveram próximos a 35%. Segundo o TJGO, foram pagos os seguintes valores: em 2015, R$ 38.962.412,76; em 2016, R$ 67.403.413,44; em 2017, R$ 22.358.608,99; em 2018, R$ 55.939.558,84; em 2019, R$ 315.955.255,86; e, em 2020, R$ 178.500.000,00 (projeção 2020). De acordo com a informação do Departamento de Precatórios do Gabinete da Presidência do TJGO, os recursos disponibilizados nos editais eram totalmente consumidos nos acordos; ou seja, havia procura suficiente, apesar dos descontos aplicados, e, a partir do exercício de 2019, a procura foi maior que a quantidade de recurso disponível, sendo que, no ano de 2020, dos 2.411 credores habilitados, 471 (19,53%) foram excluídos por falta de recursos.

Nesta linha de ideias, caso o pagamento dos precatórios ocorra de maneira gradualmente mais célere do que o histórico de pagamentos do ente/entidade pública devedora, ainda que com ocorrência de descontos sobre o valor devido, haverá menor deságio sobre o valor do precatório à disposição no mercado para aquisição dos devedores do

---

[353] "Art. 2º-A. Na realização dos acordos diretos, mediante aplicação da tabela de deságio, deverá ser observada a seguinte ordem de preferência, sucessivamente: I – créditos de natureza alimentícia cujos titulares originais, seus meeiros ou herdeiros sejam portadores das doenças graves indicadas no §3º; II – créditos de natureza alimentícia cujos titulares originais, seus meeiros ou herdeiros tenham 60 (sessenta) anos de idade ou mais na data do pedido de acordo; III – créditos comuns cujos titulares originais, seus meeiros ou herdeiros sejam portadores das doenças graves indicadas no §3º deste artigo; IV – créditos comuns cujos titulares originais, seus meeiros ou herdeiros tenham 60 (sessenta) anos de idade ou mais na data do pedido de acordo; V – créditos de natureza alimentícia cujas condições de pagamento sejam mais vantajosas para o estado de Goiás; VI – créditos comuns cujas condições de pagamento sejam mais vantajosas para o estado de Goiás; VII – créditos que se encontrem nas primeiras posições da ordem cronológica de apresentação" (GOIÁS, 2010).

[354] Informações disponíveis no processo PROAD 202008000234637.

tributo. Como isso, menos devedores recorrerão à compensação como forma de extinção de créditos tributários.

Essa projeção, contudo, somente poderá ser confirmada com a interação oferta/procura, que deve ocorrer nos anos seguintes à regulamentação da lei estadual pela PGE e pela Secretaria de Estado da Economia, em ato conjunto. De todo modo, considerando-se o comportamento médio dos devedores observado na experiência com os parcelamentos nos últimos anos, cogita-se um duplo efeito em razão dessa facultatividade aberta aos devedores de créditos da dívida ativa estadual: a) redução do valor arrecadado por meio de execução forçada, em razão da extinção de grandes créditos em decorrência da compensação de precatórios, caso sejam oferecidas aos devedores de tributo condições de aquisição desses precatórios mais favoráveis; b) redução da arrecadação com parcelamentos em curso, tendo em vista a possibilidade de quitação desses créditos em condições mais favoráveis, com o deságio obtido na aquisição de precatórios da fazenda estadual.

3.3 Litigância e consensualidade: análise da proposta de transação tributária

A consensualidade pode ser analisada sob várias perspectivas. Em sentido amplo, ela representa um modo de formação da vontade estatal e sua realização, próximo ao sentido de participação política. Num sentido estrito, diz respeito a um método processual de resolução consensual de conflitos jurídicos. No primeiro sentido, é empregada por Moreira Neto, ao firmar seu entusiasmo com os potenciais ganhos democráticos em razão da consensualidade, no trecho seguinte:

> A participação e a consensualidade tornaram-se decisivas para as democracias contemporâneas, pois contribuem para aprimorar a governabilidade (**eficiência**); propiciam mais freios contra o abuso (**legalidade**); garantem a atenção a todos os interesses (**justiça**); proporcionam decisão mais sábia e prudente (**legitimidade**); desenvolvem a responsabilidade das pessoas (**civismo**); e tornam os comandos estatais mais aceitáveis e facilmente obedecidos (**ordem**).[355]

---

[355] MOREIRA NETO, Diogo de Figueiredo. *Mutações do Direito Administrativo*. 3. ed. Rio de Janeiro: Renovar, 2007. p. 41.

Por isso, na visão do autor, a consensualidade seria um "refluxo da imperatividade", do postulado da autoridade da lei e ato administrativo como manifestações de poder estatal, em busca do fortalecimento da legitimidade fundada na participação política, no amadurecimento democrático, por meio de instrumentos de participação, isto é, o consenso como método de decisão e de operação, com uma alternativa de colaboração e cooperação ao modelo desgastado da subordinação baseada na autoridade do Estado.[356]

No segundo sentido, encontram-se os trabalhos de Juliana de Palma, que faz uma crítica ao "elogio ao consenso", apresentado na obra de Moreira Neto e replicado em diversos trabalhos sobre o tema, que não mostram maiores investigações sobre o encalce e a efetividade de instrumentos consensuais propriamente ditos, ou seja, dos acordos que, em sentido amplo ou estrito, concretizam esses postulados da consensualidade propagada na doutrina.[357] A autora apresenta uma tipologia para os acordos nesse sentido estrito, designando-os como **integrativos** (procedimentais) quando não substituem a decisão final, mas importam em: "(i) condicionamento do ato final a uma obrigação consensualmente estabelecida, (ii) complementação consensual do provimento final e (iii) adequação do ato final mediante a substituição de um ato específico do processo".[358] Por sua vez, os **substitutivos** (terminativos) substituem a decisão final do processo ou impedem a instauração de processo.[359] De Palma utiliza a classificação no contexto da atividade sancionatória da Administração, mas essa categorização também se mostra adequada ao processo judicial de execução fiscal. Em linguagem de Direito Processual Civil, esses acordos procedimentais se referem aos negócios jurídicos processuais e os acordos substitutivos da decisão, aos acordos sobre o objeto da demanda.[360]

---

[356] MOREIRA NETO, op. cit., p. 40-48.
[357] DE PALMA, Juliana Bonacorsi. *Sanção e acordo na Administração Pública*. São Paulo: Malheiros, 2015. p. 237-302.
[358] Ibidem, p. 248.
[359] Ibidem, 2015, p. 252.
[360] Segundo Fredie Didier Jr., "há negócios processuais relativos ao objeto litigioso do processo, como o reconhecimento da procedência do pedido, e há negócios processuais que têm por objeto o próprio processo, em sua estrutura, como o acordo para suspensão convencional do procedimento. O negócio que tem por objeto o próprio processo pode servir para a redefinição das situações jurídicas processuais (ônus, direitos, deveres processuais) ou para a reestruturação do procedimento" (DIDIER JR, Fredie. Negócios jurídicos processuais atípicos no Código de Processo Civil de 2015. *Revista Brasileira da Advocacia*, ano 1, v. 1, p. 59-84, abr.-jun. 2016).

Uma das questões mais controversas em relação aos acordos terminativos diz respeito ao âmbito de dependência da sua regulação em lei, isto é, se basta um preceito normativo geral em âmbito primário para realização ou se é necessário que a lei traga tratamento preciso, inclusive para autorização em relação a determinados temas de Direito Público. A esse respeito, Juliana de Palma defende que "a consensualidade na prática do direito administrativo assume evidente viés pragmático, voltado à resolução de casos concretos", cujas particularidades levariam a um espaço de discricionariedade e, por isso, à atipicidade dos acordos, de forma que a reserva de norma – e não de lei – autorizaria a celebração de acordo, se não houve vedação expressa em lei formal.[361]

No mesmo sentido, Leila Cuéllar e Egon Bockmann Moreira acrescentam um "dever público de despender os melhores esforços para a negociação consensual de conflitos administrativos [... assim] não se pode litigar sem antes haver a firme tentativa de conciliar: trata-se de aplicação expressa do princípio da legalidade, em vários foros e instâncias",[362] a partir do CPC/15 e da Lei Federal nº 13.140/15, que dispõe sobre a mediação entre particulares como meio de solução de controvérsias e sobre a autocomposição de conflitos no âmbito da administração pública.[363]

Em relação ao Direito Tributário, dado o conteúdo do art. 141 do CTN,[364] prevalece a posição pela necessidade de lei específica para autorização da celebração de acordos ou contratos que possam refletir a suspensão da exigibilidade ou a extinção e o valor do crédito tributário. Existem várias possibilidades de atuação consensual no Direito Tributário, como é o caso dos parcelamentos (art. 155-A do CTN) e da adesão a benefícios tributários que modificam elementos da relação

---

[361] DE PALMA, 2015, p. 270-273.
[362] CUÉLLAR, Leila; MOREIRA, Egon Bockmann. Administração Pública e mediação: notas fundamentais. *Revista de Direito Público da Economia – RDPE*, Belo Horizonte, ano 16, n. 61, p. 119-122, jan./mar. 2018.
[363] BRASIL. *Lei nº 13.140, de 26 de junho de 2015b*. Dispõe sobre a mediação entre particulares como meio de solução de controvérsias e sobre a autocomposição de conflitos no âmbito da administração pública; altera a Lei nº 9.469, de 10 de julho de 1997, e o Decreto nº 70.235, de 6 de março de 1972; e revoga o §2º do art. 6º da Lei nº 9.469, de 10 de julho de 1997. Disponível em: http://www.planalto.gov.br/ccivil_03/_ato2015-2018/2015/lei/l13140.htm. Acesso em: 26 out. 2020.
[364] Segundo já anunciamos no primeiro capítulo deste trabalho, o art. 141 do CTN afirma que "somente se modifica ou extingue, ou tem sua exigibilidade suspensa ou excluída, nos casos previstos nesta Lei, fora os quais não podem ser dispensadas, sob pena de responsabilidade funcional na forma da lei, a sua efetivação ou as respectivas garantias" (BRASIL, 1966).

jurídica base e das isenções formalizadas em contratos autorizados por lei (art. 179 do CTN). Entre essas várias hipóteses, a transação, enquanto acordo do tipo terminativo, visa a prevenir ou a extinguir litígios tributários. Os contornos gerais da transação decorrem do Direito Privado, especialmente porque o regime de Direito Público é uma construção bem mais recente, mas a sua aplicação neste recebe contornos específicos, para se amoldar a esse regime jurídico. Assim, para sua aplicação no Direito Público, além dos elementos típicos da transação, exigidos pelo Direito Privado, tais como a disposição em transacionar e a capacidade dos transatores, torna-se necessária uma relação jurídico-administrativa, em sentido amplo, em decorrência da qual haja uma controvérsia real ou potencial, e um objeto jurídico transacionável.[365] No Direito Tributário, a transação é prevista como uma forma de extinção do crédito tributário (art. 156, III, do CTN) e exige lei autorizativa que estabeleça as condições para sua realização e a autoridade competente (art. 171).

Diante do conflito atual ou potencial, as partes precisam manifestar o interesse em transacionar, isto é, em dar terminação consensual ao litígio mediante concessões recíprocas. Trata-se de um processo decisório entre as alternativas de litigar ou de firmar acordos, que pode ser analisada com ganho de compreensão à luz da teoria da escolha racional, que recebeu nova roupagem no neo-institucionalismo. Para essa teoria, todos os agentes têm preferências de bem-estar, de cunho valorativo ou intelectual, e se comportarão de forma a buscar seus interesses, tendo a potencialidade de fazer escolhas entre preferências e estabelecer uma ordem entre elas.[366] Isso não importa em dizer que o indivíduo agirá de forma sempre estratégica e racional, nem que essa ordem seja imutável em diferentes contextos temporais e espaciais, pois essa teoria procura explicar o comportamento agregado da coletividade por generalizações que permitam a simplificação do comportamento esperado de "busca intencional dos melhores meios possíveis para atender suas preferências, consideradas as limitações enfrentadas", ainda que esses ganhos não sejam atingidos, por exemplo, por falta de informação suficiente ou pela necessidade de interação com outros agentes.[367]

---

[365] BATISTA JÚNIOR, Onofre Alves. *Transações administrativas:* um contributo ao estudo do contrato administrativo como mecanismo de prevenção e terminação de litígios e como alternativa à atuação administrativa autoritária, no contexto de uma administração pública mais democrática. São Paulo: Quartier Latin, 2007. p. 328.

[366] FUX, Luiz; BODART, Bruno. *Processo civil e análise econômica.* Rio de Janeiro: Forense, 2019. p. 11-14.

[367] Idem

Em outros termos, sob o enfoque dado pelo neo-institucionalismo, o comportamento coletivo é resultado do entrelaçamento de escolhas orientadas tanto por preferências e expectativas nos níveis de interação individual, quanto pela influência das instituições. Dessa forma, "a implantação de políticas públicas ou a competição entre burocratas ou legisladores ativa e organiza as identidades e clivagens sociais".[368]

Além disso, apesar das críticas à valorização do aspecto racional da conduta dos agentes, essa teoria é útil como ferramenta de análise do comportamento de grandes litigantes. Isso pode ser observado a partir de estudos empíricos sobre a litigância em massa ou macrolitigância, especialmente com o uso de tecnologias da informação, que têm permitido uma série de novas abordagens de pesquisa, inclusive com resultados que contrapõem pontos de partida que permaneciam lugar-comum nas análises jurídicas, mas que não se confirmaram quando confrontados com a realidade captada nesses estudos.

Um exemplo a ilustrar esse ponto se refere à afirmação de que o prévio conhecimento do resultado da demanda desencorajaria o futuro sucumbente a resistir à pretensão da outra parte, caso saiba que será sucumbente ao final. Noutros termos, a imprevisibilidade do resultado da demanda judicial leva à alta litigância. Essa questão foi abordada no conjunto de relatórios "Série: O Judiciário Destrinchado pelo *Big Data*", produzidos pela FGV, sob coordenação de Bruno Salama, Danilo Carlotti e Luciana Yeung.

O "Relatório 1: As decisões da Justiça Trabalhista são imprevisíveis?" apresentou uma série de conclusões contraintuitivas sobre decisões da Justiça do Trabalho, ao utilizar a tecnologia de *text mining* em 130 mil julgados de primeira instância do Tribunal Regional do Trabalho da 2ª região. O objetivo do estudo foi analisar a previsibilidade das decisões judiciais, considerada como "adequação entre a expectativa da decisão judicial e seu efetivo resultado".[369] O primeiro resultado dessa pesquisa apontou que o provimento parcial ou total do empregado ocorreu em 88,5% dos casos[370] e nesse percentual o êxito dos empregados se manteve alto, inclusive nas demandas contra empregadores com

---

[368] MARCH; OLSEN, op. cit., p. 127.
[369] SALAMA, Bruno Meyerhof; CARLOTTI, Danilo; YEUNG, Luciana. As decisões da Justiça Trabalhista são imprevisíveis? *FGV Working Paper – Série: O Judiciário destrinchado pelo* big data, 2018. Disponível em: http://works.bepress.com/bruno_meyerhof_salama/143/. Acesso em: 13 jun. 2020
[370] Os autores informam que os pedidos são julgados total ou parcialmente procedentes em 88,5% dos casos, bem como os empregados litigam, normalmente, amparados pela gratuidade da justiça, cuja concessão foi expressamente identificada em 75% das decisões

políticas formais de *compliance* trabalhista, como os do setor bancário, e empregadores públicos, como o munícipio de São Paulo.[371]

A partir desses dados, os autores apresentaram duas provocações: i. litigar pode ser mais barato para o devedor que o acordo, mesmo com a previsibilidade de que será vencido ao final da demanda; ii. o devedor não faz acordo mesmo com a previsibilidade de que será obrigado a pagar ao final da demanda, se tiver oportunidade mais vantajosa para utilização dos recursos necessários ao acordo.[372] A primeira sugestão decorreria do fato de que os valores da condenação são, em geral, baixos (média de R$ 28.493,54 e apresentam maior frequência abaixo de R$ 25.000,00); e, a segunda, de que os principais litigantes são devedores solventes. Isso, por um lado, reafirma a primeira provocação, pois, mesmo com a certeza de que será forçado ao pagamento, pode haver custo-benefício favorável ao devedor em não fazer acordo, e, por outro, encorajaria também o credor a não firmar o acordo, diante da previsibilidade do recebimento do crédito.[373] Assim, no específico cenário da macrolitigância trabalhista, por mais contraintuitivo que possa parecer, a previsibilidade do resultado pode encorajar o início e a continuidade da demanda.

Na sequência desse estudo, os pesquisadores divulgaram o trabalho "Quando litigar vale mais a pena do que fazer acordo: os grandes litigantes na Justiça Trabalhista", em que trouxeram conclusões importantes sobre as características do sistema de justiça que explicariam a litigância na Justiça do Trabalho, citando dois fatores combinados com as causas observadas: o baixo custo de litigar e o nível dos juros que corrigem o débito trabalhista.[374] O fator relativo ao custo seria impactado, primeiro, pelo financiamento prevalentemente público do sistema de justiça, com reduzido valor de custas e despesas pagas pelas partes e, segundo, pelo grande número de advogados, que reduziria o preço do serviço jurídico.[375] Já sobre o fator relativo aos

---

    que concederam o pedido da gratuidade em 99% das vezes em que requerido (SALAMA; CARLOTTI; YEUNG, 2018, p. 6).

[371] Segundo o estudo, os percentuais de êxito dos empregadores são os seguintes: Itaú, 13%; Santander, 10%; Banco do Brasil, 12%; Tim, 9%; e TAM, 10%; empresas limitadas, 18%; municípios do Estado de São Paulo, 18% (SALAMA; CARLOTTI; YEUNG, 2018, p. 6).
[372] SALAMA; CARLOTTI; YEUNG, 2018, p. 6-7.
[373] SALAMA; CARLOTTI; YEUNG, 2018, p. 7-9.
[374] SALAMA; CARLOTTI; YEUNG, 2019, p. 5.
[375] Segundo os autores, o Brasil oferece 1.174 cursos de Direito, o maior número do mundo, várias vezes maior que os Estados Unidos (280), e o Reino Unido (95), por exemplo, além de ter, também, a maior densidade de advogados em relação à população (SALAMA; CARLOTTI; YEUNG, 2019, p. 5-6).

juros que corrigem o crédito trabalhista, a conclusão dos autores é que os patamares atuais agradariam a ambas as partes, porque "não é nem tão alta a ponto de pressionar devedores a fazerem um acordo, nem tão baixa a ponto de pressionar os reclamantes a fazerem um acordo", pois, aos empregadores, seria preferível pagar outras dívidas ou realizar investimentos (melhor custo-oportunidade) e, aos empregados, aguardar o fim do processo, por não contar com melhores opções de remuneração do capital, comparando-se, por exemplo, com os juros da caderneta de poupança.[376]

A constatação em relação ao custo-oportunidade, ao menos para o empregador,[377] tem sustentação nos dados observados, especialmente quando se analisam os grandes litigantes, que mostram valor médio de condenação mais alto, como é o caso do Banco Itaú, citado pelos autores que, a um rendimento médio de taxa de 1% ao mês, ao final de 4 anos e 10 meses, teria gerado R$ 50,8 milhões de reais em lucro para o banco, em razão de não ter feito acordo no início dos 1.251 processos

---

[376] Os autores apresentaram o seguinte cenário para empregador e empregado, considerando-se o valor médio das condenações no TRT2, de R$ 28.493,54, e tempo total de duração dos processos no tribunal, segundo os dados do Conselho Nacional de Justiça, de 4 anos e 10 meses: "A uma taxa de juros de 0,5% ao mês (equivalente a um bom rendimento da caderneta de poupança), vale a pena para o reclamante esperar judicialmente por 4 anos e 10 meses se o valor ofertado pela empresa em uma proposta de acordo for de até R$ 21.340; somente nos casos em que a oferta da empresa for acima disso é que vale a pena aceitar o acordo instantaneamente. Já para a reclamada, se em vez de oferecer imediatamente R$ 21.340 num acordo, ela aplicar este dinheiro a uma taxa de juros mais alta, de suponhamos 1% ao mês (e é bastante razoável supor que grandes empresas tenham acesso a opções de investimento mais rentáveis que a poupança), ao final de 4 anos e 10 meses, esta aplicação terá rendido R$ 38.006. Ou seja, a empresa reclamada pode pagar a condenação judicial e ainda lhe sobrarão R$ 9.500. Um bom negócio" (SALAMA; CARLOTTI; YEUNG, 2019, p. 5-8).

[377] A conclusão merece críticas em relação à afirmação de que o empregado prefere aguardar o final da demanda porque os juros da demora do processo implicam em ganho efetivo. O problema reside em considerar que, de forma geral, o empregado esteja em condições econômicas de aguardar o recebimento do crédito e, por isso, não faça o acordo. Isso, considerando-se a média salarial no Brasil inferior a de R$ 2.400,00 e, ainda, que quase 60% dos trabalhadores – 54 milhões de pessoas – recebem até um salário-mínimo em 2018 e que as famílias com até 2 salários gastam 61% do orçamento com alimentos e habitação, é um pressuposto difícil de sustentar. Segundo a Pesquisa de Orçamentos Familiares (POF) 2017-2018, do IBGE, entre as despesas das famílias com menores rendimentos, 22% se referem à alimentação e 39,2% à habitação, enquanto entre aquelas com os rendimentos mais altos, o total dessas despesas é 30,2%, divididos em 7,6% com alimentação e 22,6% com habitação, mesmo considerando-se que as despesas com alimentação das famílias com renda (R$ 2.061,34) representa mais de três vezes o valor médio por família no país (R$ 658,23) e mais de seis vezes o das famílias com renda de até dois salários (R$ 328,74). Dados do ano de 2018, extraídos da Pesquisa Nacional por Amostra de Domicílios Contínua (PNADC) do IBGE – Instituto Brasileiro de Geografia e Estatística. Disponível em: https://www.ibge.gov.br/estatisticas/sociais/trabalho/17270-pnad-continua.html?=&t=series-historicas. Acesso em: 26 jun. 2020).

julgados parcial ou totalmente procedentes em favor dos empregados,[378] valor esse que, segundo os autores, provavelmente não seria totalmente consumido pelos custos administrativos do banco com a defesa jurídica, especialmente diante da possibilidade de gerenciamento em escala desses processos. O custo, nesse caso, é assumido pela sociedade, que paga pela manutenção dos sistemas de justiça.

Esse é um exemplo útil para compreender a decisão do devedor de resistir ou não ao pagamento da obrigação perseguida em um processo executivo. Embora a pesquisa realizada na FGV tenha considerado o processo do trabalho, há ao menos um resultado que pode ser extrapolado, com ajustes, para a execução fiscal: o crescente volume da dívida ativa pode ter por fator influente, em determinados casos, uma decisão racional do devedor de não pagar tributos e resistir à persecução executória a partir de uma análise de custo-benefício.

Não se pretende afirmar, com isso, que não existam outros fatores importantes a considerar, como a estrutura complexa do sistema tributário brasileiro, o grande número de obrigações acessórias formais que dificultam o adequado cumprimento das normas tributárias, as quais têm sido mais comumente apontadas pela dogmática de Direito Tributário como fatores influentes para a imprevisibilidade das decisões judiciais nessa matéria e de incentivo à litigância dos contribuintes. Afirma-se que essa postura de escolha estratégica dos devedores deve também ser considerada nessa análise, inclusive ao conceber o arranjo jurídico-institucional que pode influenciar no comportamento dos indivíduos.

Isso é sustentado neste trabalho diante do que tem sido apontado em diversos estudos sobre a considerável probabilidade da escolha de não-pagamento dos tributos no prazo legal, que resulta em ganho financeiro para o devedor quando são consideradas as seguidas oportunidades de parcelamento desses créditos não pagos no tempo determinado pela lei e a própria ineficiência da execução fiscal. Afirma-se isso em relação aos seguintes pontos: a) os juros tributários são menores na execução fiscal que os ganhos possíveis com a aplicação dos recursos no processo produtivo; b) a majoração da obrigação tributária em razão do inadimplemento decorre especialmente da aplicação de multas moratórias e punitivas, mas os parcelamentos e anistias concedidos

---

[378] No estudo, encontra-se tabela com os seguintes valores médios: Banco do Brasil, R$ 51.554; Itaú, R$ 121.784; Santander, R$ 58.205; Bradesco, R$ 52.453; General Motors, R$ 51.234; Mercedes-Benz, R$ 68.407; TIM, R$ 32.340; Telefônica, R$ 21.779; TAM, R$ 34.343 (SALAMA, CARLOTTI, YEUNG, 2019, p. 9-10).

normalmente reduzem ou excluem essas cobranças moratórias e levam a uma média de pagamentos por tributo sonegado que representa um ganho para o devedor; c) a discussão do crédito nos embargos e processos autônomos, quando a execução está garantida, pode ser o custo-oportunidade de resistir ao pagamento até aprovação de leis de parcelamentos e anistias.

Para justificar a primeira afirmação, recorre-se aos dados divulgados em âmbito federal, segundo os quais, como já anotamos anteriormente, cinco dos maiores devedores que aderiram a esses programas (Companhia Vale do Rio Doce, Cielo, Bradesco, Companhia Siderúrgica Nacional e Petrobrás) tiveram ganhos com descontos que chegam a superar 50% dos débitos tributários.[379]

Por sua vez, a segunda e a terceira afirmações são sustentadas pelos dados do estado de Goiás, que indicam uma diferença no valor médio arrecado por PAT com e sem anistia, considerando-se que o valor médio arrecadado por PAT aumentou nos anos de 2018, 2019 e 2020, quando não houve aprovação de lei de parcelamento/anistia.

Isso serve para dizer que a transação tributária deve considerar os efeitos já observados com a aprovação das seguidas leis de parcelamento, de forma a não se configurar como um incentivo à postura de sonegação fiscal por parte do contribuinte. Por isso, mostra-se importante, nesse ponto, relembrar a discussão a respeito dos modelos de parcelamento em âmbito internacional.[380]

Há um modelo de transação já aprovado para a União pela Lei Federal nº 13.988,[381] de 14 de abril de 2020, regulamentada pela Portaria PGFN nº 9.917, de 14 de abril de 2020[382] e pela Portaria PGFN nº 14.402,

---

[379] A Companhia Vale do Rio Doce teve desconto de 22.778 milhões; a Cielo, de R$ 4.821 milhões; o Bradesco, de R$ 1.950 milhões; a Companhia Siderúrgica Nacional, de R$ 1.267 milhões; a Petrobrás R$ 983 milhões.

[380] Como já se afirmou sobre o parcelamento, na maioria dos países, o parcelamento não ultrapassa 24 (vinte e quatro) meses e, em muitos países, a concessão desse benefício exigia demonstração de baixo risco de inadimplência das parcelas – baseada em critérios como: maior valor maior de entrada, análise do histórico de pagamento do devedor, apresentação de garantia, demonstração da capacidade de pagamento e exigência de débito direto online – sendo que alguns países vedam a concessão a devedores contumazes e só concedem parcelamentos em situações excepcionais.

[381] BRASIL. *Lei Federal nº 13.988, de 14 de abril de 2020*. Dispõe sobre a transação nas hipóteses que especifica; e altera as Leis nºs 13.464, de 10 de julho de 2017, e 10.522, de 19 de julho de 2002. Disponível em: https://www.in.gov.br/en/web/dou/-/lei-n-13.988-de-14-de-abril-de-2020-252343978. Acesso em: 26 out. 2020.

[382] PGFN – Procuradoria-Geral da Fazenda Nacional. Portaria nº 9.917, de 14 de abril de 2020c. Regulamenta a transação na cobrança da dívida ativa da União. Disponível em: https://www.in.gov.br/en/web/dou/-/portaria-n-9.917-de-14-de-abril-de-2020-252722494. Acesso em: 26 out. 2020.

de 16 de junho de 2020,³⁸³ esta última apenas para transação excepcional em função dos efeitos da Covid-19.

No estado de Goiás, o modelo geral de solução consensual de conflitos tem por fundamento a Lei Complementar nº 144, de 24 de julho de 2018, que institui a Câmara de Conciliação, Mediação e Arbitragem da Administração Estadual (CCMA), estabelece medidas para a redução da litigiosidade no âmbito administrativo e perante o Poder Judiciário. Além disso, há a Lei Complementar nº 58/2006, que dispõe sobre a organização da Procuradoria-Geral do Estado de Goiás e autoriza o Procurador-Geral a não propor demanda, desistir, abster-se de contestar, transigir, firmar compromisso, reconhecer a procedência do pedido e confessar, quando a pretensão desistida ou a obrigação assumida não exceder a 5.000 (cinco mil) salários mínimos, bem como a não recorrer ou desistir do pedido (art. 5º, VI, *a* e *b*). Ademais, autoriza o procurador do estado atuante da demanda a conciliar, transigir, abster-se de contestar, realizar autocomposição, firmar compromisso arbitral, confessar, deixar de recorrer, desistir de recursos interpostos, concordar com a desistência e com a procedência do pedido nas demandas cujo valor não exceda a 500 (quinhentos) salários mínimos e naquelas em que houver renúncia expressa ao montante excedente, entre outras possibilidades, quando inexistir controvérsia quanto ao fato e ao direito aplicado, reconhecidos por súmula ou jurisprudência dominante dos tribunais locais ou dos superiores.

Essa autorização na Lei Complementar nº 58/2006 foi inserida pela Lei Complementar nº 99, de 27 de dezembro de 2012 e, posteriormente, a Lei Complementar nº 144, de 24 de abril de 2018, aumentou o valor de alçada dos procuradores de 60 para 500 salários-mínimos. Ainda assim, a aplicação desses dispositivos na atuação dos procuradores do estado era bastante tímida. Isso porque a simples previsão de mecanismos jurídicos, sem mudança da cultura organizacional, é insuficiente para reproduzir o resultado normativo esperado.

Por isso, na tentativa de incentivar a postura de redução da litigância, a PGE editou a Portaria nº 369-GAB/2018-PGE,³⁸⁴ que inverteu a lógica interna da interposição de recurso aos Tribunais Superiores, âmbito no qual a postulação da PGE, historicamente, não resultava em número expressivo de decisões favoráveis, quando considerado em relação ao número total de recursos interpostos. A partir dessa Portaria,

---

³⁸³ PGFN, 2020a.
³⁸⁴ GOIÁS. *Portaria 369-GAB/2018–PGE*. PGE, 2018c. Disponível em: https://www.procuradoria.go.gov.br/files/Portaria369-GAB.pdf. Acesso em: 15 jul. 2020.

o procurador responsável pela condução do processo, antes de interpor o recurso, deverá obter autorização da chefia imediata, mediante provocação fundamentada, com exposição do caso e do cabimento do recurso, demonstração de sua admissibilidade e distinção ou similitude com os precedentes vinculantes sobre a matéria.[385] Nesse caso, a instrumentalização jurídica incorporou uma estrutura de incentivo à postura de redução de litigância frívola e não estratégica, ao exigir a comprovação, pelo procurador atuante no caso, da viabilidade, em tese, de provimento do recurso à instância superior. É também uma norma que permite segurança ao responsável pelo processo em adotar a postura de não-interposição de recursos juridicamente inviáveis.

Embora essa medida tenha sido importante para reduzir a litigiosidade, a aplicação da Lei Complementar nº 144/2018 para permitir a realização de acordos em matéria tributária foi vedada expressamente no seu art. 37. Portanto, o estado de Goiás não possui lei aprovada para transação de crédito tributário, mas há uma minuta de projeto de lei

---

[385] "Art. 2º. Para análise da viabilidade de interposição do recurso ou da medida judicial, o Procurador do Estado apresentará à Chefia pedido contendo o seguinte: I – indicação do recurso ou medida judicial a ser interposta, partes e demais informações do processo, matéria de fundo em debate, valores controvertidos, termos inicial e final do prazo recursal e demais elementos que entender cabíveis; II – exposição sucinta dos fatos e fundamentos da viabilidade da interposição do recurso ou medida judicial; III – indicação do prequestionamento e, quando o caso, da transcendência do recurso de revista (artigos 246 e 247 do Regimento Interno do Tribunal Superior do Trabalho – RITST); IV – demonstração da não-incidência de óbices sumulares eventualmente aplicáveis à matéria versada no caso concreto, sobretudo das Súmulas 279 e 280, do Supremo Tribunal Federal – STF, da Súmula 7, do Superior Tribunal de Justiça – STJ, e da Súmula 126, do Tribunal Superior do Trabalho – TST. §1º. Nos casos em que a matéria tratada nos autos já tiver sido apreciada em definitivo, com trânsito em julgado, em sede de controle concentrado de constitucionalidade, em caráter de repercussão geral, pela via do recurso repetitivo ou outro incidente de uniformização jurisprudencial de natureza vinculante, caberá ao Procurador oficiante, se ainda assim entender pela viabilidade recursal, demonstrar em seu pedido as diferenças jurídicas entre o caso paradigma e aquele objeto de seu processo. §2º. O disposto no §1º deste artigo aplica-se, com relação ao recurso extraordinário, aos casos em que o Supremo Tribunal Federal – STF já decidiu pela inexistência de repercussão geral da matéria. Art. 3º. O pedido de interposição do recurso ou de medida judicial será elaborado até, no máximo, o transcurso de metade do prazo judicial. Art. 4º. O Procurador-Chefe deverá manifestar-se no prazo de 2 (dois) dias úteis, contados do recebimento do pedido, expressando sua anuência, com ou sem ressalvas, ou a discordância, devidamente fundamentada. §1º. O acolhimento do pedido implicará a necessidade de interposição do recurso ou da medida judicial, nos termos da manifestação da chefia da unidade. §2º. O pedido indeferido importará a não-interposição da medida judicial cogitada. Art. 5º. Caberá ao Procurador do Estado oficiante consignar no Sistema de Controle de Processos – Sicop, de forma sucinta, os motivos que o levaram a decidir pela inviabilidade recursal" (GOIÁS, 2018c).

em apreciação, que será aqui analisada.³⁸⁶ Essa minuta segue o modelo federal em vários aspectos, como, por exemplo, admissão da resolução consensual por iniciativa do órgão jurídico de representação da Fazenda Pública ou do devedor e da formalização da transação em condições específicas ou por adesão a condições previamente estabelecidas pela Fazenda Pública.

Entre os objetivos declarados na minuta, foi elencado o de "viabilizar a superação da situação transitória de crise econômico-financeira do sujeito passivo, a fim de permitir a manutenção da fonte produtora e do emprego dos trabalhadores".³⁸⁷ Esse objetivo, em tese, estaria alinhado à recomendação que os estudos técnicos apresentam sobre a necessidade de não adotar a política de parcelamentos e concessão de descontos de forma ampla e recorrente, para evitar que empresas com capacidade de cumprimento regular das obrigações tributárias possam se valer desse instrumento como mecanismo de postergação planejada do pagamento de tributos, como uma estratégia de ganho financeiro e concorrência desleal.³⁸⁸

Ainda a respeito dos objetivos elencados na minuta, o de "assegurar fonte sustentável de recursos para a execução de políticas públicas" também reflete uma preocupação que os estudos mostrados neste trabalho apontaram: o modelo de parcelamento atualmente prevalente leva ao inadimplemento das parcelas meses após a adesão ou a migração para parcelamentos posteriores, com melhores condições para o devedor, além da redução da arrecadação corrente de tributos.

---

[386] Essa minuta está disponível no processo eletrônico SEI 201900003004841 e os comentários apresentados neste trabalho consideram a versão disponível em 31 de julho de 2020.

[387] "Art. 10. São objetivos da transação: I – viabilizar a superação da situação transitória de crise econômico-financeira do sujeito passivo, a fim de permitir a manutenção da fonte produtora e do emprego dos trabalhadores, promovendo, assim, a preservação da empresa, sua função social e o estímulo à atividade econômica; II – assegurar fonte sustentável de recursos para execução de políticas públicas; III – assegurar que a cobrança dos créditos inscritos em dívida ativa seja realizada de forma a equilibrar os interesses do estado de Goiás e dos contribuintes; IV – assegurar que a cobrança de créditos inscritos em dívida ativa seja realizada de forma menos onerosa para o estado de Goiás e para os contribuintes; V – assegurar, aos contribuintes em dificuldades financeiras, nova chance para retomada do cumprimento voluntário das obrigações tributárias correntes" (PGFN, 2020c).

[388] Essa preocupação é retomada, na minuta, nos incisos que indicam as obrigações a serem assumidas pelo contribuinte transator: "Art. 11. A proposta de transação deverá expor os meios para a extinção dos créditos nela contemplados e estará condicionada, no mínimo, à assunção dos seguintes compromissos pelo devedor, além de outros, a critério da Procuradoria-Geral do Estado: (...) II – não utilizar a transação de forma abusiva, com a finalidade de limitar, falsear ou prejudicar de qualquer forma a livre concorrência ou a livre iniciativa econômica; (...)"

Para atingir esses objetivos, os incisos que indicam as obrigações a serem assumidas pelo contribuinte transator impõem a assunção dos seguintes compromissos de "não utilizar a transação de forma abusiva, com a finalidade de limitar, falsear ou prejudicar de qualquer forma a livre concorrência ou a livre iniciativa econômica" (inciso II); "regularizar, no prazo de 90 (noventa) dias, os débitos que vierem a ser inscritos em dívida ativa ou que se tornarem exigíveis após a formalização do acordo de transação" (inciso V), "manter-se adimplente com parcelamentos em curso, firmados anteriormente à proposta de transação" (inciso VI). O descumprimento dessas condições implica a rescisão da transação (art. 15, I), assim como a prática de atos posteriores ao esvaziamento patrimonial do devedor como forma de fraudar o cumprimento da transação (inciso II), com a imposição da penalidade de vedação à formalização de nova transação pelo mesmo contribuinte pelo prazo de 5 (cinco) anos (art. 15, §3º).

Além disso, a lei restringiu a transação ao devedor contumaz, figura lançada no art. 144-A do Código Tributário Estadual, como o sujeito passivo que declara e não recolhe ICMS por quatro meses seguidos ou oito meses intercalados nos doze meses anteriores ao último inadimplemento ou que tiver créditos inscritos em dívida ativa referentes a mais de quatro períodos de apuração.[389]

Por outro lado, assim como mencionado em relação ao ajuizamento seletivo, o art. 3º, II, da minuta, incluído no capítulo das disposições gerais, estabelece o limite de R$ 500 mil para a realização da transação tributária, o que deixa dúvidas sobre o regime a ser adotado em relação aos grandes devedores. Isto é, se a escolha pública permanecerá pela aprovação de parcelamentos especiais ou se haverá ampliação das hipóteses de transação ao longo da discussão do anteprojeto, caso avance às fases seguintes do processo decisório.

Ademais, o tratamento dos dois temas – o ajuizamento seletivo e a transação –, no mesmo anteprojeto, aponta para uma estratégia de utilizar a transação para os créditos com valor inferior a R$ 500 mil, para

---

[389] "Art. 144-A. O sujeito passivo que, mediante Ato Declaratório do Superintendente da Receita, for considerado devedor contumaz poderá ser submetido ao sistema especial de controle, fiscalização e arrecadação. §1º. Considera-se como devedor contumaz o sujeito passivo que, após notificado dos efeitos desta situação, alternativamente: I – deixar de recolher o ICMS declarado em documento que formalizar o cumprimento de obrigação acessória, comunicando a existência de crédito tributário, por quatro meses seguidos ou oito meses intercalados nos doze meses anteriores ao último inadimplemento; II – tiver crédito tributário inscrito em dívida ativa relativo ao ICMS declarado e não recolhido no prazo legal que abranger mais de quatro períodos de apuração e que ultrapasse os valores ou percentuais a serem estabelecidos em regulamento".

os quais foi autorizado o não-ajuizamento de processos de execução fiscal. No entanto, a dispensa de ajuizamento ocorreu somente em relação aos créditos cujos devedores não possuam bens ou atividade econômica e, ao mesmo tempo, o anteprojeto limita a concessão de descontos e o parcelamento aos créditos tributários resultantes de fatos geradores ocorridos até o décimo segundo mês anterior ao da publicação da futura lei (§5º) e pelo prazo de até 3 meses. Por consequência, a transação como proposta nessa minuta terá vigência temporária e será limitada aos casos de pequenos devedores solventes, pois é pouco provável que devedores sem atividade econômica e sem patrimônio se interessem pelo acordo quanto aos débitos existentes. Com isso, embora não seja possível afirmar o impacto arrecadatório da medida, estima-se impacto reduzido no volume de processos pendentes.

3.3.2.4 Protesto da CDA como medida preferencial para pequenos créditos: limites e possibilidades

Com a adoção de um corte quantitativo em razão do regime de ajuizamento seletivo, haverá uma faixa de valores em que a execução não será utilizada, deixando espaço para outras alternativas de recebimento. Uma das mais constantemente apontadas em estudos sobre execução fiscal como sendo a adequada para créditos de baixo valor é a utilização do protesto de CDAs junto aos cartórios de títulos. Esse mecanismo envolve custos ínfimos quando considerados os custos do ajuizamento, pois o procedimento de comunicação com os cartórios de protesto é predominantemente eletrônico. Por outro lado, o perfil do crédito e do devedor também terá impacto nesse caso, pois os dados da arrecadação por meio desse instrumento apontam, primeiro, que as diferentes relações jurídicas do Estado com o devedor que dão origem ao crédito protestado podem resultar em diferentes resultados, como se observa da tabela abaixo, indicativa de que, com o uso do mesmo instrumento – o protesto extrajudicial –, foram alcançados resultados muito díspares em relação a créditos da dívida ativa de diferentes órgãos e entidades do estado de Goiás.

TABELA 15
Valores recebidos através do protesto extrajudicial para os órgãos e entidades do estado de Goiás

Órgão	CDA Protestada		CDA Recebida			
	Qtde. Títulos	Valor (R$)	Qtde. Títulos	% Qtde.	Valor (R$)	% Valor
Sec. Economia	256098	9.485.315.451,51	2345	0,92	6.685.282,87	0,07
Detran	161971	136.274.223,56	13511	8,34	7.986.931,94	5,86
Procon	2717	35.361.097,69	559	20,57	3.790.019,79	10,72
Semad	387	20.039.698,62	42	10,85	95.929,03	1,48

Fonte: Elaborada pelo autor a partir dos dados de protestos das CDAs da Secretaria da Economia e do Detran-GO extraídos do sistema eletrônico da Central de Remessa de Arquivos (CRA) em 27 ago. 2018 [Período de referência: protestos efetivados entre 01/05/2014 e 27/08/2018] e dos dados de protestos da Secretaria de Estado de Meio Ambiente e Desenvolvimento Sustentável (Semad) e do Procon-GO extraídos do sistema eletrônico da Gerência da Dívida Ativa (GDA) em 2 dez. 2019, [Período de referência: protestos efetivados entre novembro de 2018 e 02/12/2019]. Recebimentos considerados como todos os protestos baixados pagos ao cartório e baixados a pedido do apresentante em razão da informação de pagamento.

Esses dados demonstram que o protesto de créditos inscritos em dívida ativa pela Secretaria de Economia, predominantemente tributários, gerou, no mesmo período, valor inferior ao da arrecadação do Departamento Estadual de Trânsito (Detran), decorrente de multas e cobranças administrativas, especialmente por ser, o valor total submetido a protesto pela Secretaria de Economia, quase 700 vezes maior que o apresentado pelo referido órgão. O mesmo ocorre em relação ao Procon, cujo recebimento total, no período de um ano, atingiu mais de 56% de todo o arrecadado em mais de quatro anos pela Secretaria de Economia por meio do protesto, a partir de uma dívida ativa total protestada que equivale a 0,37% da dívida protestada da Secretaria de Economia.

Contudo, é necessário registrar que os valores indicados não se limitam aos pagamentos feitos ao cartório, de forma que não se pode confirmar que todos esses recebimentos tenham decorrido exclusivamente do protesto, já que o pagamento pode ter sido feito por parcelamento junto à Fazenda Pública estadual ou, ainda, após o ajuizamento da execução.

Para uma análise mais específica e conservadora, consideramos um segundo cenário, apenas com os pagamentos feitos no prazo indicado pelo cartório no momento da notificação do devedor sobre o recebimento do título para protesto. O problema na utilização desse critério é que a extração dos dados pela Central de Remessa de Arquivos (CRA) não destaca o percentual efetivamente protestado em relação ao apresentado, o que leva à redução do percentual de arrecadação relativa com o protesto, já que os títulos devolvidos sem efetivação do protesto também são considerados. Por outro lado, a proporção de títulos efetivamente protestados em relação aos apresentados, para os diversos órgãos mencionados abaixo, é relativamente alta, o que reduz o impacto indicado.

Nesse segundo cenário, há segurança para afirmar que o recebimento terá decorrido, exclusivamente, do protesto realizado, já que o pagamento terá sido feito perante o cartório responsável, mas os percentuais de arrecadação são bem mais modestos, como se percebe na tabela a seguir. Ainda assim, os percentuais da dívida arrecadada em relação à dívida apresentada a protesto têm significativa diferença a depender do órgão apresentante. Entre os créditos da Dívida Ativa da União, há diferença entre os apresentados pela PGFN, de natureza tributária, e os da Procuradoria-Geral Federal (PGF), de natureza não tributária, por exemplo.

TABELA 16
Valor arrecadado diretamente pelo cartório de protesto, por órgão apresentante

Apresentante	Total (R$) Apresentado	Total (R$) Recebido	% Recebido	Total CDAs Apresentadas	Total CDAs Recebidas	Mediana (R$) Recebido	Média (R$) Recebido
PGE-GO	171.960.280,45	4.315.816,50	2,5%	8216	849	1.893,56	5.089,40
PGFN-FGTS	7.857.453,43	164.498,93	2,1%	1579	52	1.955,56	3.225,47
PGFN	7.386.380.909,93	11.553.368,00	0,2%	165086	2772	2.140,01	4.169,39
PGF	98.700.246,76	4.187.466,50	4,2%	12111	1481	414,39	2.827,46
Economia-GO	15.401.026.523,80	14.999.107,39	0,1%	452861	4689	1.854,75	3.199,47
Detran-GO	90.693.190,01	5.053.587,30	0,1%	123589	9285	272,43	544,33

Fonte: Elaborada pelo autor, a partir dos dados de protesto extraídos do sistema eletrônico da Central de Remessa de Arquivos (CRA), em jul. 2020. Dados dos protestos realizados em cartórios do estado de Goiás.

Todavia, nessa análise não foi feita verificada a situação econômica do devedor (ativa/inativa), não sendo possível afirmar que se trata ou não de um fator relevante para o protesto com base nesses dados. Contudo, essa hipótese merece ser testada, especialmente porque confirmada quando se trata de créditos perseguidos pela execução fiscal.

Além disso, o valor do crédito também é importante para a compreensão das limitações à utilização do protesto como meio alternativo de cobrança. Isso porque os dados apresentados na Tabela 16 indicam médias e medianas baixas em relação às diversas origens de créditos da União e do estado de Goiás. Assim, é possível afirmar que o protesto se mostra como meio adequado para o recebimento de pequenos créditos, que normalmente não justificam os custos da cobrança judicial, mesmo quando o recebimento é viável, tendo em vista que o acréscimo de processos gera redução da capacidade de impulsionamento adequado pelos órgãos de representação jurídica e também da capacidade de absorção de demandas do Poder Judiciário e, por consequência, créditos igualmente viáveis, mas com valores muito superiores, sofrem acréscimos de tempo de tramitação que, se não frustram o recebimento do crédito, aumentam o hiato entre o fato gerador desse crédito e o momento de seu efetivo recebimento. Por outro lado, é possível afirmar que a constituição de créditos contra devedores insolventes, ainda que de baixo valor, não encontrará, no protesto, a solução para a sua irrecuperabilidade, conforme se pode perceber da proporção entre CDAs apresentadas e recebidas.

3.4 Síntese *a posteriori*: aplicação do quadro de problemas de política à situação-problema da ineficiência da execução fiscal no estado de Goiás

No capítulo inicial deste trabalho, foi apresentado o quadro de problemas proposto por Ruiz e Bucci, no qual são reunidos, de forma sistemática, os elementos de um problema de política pública para permitir a análise crítico-comparativa entre o funcionamento ideal e o funcionamento real do programa. Assim, o quadro abaixo é uma ferramenta ilustrativa dos elementos do problema público da ineficiência da execução fiscal discutidos ao longo deste trabalho.

1. **Situação-problema**: o fenômeno da ineficiência da execução fiscal apresenta as seguintes características:
a) Os índices de recuperação de créditos da dívida ativa são extremamente baixos no estado de Goiás (assim como em outras

unidades federativas) e a soma de todos os créditos da dívida ativa recebidos após o ajuizamento não atinge 1% do total da dívida ativa total e, no histórico de recebimentos desde 2014, os parcelamentos representam a maior faixa de recebimento até 2018, acima de 90%;

b) Em boa medida, os reduzidos índices de arrecadação se explicam pela constituição e pelo ajuizamento de créditos que antecipadamente já poderiam ser considerados irrecuperáveis, por apresentarem características repetidamente associadas ao não-recebimento do crédito. Após isso, os órgãos responsáveis ficam obrigados a impulsionar as fases de cobranças, para atender a mecanismos formais de controle e evitar imposição de penalidades pelos órgãos controladores;

c) O tempo de duração dos processos de execução se mantém como o maior entre os diversos temas de apreciação do Poder Judiciário e, segundo o CNJ, em varas especializadas ou não em execução fiscal, a taxa de congestionamento nessa matéria permanece próxima a 90%, representando as execuções fiscais 39% do total de todos os processos pendentes e 73% das execuções do Poder Judiciário;

d) Apesar da alta taxa de congestionamento, continuam a ser ajuizados mais processos do que são extintos a cada ano, mesmo após a implementação do processo digital na maior parte dos órgãos judiciários federais e estaduais.

2. **Diagnóstico situacional**: o contexto político, econômico, social e cultural externo à área institucional é o seguinte:

a) Em 2004, a execução fiscal foi incluída no Pacto de Estado em favor de um Judiciário mais Rápido e Republicano, firmado pelos representantes dos três poderes, como um dos temas a respeito dos quais deveriam ser adotadas medidas urgentes para "diminuição do volume de ações de instituições públicas na justiça brasileira", inclusive, mediante revisão da LEF, que deveria ocorrer no prazo de um ano, segundo as intenções afirmadas nesse pacto;

b) Passados 5 anos desse documento, foi publicado o "II Pacto Republicano de Estado por um Sistema de Justiça Mais Acessível, Ágil e Efetivo", novamente com a participação dos representes dos poderes, que afirmou, como prioridade do Poder Executivo, "colaborar, articular e sistematizar propostas de aperfeiçoamento normativo e acesso à Justiça", por meio de órgão criado especificamente para esse fim, a Secretaria de Reforma do Judiciário no Ministério da Justiça, que apresentou: i. os objetivos a serem atingidos, entre os quais verificam-se acesso universal à justiça, efetivação da razoável duração do processo e da prevenção de conflitos e aperfeiçoamento e fortalecimento das instituições de Estado no combate à violência e criminalidade; ii. as ações que deveriam ser desenvolvidas e acompanhadas, em cada âmbito do ciclo de políticas, por representantes de cada um dos poderes pactuantes, sendo que as proposições legislativas voltadas à realização dos objetivos declarados deveriam tramitar em caráter prioritário, como uma das ações ligadas ao objetivo de agilidade e efetividade da prestação jurisdicional e dos procedimentos administrativos;

c) Apesar da posição conferida ao tema no debate interinstitucional e dos vários estudos técnicos produzidos por iniciativa do CNJ nos anos de 2009 a 2011 – após a celebração desse segundo pacto –, o cenário pouco se alterou nesses 16 anos desde o primeiro Pacto Republicano. Portanto, por meio de estudos técnicos, relevantes instituições nacionais reconhecem a situação-problema como uma demanda relevante por um programa de política de intervenção, mas não atingiram a fase decisória na agenda nacional;

d) Desde o primeiro pacto, uma série de propostas legislativas tiveram início de tramitação no Poder Legislativo da União, dividindo-se em dois eixos: i. limitação dos aspectos processuais e materiais da demanda que possam ser objeto de dupla discussão, no âmbito administrativo e judicial; ii. estabelecimento de regras de seletividade na utilização da execução fiscal. Ao tempo em que se discute, no primeiro eixo de propostas, a transferência para o Poder Executivo das competências para processamento da execução fiscal – ou, ao menos, dos atos processuais que não dependiam de decisão sobre a higidez do crédito e sobre a legalidade das medidas de constrição adotadas –, no segundo, as propostas se referem a medidas de dispensa da prática de atos processuais e ajuizamento de execuções fiscais quando o benefício patrimonial almejado com o ato ou o processo não atender aos critérios de racionalidade, de economicidade e de eficiência, permitindo-se o estabelecimento de critérios e parâmetros para essa atuação pelo seu Procurador-Geral. As propostas do segundo eixo foram aprovadas em âmbito federal e medidas similares a essas estão em discussão no âmbito do Poder Executivo do estado de Goiás, ainda não convertidas em propostas legislativas.

3. **Solução hipotética**, que pode referir-se a um instrumento, instituto ou procedimento regulado por norma jurídica a ser apresentado como possível solução para a situação-problema, por meio de um ato normativo:

a) É necessária a separação dos créditos da dívida ativa entre dois grupos de devedores: aqueles em atividade econômica atual (empresas ativas) e aqueles sem atividade econômica atual (empresas inativas) e sem patrimônio identificado, tornando obrigatório apenas o ajuizamento de execução fiscal para a cobrança dos créditos do primeiro grupo, a fim de aumentar a probabilidade de localização dos devedores e de seus bens durante o processo, considerando-se que empresas ativas trazem, mais comumente, elementos indicativos da viabilidade de os atos de constrição resultarem em benefício ao andamento do processo, especialmente pela presença, entre outros, de faturamento, de bens penhoráveis que compõem seu complexo de produção e de relacionamento com instituições financeiras;

b) A distribuição da quantidade de créditos da dívida ativa e de processos de execução fiscal no estado de Goiás está concentrada (96,59%) em menores valores, assim considerados os inferiores a R$ 500 mil, que, somados, representam um valor reduzido em relação a toda a dívida ativa (10,8%) e ainda menor em relação ao valor total da dívida das empresas ativas (5,53%), tornando necessária aplicação de um corte de valor mínimo para execução fiscal. O corte de R$ 500 mil se mostra adequado à distribuição, por valores, da dívida ativa do estado de Goiás, bem como em consonância com os parâmetros de racionalização processual estabelecidos pelo CPC para remessa necessária (art. 496, §3º, II) e pela Lei Complementar estadual nº 144/2018 – conciliar, transigir, abster-se de contestar, realizar autocomposição, firmar compromisso arbitral, confessar, deixar de recorrer, desistir de recursos interpostos, concordar com a desistência e com a procedência do pedido nas demandas judiciais até esse valor;

c) É necessária a suspensão imediata da atuação nos PEFs relativos a PATs de empresas inativas e a suspensão de PEFs relativos a empresas ativas, cujos PATs, somados, não atinjam o piso de corte de R$ 500 mil, após as primeiras tentativas frustradas de localização dos bens, que devem ser adotadas de forma automatizada;

d) A utilização do protesto de CDA, da inscrição no Cadin e da negociação direta (transação) como medidas alternativas de recebimento do crédito, especialmente para faixas de valores não atingidos pela execução fiscal;

e) A utilização harmônica da execução fiscal, considerando as influências recíprocas entre os vários meios de recuperação de créditos, especialmente as leis de parcelamentos especiais e a transação, diante dos efeitos conhecidos desses outros instrumentos na ampliação do hiato entre o surgimento da obrigação e seu adimplemento, especialmente no caso dos créditos tributários, bem como sobre seus impactos na leal concorrência e na arrecadação corrente, consoante estudos divulgados na última década.

f) Saneamento jurídico espontâneo dos critérios constituídos que tenham se fundamentado em situações que a análise da jurisprudência indique risco de declaração de invalidade com a correspondente imposição de ônus da sucumbência;

g) Acompanhamento contínuo, massificado e automatizado da contagem do prazo prescricional de processos em curso, para reduzir o número de casos de ocorrência de prescrição intercorrente da pretensão executória.

4. **Contexto normativo** que inclui as decisões políticas já materializadas em normas que regulam políticas setoriais onde está inserida, de forma direta ou transversal, a situação-problema:

a) A execução fiscal é um processo de execução de título extrajudicial de rito especial instituído pela Lei Federal nº 6.830, de 22 de setembro de 1980 – Lei de Execução Fiscal (LEF), que regula o processamento da ação; o título executivo decorre da previsão da Lei Federal nº 4.320, de 17 de março de 1964, que dispõe sobre a inscrição em dívida ativa.

b) O Código Tributário Nacional impõe ao Poder Público a obrigação de arrecadar no art. 141, sob pena de responsabilidade funcional, e a Lei Complementar Federal nº 10/2000 estabelece que a responsabilidade na gestão fiscal implica a instituição, a previsão e a efetiva arrecadação de todos os tributos de competência constitucional do ente da Federação.

c) No estado de Goiás, a Constituição estadual atribuiu à Procuradoria-Geral a representação judicial e a consultoria jurídica da sua administração direta e indireta (art. 118), e a Lei Complementar nº 58/2006 organiza a carreira e distribui a competência para arrecadação de créditos da dívida ativa. Além disso, o ajuizamento e a extinção das execuções fiscais estão regulados na Lei Estadual nº 16.077/2007;

d) Os créditos inscritos em dívida ativa e cobrados na execução fiscal também são objeto de leis especiais estaduais de parcelamentos e anistias, de vigência temporária, que comumente concedem descontos ou exclusão de juros e multas, além do fracionamento do pagamento da obrigação, cujos acordos são firmados por adesão e representaram, nos anos de 2014 a 2018, a principal causa de extinção dos créditos inscritos em dívida ativa estadual cobrados em processo judicial.

5. **Processo decisório** que será acionado para estruturar a atuação pública destinada a implementar a solução hipotética apresentada:

a) Processo legislativo para implementação do tratamento seletivo da execução fiscal, por edição de lei que autorize, conforme exige o art. 141 do CTN: i. ajuizamento apenas de créditos que apresentem

elementos indicativos da viabilidade de recebimento de valor suficiente para extinção total ou substancial do crédito; ii. suspensão e extinção de processos em curso que não apresentem elementos indicativos da viabilidade de recebimento de valor suficiente para extinção total ou substancial do crédito; iii. a extinção de processos em curso que não apresentem elementos indicativos da viabilidade de recebimento de valor suficiente para extinção total ou substancial do crédito;
        b) Processo administrativo que permita a complementação da norma-quadro legislativa por ato normativo infralegal, a ser produzido em processo administrativo do Poder Executivo, para identificar: i. o valor mínimo a partir do qual o ajuizamento se torna obrigatório, segundo as características mutáveis do estoque da dívida ativa; ii. os limites, parâmetros e critérios de racionalidade, de economicidade e de eficiência que compõem a macroestratégia de seletividade da dívida;
        c) Processo judicial, para adoção das providências a cargo do órgão de promoção da execução fiscal;
        d) Processo orçamentário, para alocação de recursos destinados à automatização das rotinas de movimentação e de instrução da execução fiscal, especialmente dos processos de valor inferior a R$ 500 mil.
        6. **Etapa atual** do processo decisório: na perspectiva das fases do ciclo de políticas, verifica-se que o tema da ineficiência da execução fiscal alcançou a fase da agenda pública, com uma série de pactos firmados pelos representantes dos poderes desde 2004, além de estudos produzidos por instituições governamentais e não governamentais, culminando na apresentação de várias propostas legislativas em âmbito federal de alteração da LEF, mas que só produziram alterações significativas no âmbito privativo da União, para regular o processo de gestão da dívida ativa federal. Desse modo, a alteração da base normativa nacional, assim como a alteração das normas de regulação do processo de gestão da dívida ativa no estado de Goiás ascenderam à agenda, mas estão paralisadas na fase do processo decisório legislativo. Sob a perspectiva da teoria das correntes múltiplas, não houve o necessário acoplamento das correntes dos problemas, das alternativas e da corrente política, que propiciam a janela de oportunidades para a tomada de decisão.
        7. **Arena institucional** de discussão e desenvolvimento das "etapas do processo decisório, desenho jurídico institucional" e de estipulação às regras do jogo se encontra representada, primeiro, pela Secretaria de Estado da Economia e pela Procuradoria-Geral do Estado, que possuem competência relacionada à recuperação dos créditos da dívida ativa e discutem as propostas que tramitam ainda em âmbito administrativo

sobre o tratamento seletivo da dívida. Após a conclusão dessa etapa, a arena seguinte será a Assembleia Legislativa do Estado de Goiás, responsável pela aprovação da lei que instituiria esse tratamento. Após isso, novas discussões devem ser realizadas nos âmbitos dos referidos órgãos do Poder Executivo, para a regulamentação da lei. O mesmo fluxo deverá ser observado para a inclusão de dotações orçamentárias destinadas à implementação da automatização da execução fiscal.

8. **Protagonistas** e antagonistas e seus recursos de barganhas estão representados pelos atores governamentais, particulares, grupos de interesses favoráveis e contrários à decisão sobre a situação-problema. Nesse ponto, pode-se afirmar que os protagonistas, diante das arenas decisórias apresentadas, sejam o Governador, o Secretário de Estado da Economia, o Procurador-Geral e os Deputados Estaduais.

De outro, como antagonistas, destacam-se, primeiro, as empresas devedoras, que possuem grande influência junto aos decisores e utilizam a estratégia de postergação do pagamento de dívidas com a Fazenda Pública para financiamento e investimento da atividade econômica e para majoração de lucros, como alternativa às fontes de financiamento do mercado ou à indisponibilidade de acesso a essas fontes. Elas podem influenciar os decisores a bloquear normas estaduais destinadas a impedir a aprovação de sucessivas leis de parcelamento e também a excluir, do âmbito de renegociação de dívidas, as grandes empresas devedoras contumazes.

Também merece atenção a ação dos órgãos de controle, especialmente do Ministério Público e do Tribunal de Contas, voltados a frear iniciativas legislativas e administrativas destinadas a dispensar a cobrança judicial de crédito. Além disso, os próprios agentes públicos podem influenciar o processo decisório, na medida em que entre os próprios decisores há grupos de empresários que podem ser atingidos pelas medidas, especialmente em âmbito legislativo, assim como os sindicatos de servidores das carreiras com atribuição relacionada à inscrição e à recuperação dos créditos da dívida ativa podem influenciar no processo decisório ou na implementação das escolhas, com o objetivo de estender ou preservar atribuições, benefícios e vantagens.

As empresas possuem como recursos de barganhas o financiamento de campanhas e a colaboração em ações de interesse do político ou partido. Por sua vez, os agentes públicos utilizam o acesso privativo a informações e a ação dos sindicatos sobre os decisores.

9. **Decisores**, de acordo com as etapas e arenas descritas anteriormente, são o Procurador-Geral do Estado e o Secretário de Estado da Economia, como proponentes, e o Governador do Estado, como

autoridade competente para iniciar o processo legislativo sobre a matéria da organização administrativa. Após isso, no processo legislativo, os decisores serão os deputados estaduais e, finalmente, as mesmas autoridades administrativas serão provocadas a regulamentar o ato legislativo por meio do Decreto a ser expedido pelo chefe do Poder Executivo. No ciclo orçamentário, as propostas devem ser consolidadas no âmbito do Poder Executivo e depois submetidas ao Poder Legislativo Estadual.

CONCLUSÃO

Este trabalho investigou o fenômeno da ineficiência da execução fiscal no estado de Goiás, considerando os dados da arrecadação dos anos de 2014 a 2018. Objetivou-se, com isso, formular medidas propositivas de boas práticas que auxiliem na construção de um modelo de atuação eficiente, especialmente a utilização seletiva e estratégica da execução fiscal como meio de recuperação de créditos, a partir dos critérios de perfil econômico do crédito e do devedor, que possam impactar na duração do processo e na ocorrência, ou não, da recuperação dos créditos ajuizados.

Para atingir esses objetivos, partiu-se de uma abordagem metodológica específica de Direito e políticas públicas, considerando a ineficiência da execução fiscal como situação-problema; isto é, uma questão complexa, de âmbito coletivo, que demanda ação governamental em escala como resposta, por meio do tratamento normativo adequado. Assim, consideraram-se como "problemas públicos" a arrecadação ineficiente e a macrolitigância representada pelo aspecto coletivo do alcance das decisões nos processos de execução fiscal e pelas externalidades ocasionadas pelo ajuizamento não seletivo dessas ações, tanto nos custos orçamentários do Poder Judiciário e da Administração Pública quanto nos custos sociais suportados em decorrência do impacto do volume desses processos sobre o tempo de resposta do Poder Judiciário em relação a esse e a outros temas postos à sua apreciação.

Seguindo esse caminho, primeiro demonstrou-se que a execução fiscal é um instrumento processual do qual se vale o Estado para cumprir a sua função arrecadatória, que é indispensável para o financiamento das atividades que lhe são juridicamente atribuídas, inclusive aquelas destinadas à promoção dos direitos fundamentais individuais e sociais por meio de políticas públicas. Verificou-se, nesse ponto, que a atividade financeira do Estado, da qual a arrecadação faz parte, é realizada dentro da sua política fiscal, onde estão lançadas as macrodiretrizes, mas também dentro das diversas políticas setoriais, especialmente no que se refere à aplicação dos recursos. Assim, constatou-se que a atividade financeira é tema transversal às políticas públicas e de interesse especialmente do direito financeiro e tributário, bem como que a arrecadação realizada pelos diversos instrumentos disponíveis ao Estado é uma questão pública relevante e impactante nessas diversas políticas.

Nesse aspecto, a execução fiscal foi compreendida como um instrumento voltado a concretizar o dever legal de realizar a efetiva arrecadação de receitas, um dos pilares da responsabilidade na gestão fiscal previstos na Lei de Responsabilidade Fiscal e no Código Tributário Nacional. Essa conclusão acerca dessa dimensão instrumental da execução fiscal apoiou-se na abordagem Direito e Políticas Públicas, especialmente na compreensão de que: a) o problema coletivo é o elemento identificador da necessidade de ação estatal; b) uma atuação estatal estratégica e em escala é necessária como resposta ao problema; c) o Direito é a ossatura das políticas públicas, responsável pela estabilização de padrões de ação dentro das instituições, especialmente nos ambientes micro e mesoinstitucional do Estado; d) é necessária a atuação instrumental do Direito para as políticas públicas, em interlocução com as demais ciências sociais, para a produção de análises sobre os gargalos e soluções para as políticas públicas; e) os instrumentos jurídicos, tais como decisões judiciais, atos administrativos e processos, dão concretude às suas diretrizes e orientações das políticas públicas.

Para permitir a abordagem proposta, expôs-se a base normativa nacional e estadual que regula a execução fiscal no Estado, a partir da qual foi possível verificar que esse arranjo jurídico-institucional sofreu poucas alterações nos últimos anos. A LEF permanece substancialmente a mesma desde a sua edição, em 1980, e as leis estaduais goianas trataram de maneira insuficiente a gestão dos créditos da dívida ativa, em relação à seletividade da utilização da execução fiscal e aos instrumentos alternativos de recebimento dos créditos da dívida ativa estadual.

Para expor os principais aspectos da situação-problema da ineficiência da execução fiscal, realizou-se uma revisão qualitativa da literatura, a partir da qual foi possível identificar elementos comuns, diagnósticos confirmados após recorrentes investigações sobre esse fenômeno e sobre as suas causas e consequências observadas nos últimos 15 anos. Esses diagnósticos foram criticamente visitados para extrair as premissas de trabalho para a análise da execução fiscal no estado de Goiás. Essas premissas foram as seguintes:

O custo do processo varia em relação ao tempo de sua duração;

2. O custo orçamentário do processo inclui, ao menos, o custo da atividade judiciária e, também, o da atividade do órgão jurídico de representação da Fazenda Pública;

3. O processo de execução fiscal tem baixa probabilidade média de alcançar fases de constrição e de alienação de bens, resultando nos poucos casos em que o recebimento ocorre em razão de fato do processo;

4. A maior duração do processo está associada, na média, ao não recebimento do crédito, tendo em vista que as fases internas da execução fiscal de maior duração estão associadas à frustração na localização dos devedores e de seus bens;

5. Os créditos de maior valor possuem melhor relação custo-benefício, primeiro porque possuem associação significativa positiva com o recebimento do crédito, portanto, maior probabilidade de ocorrência do benefício almejado; segundo, porque o benefício, caso obtido, será maior frente aos custos;

6. A prescrição e a decadência se apresentam como causa tão provável de ocorrência quanto o recebimento do crédito, mas seus parâmetros de risco são aferíveis e controláveis;

7. O aumento do número de processos novos impacta no tempo de resposta do Poder Judiciário e dos órgãos de representação jurídica, aumentando o tempo de espera de processos relativos tanto a créditos recuperáveis quanto irrecuperáveis. Dessa forma, a redução do número de processos novos relativos a créditos provavelmente irrecuperáveis tem probabilidade de reduzir o tempo de tramitação dos processos relativos a créditos provavelmente recuperáveis;

8. O recebimento de créditos em razão de programas de parcelamento e anistia tem alto grau de impacto na ocorrência da recuperação do crédito;

9. Medidas alternativas de cobrança, que envolvem baixo custo, são adequadas para a persecução de créditos de baixo valor;

10. A escassez de recursos do Poder Judiciário e dos órgãos de representação jurídica limita a capacidade de resposta à litigância processual como meio de persecução de todo o volume de créditos perseguidos, abrindo-se espaço para sistemas multiportas de solução de conflitos.

A partir dessas premissas, passou-se à análise da dívida ativa no estado de Goiás, para formular medidas de boas práticas de gestão e para fundamentar propostas de ajustes no arranjo normativo, voltadas aos seguintes objetivos:

a) Redução do tempo de tramitação do processo como medida para reduzir o custo médio de promoção das execuções fiscais;

b) Aumento da a probabilidade de recebimento do crédito em relação à média dos processos ajuizados mediante aplicação da seletividade como regra de entrada dos processos, de forma que a execução fiscal seja utilizada para créditos com características estatisticamente associadas à ocorrência desse recebimento;

c) Compreensão das influências recíprocas entres os meios alternativos de recuperação de créditos, em especial aquelas já evidenciadas entre a execução fiscal e os programas de parcelamento, e às possíveis influências recíprocas entre a execução fiscal e a compensação de créditos com precatórios, tendo em vista que essa modalidade de extinção do crédito tem ao menos dois possíveis pontos de conexão com os parcelamentos: i. possibilidade de o devedor extinguir o crédito da dívida ativa com ganho financeiro, pois os precatórios podem ser negociados no mercado e adquiridos por devedores executados com deságio significativo e, em seguida, oferecidos pelo seu valor integral em quitação dos débitos em execução fiscal; ii. possibilidade de planejamento financeiro do devedor que resulta na estratégia de resistir à persecução judicial do crédito para negociação de melhores condições de aquisição de créditos de precatórios para quitação da dívida executada.

A partir da aplicação dessas premissas ao caso de Goiás e tendo em consideração a distribuição da dívida ativa estadual apresentada pelo relatório dinâmico de 2018, foram obtidos os seguintes diagnósticos:

1. 96,59% dos processos em curso no ano de 2018 perseguiam créditos inferiores a R$ 500 mil;

2. Os créditos de valor inferior a R$ 500 mil, somados, atingiam apenas 10,8% da dívida ajuizada (R$ 4.515.502.779,27);

3. Os créditos inferiores a R$ 500 mil devidos por empresas ativas, somados, atingem o valor total de R$ 386.493.858,00;

4. Os créditos inferiores a R$ 500 mil devidos por empresas ativas, somados, equivalem a 5,53% do total da dívida das empresas ativas;

5. Os 7.205 PEFs relativos a créditos entre R$ 500 mil e R$ 15 milhões somam um valor total remanescente (VTRt) de R$ 16.459.339.403,33;

6. Os créditos com valor superior a R$ 15 milhões, somados, totalizam VTRt de R$ 20.841.311.672,22;

7. Os créditos com valor superior a R$ 15 milhões representam apenas 0,17% de PATs;

8. Somente 4.746 PEFs se referiam a empresas ativas;

9. Os devedores com dívida total superior a R$ 15 milhões que sofreram alguma medida de constrição de bens no curso de processos

de execução fiscal, de incidentes de processos e de ações declaratórias e cautelares ajuizadas pela Fazenda Estadual no ano de 2017 pagaram o valor total de R$ 48.889.962,46 naquele ano, correspondente a 42,15% da arrecadação total relativa a créditos ajuizados naquele ano (R$ 115.974.669,25);

10. Os recebimentos em decorrência de anistias e parcelamentos atingem valores mais significativos na série histórica de valores totais recebidos que o recebimento decorrente de atos praticados nos processos de execução fiscal (R$ 386.763.755,61 – ou 77% do valor total – foram recebidos entre janeiro de 2014 e abril de 2020 por meio de parcelamentos e anistias).

Essas informações levaram à formulação de propostas de ajustes administrativos e legislativos no arranjo jurídico-institucional, reunidas em 3 eixos: a classificação dos créditos; a seletividade do ajuizamento de novos processos e da atuação dos processos de execução fiscal pendentes; e a identificação de perfis de créditos para cada meio de recuperação de crédito considerado, quais sejam, a execução fiscal, o protesto e a transação. Essas medidas foram sintetizadas nas propostas seguintes:

1. Classificação da dívida ativa do estado de Goiás, ajuizada ou não, segundo a probabilidade de sua recuperação;

2. Suspensão imediata da atuação em PEFs relativos a PATs de empresas inativas;

3. Suspensão da atuação em PEFs de empresas ativas, cujos PATs, somados, não atinjam o piso de corte de R$ 500 mil, após as tentativas frustradas de localização dos bens, realizadas de forma automatizada;

4. Automatização das rotinas de execução fiscal para processos de empresas ativas devedoras de valor total < R$ 500 mil;

5. Utilização do protesto de CDA, da inscrição no Cadin e da transação como medidas alternativas de recebimento do crédito de valor total < R$ 500 mil;

6. Inversão da pirâmide de atuação, com a lotação preferencial de procuradores e servidores em unidade com atuação estratégica para os créditos de empresas ativas devedoras de valor total > R$ 500 mil;

7. Dispensa do ajuizamento de novos processos relativos a empresas inativas sem bens identificados independentemente do valor da dívida;

8. Estabelecimento de um valor de corte, dispensando-se o ajuizamento de novos processos de empresas ativas devedoras de valor total < R$ 500 mil;

9. Ampliação da atuação coordenada do órgão de representação jurídica da Fazenda Estadual com órgãos de repressão de infrações

administrativas e criminais relacionadas à ordem tributária, no âmbito do Comitê Interinstitucional de Recuperação de Ativos – Cira, que reúne membros do Ministério Público, da Polícia Civil, do Fisco Estadual e da Procuradoria-Geral do Estado, voltado à promoção de responsabilidade dos grandes e contumazes devedores;

10. Monitoramento permanente e automatizado da contagem do prazo prescricional nos processos ajuizados, mediante interligação dos sistemas da dívida ativa estadual e dos processos eletrônicos judiciais (PJD).

Contudo, essas mudanças dependem de alterações na Lei Estadual nº 16.077/2007, para aproximar o modelo estadual do federal estabelecido pela Lei Federal nº 13.606/2018 e pela Lei Federal nº 13.874/2019, quanto a: i. a dispensa da prática pelos órgãos de representação jurídica de atos processuais quando o benefício patrimonial almejado com o ato não atender aos critérios de racionalidade, de economicidade e de eficiência; ii. a autorização para arquivamento de processos de execuções de valor consolidado igual ou inferior àquele estabelecido em ato do Procurador-Geral da Fazenda Nacional; e iii. o ajuizamento de execuções fiscais condicionado à verificação de indícios de bens, direitos ou atividade econômica dos devedores ou corresponsáveis.

A esse respeito, verificou-se a existência de anteprojeto de lei, atualmente em discussão no âmbito da Secretaria de Estado da Economia, que propõe a instituição de um regime de ajuizamento seletivo de execuções fiscais que utiliza o critério quantitativo de corte de R$ 500 mil e impõe a necessidade de classificação prévia dos créditos da dívida ativa, a partir do critério de sua recuperabilidade, dispensando o ajuizamento de ações contra empresas inativas sem patrimônio identificado.

Por outro lado, nesse anteprojeto não houve abertura para complementar a definição das características do crédito considerado irrecuperável por norma infralegal, levando ao risco de engessamento da estratégia de seleção de crédito e esgotamento do novo modelo de atuação proposto, em razão da dificuldade de assimilar ajustes incrementais, diante da necessidade de acesso ao processo legislativo, mais elástico e complexo, para realizar esses ajustes. Além disso, o anteprojeto não cuidou dos processos em curso que não possuem viabilidade de recuperação ou apresentam alto risco jurídico de sucumbência da Fazenda Pública e dos créditos de valor superior a R$ 500 mil reais constituídos em face de devedores inativos ou sem bens identificados, cujo ajuizamento permaneceria obrigatório.

Ainda a respeito da seletividade na utilização da execução fiscal, apesar de não ter sido possível realizar testes de hipóteses por meio de ferramentas de estatística inferencial, devido à indisponibilidade de dados, que não foram fornecidos com prazo suficiente para estruturação e análise, apresentou-se uma metodologia que pode ser utilizada em futuras pesquisas, para:

1. Identificar as variáveis significativamente associadas ao recebimento dos créditos em casos passados para orientar a decisão e ajuizamento e a extinção de processos nos casos pendentes e futuros;

2. Identificar grupos de devedores cujos faturamentos anuais declarados permitiriam a adoção de providências administrativas, como a estruturação de grupos interinstitucionais de gestão das penhoras incidentes sobre o faturamento;

3. Determinar médias e medianas de duração total e das fases internas de duração dos processos de execução fiscal e, com isso, aplicar uma métrica similar à do Ipea para calcular os custos orçamentários de cada processo judicial de execução fiscal a partir dos custos médios do Poder Judiciário e do órgão de representação jurídica;

4. Controlar os prazos prescricionais, para estabelecer estratégias de negociação direta para recebimento de créditos ou extinção de processos, a partir da análise de risco da ocorrência da prescrição;

5. Identificar práticas processuais que impactam no tempo dos processos judiciais pendentes.

Ademais, conclui-se que a seletividade e a utilização estratégica desse instrumento não se limitam à classificação dos créditos. Por isso, o estudo avançou sobre situações jurídicas do crédito que podem resultar no seu não-recebimento, em especial a prescrição da pretensão executória e a fixação de multa tributária em percentual superior ao valor do tributo, ainda presentes na legislação estadual, embora o STF tenha firmado jurisprudência pela inconstitucionalidade dessa previsão.

Finalmente, conclui-se que o planejamento da utilização estratégica da execução fiscal deve considerar as influências recíprocas entre os diversos meios de recuperação de crédito, em especial os parcelamentos especiais, que representaram, no estado de Goiás, mais de 90% do total recebido de créditos ajuizados entre os anos de 2014 e 2017. Isso porque se verificou que, nos anos em que não houve concessão desses parcelamentos e anistias (2018 a 2020), o valor médio arrecadado por auto de infração demonstrou que a execução fiscal atingiu grandes devedores. Verificou-se, também, a existência de diversos estudos sobre os comportamentos dos devedores que aderem aos parcelamentos especiais como estratégia de postergação do pagamento dos créditos como forma de aumentar os ganhos do processo produtivo e concorrer em condições favorecidas em relação aos contribuintes adimplentes.

Essa é a preocupação que deve orientar as demais formas de recebimento dos créditos em condições favorecidas, como é o caso da transação e da compensação de créditos com precatórios, tendo em vista a potencialidade de produzir efeitos similares aos observados em relação aos parcelamentos especiais.

REFERÊNCIAS

ALBUQUERQUE, Joaquim Ramalho de; PEREIRA, Clesia Camilo; CUNHA, Moisés Ferreira da. Mensuração da renúncia fiscal nos mecanismos de repactuação de passivos tributários com a União no período 2010-2013. *Revista Eletrônica do Programa de Mestrado em Direitos Humanos, Cidadania e Violência/Ciência Política do Centro Universitário Unieuro*, Brasília, n. 23, p. 55-77, jan./jun. 2018.

ALMEIDA, Carlos Otávio Ferreira de; BEVILACQUA, Lucas. O planejamento financeiro responsável: boa governança e desenvolvimento nos 30 anos da Constituição Federal. *In*: BUISSA, Leonardo; REIMANN, Simon; MARTINS, Rafael (orgs.). *Direito e finanças públicas nos 30 anos da Constituição*: experiências e desafios nos campos do Direito Tributário e Financeiro. Florianópolis: Tirant Lo Blanch, 2018. p. 29-53.

AMARO, Luciano. *Direito Tributário brasileiro*. 17. ed. São Paulo: Saraiva, 2011.

BACHRACH, Peter; BARATZ, Morton S. As duas faces do poder. *Revista de Sociologia e Política*, Curitiba, v. 19, n. 40, p. 149-157, out. 2011. Tradução de Gustavo Biscaia de Lacerda e revisão de Renato Monseff Perissinotto. Publicado originalmente sob o título *Two Faces of Power*, na *American Political Science Review (Washington – D.C.)*, v. 56, n. 4, p. 947-952, dez. 1962.

BATISTA JÚNIOR, Onofre Alves. *Transações administrativas*: um contributo ao estudo do contrato administrativo como mecanismo de prevenção e terminação de litígios e como alternativa à atuação administrativa autoritária, no contexto de uma administração pública mais democrática. São Paulo: Quartier Latin, 2007.

BRASIL. *Constituição da República Federativa do Brasil de 1988*. Disponível em: http://www.planalto.gov.br/ccivil_03/constituicao/constituicao.htm. Acesso em: 23 out. 2020.

BRASIL. *Emenda Constitucional nº 99, de 14 de dezembro de 2017b*. Altera o art. 101 do Ato das Disposições Constitucionais Transitórias, para instituir novo regime especial de pagamento de precatórios, e os arts. 102, 103 e 105 do Ato das Disposições Constitucionais Transitórias. Disponível em: http://www.planalto.gov.br/ccivil_03/constituicao/emendas/emc/emc99.htm. Acesso em: 26 out. 2020.

BRASIL. *Lei nº 4.320, de 17 de março de 1964*. Estatui Normas Gerais de Direito Financeiro para elaboração e contrôle dos orçamentos e balanços da União, dos estados, dos municípios e do Distrito Federal. Disponível em: http://www.planalto.gov.br/ccivil_03/leis/l4320.htm. Acesso em: 23 out. 2020.

BRASIL. *Lei nº 5.172, de 25 de outubro de 1966*. Dispõe sobre o Sistema Tributário Nacional e institui normas gerais de direito tributário aplicáveis à União, Estados e Municípios. Disponível em: http://www.planalto.gov.br/ccivil_03/leis/l5172compilado.htm. Acesso em: 23 out. 2020.

BRASIL. *Lei nº 6.830, de 22 de setembro de 1980*. Dispõe sobre a cobrança judicial da Dívida Ativa da Fazenda Pública, e dá outras providências. Disponível em: http://www.planalto.gov.br/ccivil_03/leis/l6830.htm. Acesso em: 23 out. 2020.

BRASIL. *Lei nº 11.051, de 2004*. Dispõe sobre o desconto de crédito na apuração da Contribuição Social sobre o Lucro Líquido – CSLL e da Contribuição para o PIS/Pasep e Cofins não cumulativas e dá outras providências. Disponível em: http://www.planalto. gov.br/ccivil_03/_ato2004-2006/2004/lei/L11051.htm. Acesso em: 26 out. 2020.

BRASIL. *Lei nº 11.232, de 22 de dezembro de 2005*. Altera a Lei nº 5.869, de 11 de janeiro de 1973 – Código de Processo Civil, para estabelecer a fase de cumprimento das sentenças no processo de conhecimento e revogar dispositivos relativos à execução fundada em título judicial, e dá outras providências. Disponível em: http://www.planalto.gov.br/ ccivil_03/_ato2004-2006/2005/lei/l11232.htm. Acesso em: 23 out. 2020.

BRASIL. *Lei nº 13.105, de 16 de março de 2015*. Código de Processo Civil. Disponível em: http://www.planalto.gov.br/ccivil_03/_ato2015-2018/2015/lei/l13105.htm. Acesso em: 23 out. 2020.

BRASIL. *Lei nº 13.140, de 26 de junho de 2015b*. Dispõe sobre a mediação entre particulares como meio de solução de controvérsias e sobre a autocomposição de conflitos no âmbito da administração pública; altera a Lei nº 9.469, de 10 de julho de 1997, e o Decreto nº 70.235, de 6 de março de 1972; e revoga o §2º do art. 6º da Lei nº 9.469, de 10 de julho de 1997. Disponível em: http://www.planalto.gov.br/ccivil_03/_ato2015-2018/2015/lei/ l13140.htm. Acesso em: 26 out. 2020.

BRASIL. *Lei nº 13.606, de 9 de janeiro de 2018*. Institui o Programa de Regularização Tributária Rural (PRR) na Secretaria da Receita Federal do Brasil e na Procuradoria-Geral da Fazenda Nacional; altera as Leis nºs 8.212, de 24 de julho de 1991, 8.870, de 15 de abril de 1994, 9.528, de 10 de dezembro de 1997, 13.340, de 28 de setembro de 2016, 10.522, de 19 de julho de 2002, 9.456, de 25 de abril de 1997, 13.001, de 20 de junho de 2014, 8.427, de 27 de maio de 1992, e 11.076, de 30 de dezembro de 2004, e o Decreto-Lei nº 2.848, de 7 de dezembro de 1940 (Código Penal); e dá outras providências. Disponível em: http://www. planalto.gov.br/ccivil_03/_Ato2015-2018/2018/Lei/l13606.htm. Acesso em: 26 out. 2020.

BRASIL. *Lei nº 13.874, de 20 de setembro de 2019*. Institui a Declaração de Direitos de Liberdade Econômica; estabelece garantias de livre mercado; altera as Leis nºs 10.406, de 10 de janeiro de 2002 (Código Civil), 6.404, de 15 de dezembro de 1976, 11.598, de 3 de dezembro de 2007, 12.682, de 9 de julho de 2012, 6.015, de 31 de dezembro de 1973, 10.522, de 19 de julho de 2002, 8.934, de 18 de novembro 1994, o Decreto-Lei nº 9.760, de 5 de setembro de 1946 e a Consolidação das Leis do Trabalho, aprovada pelo Decreto-Lei nº 5.452, de 1º de maio de 1943; revoga a Lei Delegada nº 4, de 26 de setembro de 1962, a Lei nº 11.887, de 24 de dezembro de 2008, e dispositivos do Decreto-Lei nº 73, de 21 de novembro de 1966; e dá outras providências. Disponível em: http://www.planalto.gov. br/ccivil_03/_ato2019-2022/2019/lei/L13874.htm. Acesso em: 26 out. 2020.

BRASIL. *Lei Federal nº 13.988, de 14 de abril de 2020*. Dispõe sobre a transação nas hipóteses que especifica; e altera as Leis nºs 13.464, de 10 de julho de 2017, e 10.522, de 19 de julho de 2002. Disponível em: https://www.in.gov.br/en/web/dou/-/lei-n-13.988-de-14-de-abril-de-2020-252343978. Acesso em: 26 out. 2020.

BRASIL. *Lei Complementar nº 101, de 4 de maio de 2000*. Estabelece normas de finanças públicas voltadas para a responsabilidade na gestão fiscal e dá outras providências. Disponível em: http://www.planalto.gov.br/ccivil_03/leis/lcp/lcp101.htm. Acesso em: 23 out. 2020.

BRASIL. Ministério da Fazenda; Advocacia-Geral da União. *Em Interministerial nº 186/2008 – MF/AGU, de 10 de novembro de 2008*. Disponível em: https://www.camara. leg.br/proposicoesWeb/prop_mostrarintegra?codteor=648721&filename=Tramitacao-PL+5080/2009. Acesso em: 23 jul. 2020.

BRASIL. Ministério da Fazenda (MF). *Estudo sobre impactos dos parcelamentos especiais.* Dez. 2017a. Disponível em: https://www.gov.br/receitafederal/pt-br/acesso-a-informacao/dados-abertos/arquivos-e-imagens/20171229-estudo-parcelamentos-especiais.pdf. Acesso em: 20 jul. 2023.

BRASIL. Presidência da República. *II pacto republicano de estado por um sistema de justiça mais acessível, ágil e efetivo.* Brasília: 26 de maio de 2009. Disponível em: http://www.planalto.gov.br/ccivil_03/Outros/IIpacto.htm. Acesso em: 15 ago. 2020.

BUCCI, Maria Paula Dallari. *Direito Administrativo e políticas públicas.* São Paulo: Saraiva, 2002.

BUCCI, Maria Paula Dallari. *Fundamentos para uma teoria jurídica das políticas públicas.* São Paulo: Saraiva, 2013.

BUCCI, Maria Paula Dallari. Método e aplicações da abordagem Direito e Políticas Públicas (DPP). *Revista Estudos Institucionais*, v. 5, n. 3, p. 791-832, set./dez. 2019.

BUCCI, Maria Paula Dallari. Notas para uma metodologia jurídica de análise de políticas públicas. *Biblioteca Digital Fórum de Direito Público*, Belo Horizonte, ano 9, n. 104, out. 2009.

BUCCI, Maria Paula Dallari. O conceito de política pública em Direito. *In:* BUCCI, Maria Paula Dallari. *Políticas públicas.* Reflexões sobre o conceito jurídico. São Paulo: Saraiva, 2006. p. 1-47.

BUCCI, Maria Paula Dallari. Políticas públicas e Direito Administrativo. *Revista de Informação Legislativa*, Brasília, ano 34, n. 133, jan./mar. 1997.

BUCCI, Maria Paula Dallari. Quadro de referência de uma política pública: primeiras linhas de uma visão jurídico-institucional. *Revista Direito do Estado*, n. 122, 2016. Disponível em: http://www.direitodoestado.com.br/colunistas/maria-paula-dallari-bucci/quadro-de-referencia-de-uma-politica-publica-primeiras-linhas-de-uma-visao-juridico-institucional. Acesso em: 4 jul. 2020.

BUCCI, Maria Paula Dallari; COUTINHO, Diogo Rosenthal. Arranjos jurídico-institucionais da política de inovação tecnológica: uma análise baseada na abordagem de direito e políticas públicas. *In:* COUTINHO, Diogo R.; FOSS, Maria Carolina; MOUALLEM, Salomon B. (orgs.). *Inovação no Brasil:* avanços e desafios jurídicos e institucionais. São Paulo: Blucher, 2017. p. 313-340.

CÂMARA DOS DEPUTADOS. *OAB manifesta-se contra projeto que acaba com ação de execução fiscal.* 6 ago. 2015. Disponível em https://www.camara.leg.br/noticias/466337-oab-manifesta-se-contra-projeto-que-acaba-com-acao-de-execucao-fiscal/. Acesso em: 18 ago. 2020

CÂMARA DOS DEPUTADOS. *Parecer do Relator, PRL 1 CTASP,* pelo Dep. Milton Monti. Disponível em: https://www.camara.leg.br/proposicoesWeb/prop_mostrarintegra?codteor=624645&filename=Tramitacao-PL+2412/2007. Acesso em 23 jul. 2020.

CÂMARA DOS DEPUTADOS. *Projeto de Lei 2.412, de 2007b.* Disponível em: https://www.camara.leg.br/proposicoesWeb/prop_mostrarintegra?codteor=522170&filename=Tramitacao-PL+2412/2007. Acesso em: 23 jul. 2020.

CÂMARA DOS DEPUTADOS. *Projeto de Lei nº 5.080/2009.* Disponível em: https://www.camara.leg.br/proposicoesWeb/fichadetramitacao?idProposicao=431260. Acesso em 23 jul. 2020.

CÂMARA DOS DEPUTADOS. *Trabalho rejeita revogação da Lei de Execução Fiscal.* 5 out. 2007b. Disponível em: https://www.camara.leg.br/noticias/107665-trabalho-rejeita-revogacao-da-lei-de-execucao-fiscal/. Acesso em: 16 ago. 2020.

CARVALHO, Paulo de Barros. *Curso de Direito Tributário.* 23. ed. São Paulo: Saraiva, 2011.

CNJ – Conselho Nacional de Justiça. *A execução fiscal no Brasil e o impacto no Judiciário.* 2011. Disponível em: https://www.cnj.jus.br. Acesso em: 17 jul. 2020.

CNJ – Conselho Nacional de Justiça. *Execução fiscal* – automação e governança (2020). Disponível em: https://www.cnj.jus.br/programas-e-acoes/programa-resolve/execucao-fiscal/. Acesso em: 26 ago. 2020.

CNJ – Conselho Nacional de Justiça. *Justiça em Números 2019*: ano-base 2018. Brasília: CNJ, 2019. Disponível em: https://www.cnj.jus.br/pesquisas-judiciarias/justica-em-numeros/. Acesso em: 11 dez. 2019. p. 166.

COMPARATO, Fábio Konder. Ensaio sobre o juízo de constitucionalidade de políticas. *Interesse público*, v. 4, n. 16, p. 49-63, out./dez. 2002.

CONSULTOR JURÍDICO. *OAB e Ajufe se unem pela execução fiscal no Judiciário.* 29 jan. 2008. Disponível em: https://www.conjur.com.br/2008-jan-29/oab_ajufe_unem_execucao_fiscal_judiciario. Acesso em 18 ago. 2020.

COUTINHO, Diogo R. O Direito nas políticas públicas. *In:* MARQUES, Eduardo; FARIA, Carlos Aurélio Pimenta de (orgs.). *A política pública como campo multidisciplinar.* São Paulo: Editora Unesp: Editora Fiocruz, 2013.

CUÉLLAR, Leila; MOREIRA, Egon Bockmann. Administração Pública e mediação: notas fundamentais. *Revista de Direito Público da Economia – RDPE*, Belo Horizonte, ano 16, n. 61, p. 119-122, jan.-mar. 2018.

CUNHA, Leonardo Carneiro da. *A Fazenda Pública em juízo.* 13. ed. Rio de Janeiro: Forense, 2016.

DE PALMA, Juliana Bonacorsi. *Atividade normativa da Administração Pública.* Estudo do processo administrativo normativo. 2014. Tese (Doutorado) – Faculdade de Direito, Universidade de São Paulo, São Paulo, 2014. p. 34-105.

DE PALMA, Juliana Bonacorsi de. *Sanção e acordo na Administração Pública.* São Paulo: Malheiros, 2015.

DIDIER JR., Fredie. Negócios jurídicos processuais atípicos no Código de Processo Civil de 2015. *Revista Brasileira da Advocacia*, ano 1, v. 1, p. 59-84, abr.-jun. 2016.

FABER, Frederico Igor Leite *et al. Parcelamentos Tributários* – análise de comportamento e impactos. Disponível em: http://www.revistadareceitafederal.receita.fazenda.gov.br/index.php/revistadareceitafederal. Acesso em: 14 jul. 2020.

FGV – Fundação Getúlio Vargas. *Relatório da Pesquisa Dimensão Executiva da Macrovisão do Crédito Tributário.* São Paulo: FGV, 2016. Disponível em: https://direitosp.fgv.br/node/133606. Acesso em: 14 de julho de 2020.

FREITAS, Leonardo Buissa; BEVILACQUA, Lucas. Atividade financeira do Estado, transferências intergovernamentais e políticas públicas no federalismo fiscal brasileiro. *Revista Fórum de Direito Financeiro e Econômico – RFDFE*, Belo Horizonte, ano 5, n. 9, p. 45-63, mar./ago. 2016.

FUX, Luiz; BODART, Bruno. *Processo civil e análise econômica.* Rio de Janeiro: Forense, 2019. p. 11.

GABARDO, Emerson. *Princípio constitucional da eficiência administrativa*. São Paulo: Dialética, 2002.

GOIÁS. *Constituição do Estado de Goiás*. 5 de outubro de 1989. Disponível em: https://legisla.casacivil.go.gov.br/pesquisa_legislacao/103152/constituicao-estadual-. Acesso em: 24 out. 2020.

GOIÁS. *Decreto Estadual nº 9.585, de 26 de dezembro de 2019b*. Aprova o Regulamento da Secretaria de Estado da Economia e dá outras providências. Disponível em: https://legisla.casacivil.go.gov.br/pesquisa_legislacao/72500/decreto-9585. Acesso em: 24 out. 2020.

GOIÁS. *Lei nº 12.207, de 20 de dezembro de 1993*. Cria o Fundo Estadual de Proteção e Defesa do Consumidor e dá outras providências. Disponível em: https://legisla.casacivil.go.gov.br/pesquisa_legislacao/83593/lei-12207. Acesso em: 24 out. 2020

GOIÁS. *Lei nº 16.077, de 11 de julho de 2007*. Dispõe sobre a propositura da ação de execução judicial para cobrança da Dívida Ativa da Fazenda Pública Estadual. Disponível em: https://legisla.casacivil.go.gov.br/pesquisa_legislacao/80188/lei-16077. Acesso em: 24 out. 2020.

GOIÁS. *Lei nº 17.034, de 2 de junho de 2010*. Regulamenta o pagamento de precatórios, por intermédio de acordo direto com os credores, e fixa o limite para requisições de pequeno valor. Disponível em: https://legisla.casacivil.go.gov.br/pesquisa_legislacao/88867/lei-17034. Acesso em: 26 out. 2020.

GOIÁS. *Lei nº 16.077, de 11 de julho de 2007*. Dispõe sobre a propositura da ação de execução judicial para cobrança da Dívida Ativa da Fazenda Pública Estadual. Disponível em: https://legisla.casacivil.go.gov.br/pesquisa_legislacao/80188/lei-16077. Acesso em: 24 out. 2020.

GOIÁS. *Lei nº 20.233, de 23 de julho de 2018a*. Dispõe sobre a inscrição em dívida ativa, a cobrança administrativa e a execução judicial dos créditos não tributários que especifica e dá outras providências. Disponível em: https://legisla.casacivil.go.gov.br/pesquisa_legislacao/100168/lei-20233. Acesso em: 24 out. 2020.

GOIÁS. *Lei nº 20.732, de 17 de janeiro de 2020*. Dispõe sobre a compensação de débito tributário ou não tributário inscrito em dívida ativa, ajuizado ou não, com débito do estado de Goiás decorrente de precatório judicial vencido. Disponível em: https://legisla.casacivil.go.gov.br/pesquisa_legislacao/100955/lei-20732. Acesso em: 26 out. 2020.

GOIÁS. *Lei nº 20.941, de 25 de junho de 2019a*. Estabelece a organização administrativa do Poder Executivo e dá outras providências. Disponível em: https://legisla.casacivil.go.gov.br/pesquisa_legislacao/100701/lei-20491. Acesso em: 24 out. 2020

GOIÁS. *Lei complementar nº 20, de 10 de dezembro de 1996*. Estabelece diretrizes para controle, gestão e fiscalização do Fundo Estadual do Meio ambiente e dá outras providências. Disponível em: https://legisla.casacivil.go.gov.br/pesquisa_legislacao/101028/lei-complementar-020. Acesso em: 24 out. 2020

GOIÁS. *Lei complementar nº 58, de 4 de julho de 2006*. Dispõe sobre a organização da Procuradoria-Geral do Estado e dá outras providências. Disponível em: https://legisla.casacivil.go.gov.br/pesquisa_legislacao/100990/lei-complementar-058. Acesso em: 24 out. 2020.

GOIÁS. *Lei Complementar nº 144, de 24 de julho de 2018b*. Institui a Câmara de Conciliação, Mediação e Arbitragem da Administração Estadual (CCMA), estabelece medidas para a redução da litigiosidade no âmbito administrativo e perante o Poder Judiciário e promove modificações na Lei Complementar nº 58, de 4 de julho de 2006. Disponível em: https://legisla.casacivil.go.gov.br/pesquisa_legislacao/101131/lei-complementar-144. Acesso em: 25 out. 2020.

GOIÁS. *Portaria 369-GAB/2018–PGE*. PGE, 2018c. Disponível em: https://www.procuradoria.go.gov.br/files/Portaria369-GAB.pdf. Acesso em: 15 jul. 2020.

GRAU, Eros Roberto. *O Direito posto e o Direito pressuposto*. 8. ed. São Paulo: Malheiros, 2011.

GUERRA, Sérgio. *Discricionariedade e reflexividade*: uma nova teoria sobre as escolhas administrativas. 5. ed. Belo Horizonte: Fórum, 2019.

HALL, Peter A.; TAYLOR, Rosemary C. R. As três versões do neo-institucionalismo. *Lua Nova* [online], n. 58, p. 193-223, 2003. Disponível em: https://doi.org/10.1590/S0102-64452003000100010. Acesso em: 24 out. 2020. [Título original: *Political Science and the three new institutionalisms*. Publicado originalmente em *Political Studies*, dec. 1996].

IBGE – Instituto Brasileiro de Geografia e Estatística. *Pesquisa Nacional por Amostra de Domicílios Contínua* (PNADC). Disponível em: https://www.ibge.gov.br/estatisticas/sociais/trabalho/17270-pnad-continua.html?=&t=series-historicas. Acesso em: 26 jun. 2020

INTOSAI – Organização Internacional de Entidades Fiscalizadoras Superiores. ISSA 300: *Princípios Fundamentais de Auditoria Operacional*. Disponível em: www.issai.org. Acesso em: 1º out. 2020.

IPEA – Instituto de Pesquisa Econômica. Custo e tempo do processo de execução fiscal promovido pela Procuradoria Geral da Fazenda Nacional (PGFN). *Comunicados do Ipea*, n. 127, 4 de janeiro de 2012. Disponível em: http://repositorio.ipea.gov.br/handle/11058/4460. Acesso em: 27 maio 2020.

IPEA – Instituto de Pesquisa Econômica. *Custo unitário do processo de execução fiscal na Justiça Federal*. Rio de Janeiro: Ipea, 2011a. Disponível em: http://repositorio.ipea.gov.br/bitstream/11058/7862/1/RP_Custo_2012.pdf. Acesso em: 27 maio 2020.

IPEA – Instituto de Pesquisa Econômica Aplicada. Custo unitário do processo de execução fiscal na Justiça Federal. *Comunicados do Ipea*, n. 83, p. 9, 2011b. Disponível em: http://repositorio.ipea.gov.br/bitstream/11058/5279/1/Comunicados_n83_Custo_unit%C3%A1rio.pdf. Acesso em: 20 jul. 2020

JANUZZI, Paulo de Martino. Eficiência econômica, eficácia procedural ou efetividade social: três valores em disputa na avaliação de políticas e programas sociais. *Desenvolvimento em Debate*, v. 4, n. 1, p. 117-142, 2016.

MACKAAY, Ejan; ROUSSEAU, Stéphane. *Análise econômica do Direito*. Tradução de Rachael Sztajn. 2. ed. São Paulo: Atlas, 2015.

MARCH, James G.; OLSEN, Johan P. Neo-institucionalismo: fatores organizacionais na vida política. *Revista de Sociologia Política*, v. 16, n. 31, p. 121-142, nov. 2008. Tradução: Gustavo Rinaldi Althoff. Revisão da tradução: Tiago Losso e Gustavo Biscaia de Lacerda. Curitiba, do original *The new institutionalism: organizational factors in political life*, publicado originalmente em *The American Political Science Review*, v. 78, n. 3, p. 734-749, set. 1984].

MARQUES; Eduardo C. L. As políticas públicas na Ciência Política. *In*: MARQUES, Eduardo; FARIA, Carlos Aurélio Pimenta de (orgs.). *A política pública como campo multidisciplinar*. São Paulo: Editora Unesp: Editora Fiocruz, 2013.

MELO FILHO, João Aurino de. *Racionalidade legislativa do processo tributário*. Salvador: JusPodivm, 2018.

MORAIS, Reinaldo Carvalho *et al*. Pagando para receber? Subsídios para uma política de cobrança da dívida ativa no setor público: resultados de pesquisa sobre o custo médio de cobrança de uma execução fiscal em Minas Gerais. *Revista Jurídica da Advocacia-Geral do Estado de Minas Gerais*, n. 1-2, p. 65-93, jan./dez., 2008.

MOREIRA NETO, Diogo de Figueiredo. *Mutações do Direito Administrativo*. 3. ed. Rio de Janeiro: Renovar, 2007.

PGFN – Procuradoria-Geral da Fazenda Nacional. *PGFN em números 2016*. Disponível em: file:///D:/Dados/Downloads/PGFN%20em%20Numeros%202016.pdf. Acesso em: 27 maio 2020.

PGFN – Procuradoria-Geral da Fazenda Nacional. *PGFN em números 2018*. Disponível em: https://www.gov.br/pgfn/pt-br/acesso-a-informacao/institucional/pgfn-em-numeros. Acesso em: 27 maio 2020.

PGFN – Procuradoria-Geral da Fazenda Nacional. *PGFN em números 2019*. Disponível em: http://www.pgfn.fazenda.gov.br/acesso-a-informacao/institucional/pgfn-em-numeros-2014/pgfn_em_numeros_2019.pdf/view. Acesso em: 27 maio 2020.

PGFN – Procuradoria-Geral da Fazenda Nacional. *PGFN em números 2020b*. Disponível em: http://www.pgfn.fazenda.gov.br/acesso-a-informacao/institucional/pgfn-em-numeros-2014/pgfn-em-numeros-2020/view. Acesso em: 27 maio. 2020.

PGFN – Procuradoria-Geral da Fazenda Nacional. Portaria nº 9.917, de 14 de abril de 2020c. Regulamenta a transação na cobrança da dívida ativa da União. Disponível em: https://www.in.gov.br/en/web/dou/-/portaria-n-9.917-de-14-de-abril-de-2020-252722494. Acesso em: 26 out. 2020.

PGFN – Procuradoria-Geral da Fazenda Nacional. Portaria nº 14.402, de 16 de junho de 2020. Estabelece as condições para transação excepcional na cobrança da dívida ativa da União, em função dos efeitos da pandemia causada pelo coronavírus (Covid-19) na perspectiva de recebimento de créditos inscritos. *Diário Oficial da União*, edição 114, Seção 1, p. 46, 17 jun. 2020a. Disponível em: https://www.in.gov.br/en/web/dou/-/portaria-n-14.402-de-16-de-junho-de-2020-261920569. Acesso em: 23 out. 2020.

PINTO, Élida Graziane. Instrumentalidade da responsabilidade fiscal em prol do custeio constitucionalmente adequado dos direitos fundamentais. *In*: BUISSA, Leonardo; RIEMANN, Simon; MARTINS, Rafael (orgs.). *Direito e finanças públicas nos 30 anos da Constituição*: experiências e desafios nos campos do Direito Tributário e Financeiro. 1. ed. Florianópolis: Tirant Lo Blanch, 2018. p. 55-84.

PINTO, Élida Graziane. 15 anos da LRF: ainda em busca do controle dos resultados das políticas públicas e da qualidade dos gastos. *Revista Fórum de Direito Financeiro e Econômico – RFDFE*, Belo Horizonte, ano 5, n. 8, p. 69-78, set./fev. 2016.

PINTO, Isabela Cardoso de Matos. Mudanças nas políticas públicas: a perspectiva do ciclo de política. *Revista de Políticas Públicas de São Luís*, v. 12, n. 1, p. 27-36, jan./jun. 2008.

ROCHA, Dartanhan Vercingetórix de Araújo. Análise econômica de execuções de fiscais de reduzido valor e os efeitos da Lei 12.514/11. *Revista CEJ*, Brasília, ano XVI, n. 56, p. 102-110, jan./abr. 2012.

RUIZ, Isabela; BUCCI, Maria Paula Dallari. Quadro de problemas de políticas públicas: uma ferramenta para análise jurídico-institucional. *Revista Estudos Institucionais*, v. 5, n. 3, p. 1.142-1.167, set./dez. 2019.

SALAMA, Bruno Meyerhof; CARLOTTI, Danilo; YEUNG, Luciana. As decisões da Justiça Trabalhista são imprevisíveis? *FGV Working Paper* – Série: O Judiciário destrinchado pelo *big data*, 2018. Disponível em: https://www.insper.edu.br/wp-content/uploads/2018/09/Decisoes-Justica-Trabalhista-Serie-Judiciario-Big-Data.pdf. Acesso em: 18 jul. 2023.

SALAMA, Bruno Meyerhof; CARLOTTI, Danilo; YEUNG, Luciana. Quando litigar vale mais a pena do que fazer acordo: os grandes litigantes na Justiça Trabalhista. *FGV Working Paper* – Série: O Judiciário destrinchado pelo *big data*. [*S.l.*]: FGV, 2019. p. 5-6. Disponível em: http://works.bepress.com/bruno_meyerhof_salama/143/. Acesso em 13 jun. 2020.

SECCHI, Leonardo. *Políticas públicas*: conceitos, esquemas de análise, casos práticos. São Paulo: Cengage Learning, 2012.

SCAFF, Fernando Facury. *Orçamento republicano e liberdade igual*. Belo Horizonte: Fórum, 2018.

SOUZA, Celina. Estado da arte da pesquisa em políticas públicas. *In:* HOCHMAN, Gilberto; ARRETCHE, Marta; MARQUES, Eduardo (orgs.). *Políticas públicas no Brasil*. Rio de Janeiro: Editora Fiocruz, 2007. p. 65-86.

SOUZA, Celina. Políticas públicas: uma revisão da literatura. *Sociologias*, Porto Alegre, ano 8, n. 16, p. 20-45, jul./dez. 2006.

SOUZA, Matheus Silveira de; BUCCI, Maria Paula Dallari. O estado da arte da abordagem Direito e Políticas Públicas em âmbito internacional: primeiras aproximações. *Revista Estudos Institucionais*, v. 5, n. 3, p. 833-855, set./dez. 2019.

STF – Supremo Tribunal Federal. *Medida Cautelar na Ação Cível Originária nº 3.375*. Rel. Min. Alexandre de Moraes, julgamento em 30 de abril de 2020d.

STF – Supremo Tribunal Federal. *Medida Cautelar na Suspensão de Segurança nº 5.373 – Sergipe*. Rel. Min. Dias Toffoli, Julgamento em 30 abr. 2020b. Disponível em: http://www.stf.jus.br/arquivo/cms/noticiaPresidenciaStf/anexo/SS5373.pdf. Acesso em: 3 jul. 2020.

STF – Supremo Tribunal Federal. Medida Cautelar na Suspensão de Tutela Provisória nº 185 – Maranhão. Rel. Min. Dias Toffoli, julgamento em. 27 de abril de 2020c.

STF – Supremo Tribunal Federal. Representantes dos três Poderes assinam pacto por Judiciário mais eficiente. *Notícias STF*, 15 dez. 2004. Disponível em: https://portal.stf.jus.br/noticias/verNoticiaDetalhe.asp?idConteudo=63995&ori=1. Acesso em: 17 jul. 2023.

STF – Supremo Tribunal Federal. *Tutela Provisória na Suspensão de Tutela Provisória 439/São Paulo (STP 439 TP/SP)*. Decisão monocrática. Ministro Dias Toffoli. Julgamento em 3 jul. 2020a. Disponível em: http://portal.stf.jus.br/processos/detalhe.asp?incidente=5955116. Acesso: em 31 jul. 2020.

STJ – Superior Tribunal de Justiça. *TutPrv no Recurso Especial nº 1.856.637 – RS*. Ministro Napoleão Nunes Maia Filho, julgado em 20 abr. 2020.

SUNDFELD, Carlos Ari. *Direito Administrativo para céticos*. São Paulo: Malheiros, 2012. p. 231-280.

TJGO – Tribunal de Justiça do Estado de Goiás. *Entidades devedoras*. Disponível em: https://www.tjgo.jus.br/index.php/gestao-orcamentaria/precatorios/entidades-devedoras-2. Acesso em: 15 jul. 2020.

UFRGS – Universidade Federal do Rio Grande do Sul. *Inter-relações entre o processo administrativo e o judicial (em matéria fiscal) a partir da identificação de contenciosos cuja solução deveria ser tentada previamente na esfera administrativa*. Porto Alegre: UFRGS, 2011.

YEUNG, Luciana L.; CARLOTTI, Danilo. Padrões de Litigância na Justiça Trabalhista – *Série: O Judiciário Destrinchado pelo 'Big Data'* (2019). Instituto de Ensino e Pesquisa (Insper). Disponível em: https://works.bepress.com/luciana_yeung/22/. Acesso em: 13 jun. 2020.

Esta obra foi composta em fonte Palatino Linotype, corpo 10
e impressa em papel Offset 75g (miolo) e Supremo 250g (capa)
pela Gráfica Formato.